ちくま文庫

熊を殺すと雨が降る

失われゆく山の民俗

遠藤ケイ

目次

この本を、秋田マタギであり、猟刀「フクロナガサ」の
鍛冶で、私の師でもあった亡き西根稔さんに捧げる。

第一章

山の仕事

杣《そま》

かつて、山間辺地に生まれ育った男たちは、ほとんど例外なく林業を中心とした山仕事に従事した。外界から隔絶された、過酷な自然環境にあって、山仕事以外に労働の手だてがなかったこともあるが、山で働くことは、健康で、甲斐性のある男の証でもあった。山国の男衆の誰もがそうであったように、男の子は幼いときから父親や兄たちの働く姿を見て育ち、強く、逞《たくま》しい男に秘《ひそ》かな羨望をふくらませ、早く一人前の男として扱われることを願った。そして、尋常小学校を終える年齢になると、すすんで山へ入った。

大所帯のリンバ（山の伐採現場）では、年季や技量に応じた序列、上下関係が確立していた。新参者はカシキ（炊事係）や雑役をしながら仕事の段取りや技術を習得し、過酷な労働によって、ひ弱な少年の身体は山仕事にふさわしい強靭な男の身体に鍛え上げられ、一人前の山師に成長していく。

一般に山仕事というのは、植林や原木の伐採、木挽《こび》き、搬出作業などを含む林業全般を示す。ほかに山に入ってする仕事に、炭焼きや、木杓子《きじやくし》や木鉢などの器物を作る木地《きじ》師《し》、あるいは狩猟など、多岐に及ぶが、それらは特別な地方を除けば少数であったり、限られた季節に行なわれる場合が多く、林業とは区別されてきた。とくに、林業は熟練した技量と共に、過酷な労働に耐える強靭な体力を要求されることもあって、山仕事の〃花形〃的存在でもあった。

一概に林業といっても、いくつかの作業形態に分類され、それぞれに専門的な技術集団が確立されていた。主に、山で原木の伐採作業を行なう職人を「杣」というが、杣の中でも伐採に従事する者を「サキヤマ」、あるいは「モトギ」と呼び、原木を角材にハツる者を「角杣《かくそま》」とか「ハツリ師」などと呼んで区別した。また会津地方では、山で木《き》を伐り、角材にする職人を「モトヤマ」とも呼んだ。そして、伐採された原木を板などに製材する職人を「木挽き」といい、原木を麓の土場（貯木場）まで搬出するために雇われた作業員を、俗に「日傭《ひよう》」といった。日傭は字のごとく、日給制、つまり日雇いであったことからきている。

原木の搬出法にもさまざまな種類がある。谷筋を利用して修羅《すら》や桟手《さで》など、滑り台に似た独得の搬出路を築いて材木を落とす方法を「修羅」といい、普段は水量の少ない沢に堰《せき》を作って水を溜め、鉄砲水で押し流す方法を「鉄砲《てっぽう》」といった。また、木橇《きぞり》に一トン近い原木を積んで、人力で曳き出す「木馬《きんま》」や、馬や牛を使って曳き出す「土曳《どび》き」、「ドンタ曳き」など多岐に亘《わた》り、専門職として確立してきた。

庄屋と元締め

かつて、林業に従事する杣夫《そまふ》や木挽き職人を雇うときには「飯の食いっぷりと糞のひりっぷりで雇え」といわれた時代がある。並はずれた過酷な労働を強いられる山仕事は、食の細い軟弱な男では務まらなかったし、魔物が棲むといって村人が近づかないような深山幽谷に分け入って暮らすには、ジムグリ蛇のような細い糞しかひり出すことができないケツの穴の小さい男では耐えられない。山師は、年季の入った技量とともに、強靭な体力と肝の据わった豪胆さが不可欠だった。

彼らは、業者や営林署、森林組合などの事業主に雇われて仕事をするが、その雇用関係においては、旧態依然たる縦割りの序列が確立していた。まず、身分関係の頂点に位置するのが当然のごとく事業主で、一部の地方では〝元締め〟などとも呼ばれる。元締めは、業者が山林家から山の伐採権を買って事業を行なうことが多いが、山林家自身が持ち山の伐り出しを行なう場合もある。その規模の大小を問わず、元締めは年間の伐採量や運材量を決め、雇用する労働者の賃金や、食糧費などこまごまとした経費を計算して予算を組んで事業に当たることになる。その上で元締めは、組頭に必要な労働者を集めさせる。組頭を〝庄屋〟と呼ぶ地方もある。

庄屋は元締めと請負いで契約する場合もあるし、日雇い契約の場合もある。普通、庄屋は、杣の場合、配下に七、八名、日傭の場合は三十人ほどの労働者を束ねるのが一般的だが、林業の盛んな地方では庄屋を含めた全労働者を支配下におく人間がいる場合もあり、〝総裁〟などと、大仰な呼び方をする地方もある。

大規模な事業では、元締めは総裁と契約を結び、総裁は庄屋に作業を依嘱する。組下の一般労働者は庄屋、つまり組頭に雇われることになるが、この場合、庄屋も一般労働者も元締めとの間には直接の雇用関係は存在しない。だが、地方によっては総裁という存在はなく、元締めと庄屋が直接の契約を取り交わす場合もある。

庄屋は、組を束ねながら作業に従事するが、現場の作業全体を指揮、監督するのは〝代人〟である。代人は、事業主である元締めから直接雇用された〝手代〟のようなもので、現場の責任者でもある。代人は組ごとに一人ずつ配置され、庄屋は代人の指示に従って作業を進める仕組みになっている。

こうした雇用制度は、地方によって形が変わる。秩父地方では、かつて事業主の多くは大企業や木材業社、あるいは営林署や県の森林組合で、事業主から木材の伐り出しを地元の庄屋が請け負う形で行なわれてきた。庄屋の下に番頭格の小庄屋がいて差配に当たり、人夫頭が配下の人夫を集めて作業を行なうが、現場には各班ごとに必ず代人が一人ずつついた。

「昔は事業主っちゃ、大雑把《おおざっぱ》に山を見て、細かな計算や割り出しもしねえで、ドンブリ勘定で庄屋に仕事をまかせた。目の前で算盤《そろばん》の玉弾《はじ》いて「このくれえでどうだ」、「オー、それだけ出してくれりゃやるべえ」といったいい加減なもんだった。人間同士の付き合いだから、多少無理してもやらなきゃならないこともあったが、とんでもないことをすれば次の仕事でしっぺ返しされる。信頼関係で仕事をした。

山仕事の多くは出来高払いが原則だった。

原木を伐採し、玉切り、ハツり、あるいは板に挽き、搬出する作業のほとんどが、仕上げた石数《こくすう》によって賃金が支払われる。例外は木馬《きんま》や土曳きなどの個人仕事を除いた修羅《すら》や桟手《さで》、鉄砲などの搬出仕事は、多くの人夫を必要とする共同作業であるため、日雇いの日当が支払われた。

いずれにしても、必要な経費は正しく支払われ、大雑把に見込んだ石数を上まわれば事業主が儲かり、少なくて人夫に対する支払いがおさえられれば庄屋が儲けることができる。事業主や庄屋は、山がけに勘の勝負を賭ける〝山師〟的な要素が強かった。

また、信州木曾地方では明治から大正にかけて、山人の労務組織は、総頭、大檀那《だんな》、代人、檀那の格があり、その下に末端人夫を統率する庄屋がいた。人夫は庄屋によって集められる。雇われた人夫は入山支度金を借り、道具類を貸し与えられ、衣、食、住の一切の世話を受けて、庄屋の命のままに仕事に従事する。

こうした人夫組を「手合《てあい》」という呼び方もした。手合は、気が合い、作業の手が合い、

「山の神」
山仕事や猟に山に入るときに、必ず山の神の祠におまいりする。

「オコゼ」
醜女の山の神が喜ぶ供物。男根の象徴でもある。

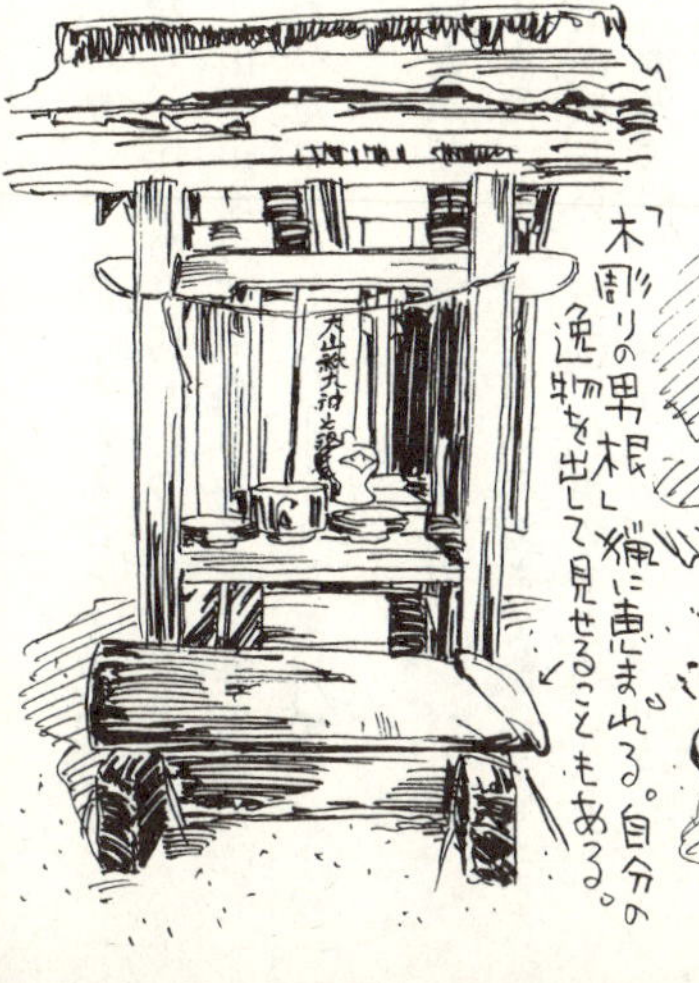
「木彫りの男根」
猟に恵まれる。自分の逸物を出して見せることもある。

力が合う仲間を意味し、呼吸の乱れが取り返しのつかない事故に繋《つな》がることを戒める言葉でもあった。彼らは雇われると山の飯場で合宿し、作業の区切りがつくまで下山しないことが求められた。そのため、人夫の多くは、山間辺地の、田畑の少ない貧農出身の人が多かったが、里が近く、また世帯持ちで、たびたび下山して仕事を休む者は嫌われ、どちらかといえば他所《よそ》者の独身者が喜ばれた。

かつて昭和の初期頃までは、流れ者の木挽き職人がたくさんいて、各地のリンバを渡り歩いた。なかには荒くれ者のあぶれ者や、職人を偽ってただで寝泊りできて飯にありつこうとする者もいて、各地のリンバでは労働者が欲しい一方で、仕事のできないムダ飯食いの扱いに手を焼いた。昔のリンバは渡世人世界に似た、一宿一飯のしきたりが生きていて、一度わらじを脱いだ者を客人として受け入れたが、あまりにこういう手合いが増えるようになると、一宿一飯にわらじ銭を渡して帰すようになった。

また木挽きでは雇う前に技量を調べるようなこともするようになった。木挽きで必要なのは板に挽く際に原木にスミ線を引くスミサシと、材に鋸《のこ》を入れたときに鋸が締められないように切り口を開くネジヤというクサビ、この二つを削らせて木挽きとしての年季と技量を見定めてから雇うかどうかあるいは賃金を決めた。

ネジヤはカシなどの堅木を鉈《なた》で三角形のクサビ型に削って作る。削る木の目の見方や刃の中心が正確でないとクサビが真っすぐに入っていかないことなどがあって作った物を見ればすぐに技量は分かる。

またスミサシは墨壺の墨をつけて、材に線を書く道具で、竹をヘラ状に削って作る。竹を細く割り、先を薄く削って墨を含ませやすいように先端をササラのように細く裂き割る。先端が厚いと線が太くなり、鋸が正確に挽けないし、材にムダが出る。スミサシはごく単純な道具のようでいて、作り方一つで木挽きの技量が見抜かれてしまう。

こうした庄屋制度は、現在でも民有林の場合には多少形骸化しつつも踏襲されているが、営林署や森林組合では、これと違った雇用制度が行なわれている。事業主↓現場監督↓班長↓作業員という系列は同じだが、作業員は直接、事業主と契約を交わし、班長は仲間内で相談して選ぶ場合も多いようである。そして、班長も一般作業員も賃金や労働内容は同じ。特別な権限も持たない。古い封建制度、因習は少しずつ改善されてきているが、労働条件や保障制度などに問題が残されているようである。

仕事始めの儀式

伐採作業は、まず広大な伐採地域を調査し、各杣夫組、各班ごとに受け持つ区分けをする。この一区分を「一山《ひとやま》」、区分することを「山割《やまわり》」といった。さらに細かく「割り付け」をして、作業分担を行なう場合もある。そのあと、いよいよ伐採作業に入ることになるが、これを「口開《くちあ》け」といった。

口開けに先だって「入山式」が行なわれる。入山式は「仕事始め」の儀礼で、山の神を祀《まつ》って、作業中の安全を祈願する。地方により、「ヤマハジメ」、「斧《よき》入れ」などという言い方もする。

一般には常緑の常磐木《ときわぎ》を立てて注連縄《しめなわ》を張り、御神酒《おみき》を供えるが、永年、足を運んで聞き書きをしてきた秩父大滝村中津川では、おさご、筒酒、塩、ロウソクを持って山の神の祠《ほこら》に供えて祈願する。酒のあまりは仲間うちで分けて飲む。

同じ秩父でも、両神村では暦の上でいい日を見て仲間が寄り合い、山の神（大山祇《おおやまづみ》命）の掛軸をかけて御神酒、あぶらげずし（いなりずし）を供えて拝む。山の神の祠へは筒酒、おさごを供え、道具を酒で清める。また長瀞《ながとろ》町では、筒酒、おさご、塩、半紙を折ったヌサを持っていき、伐らずにする木の下や、岩のもとへ供えて拝む。斧《よき》入れは、打つときに「斧を入れます」といい、返すときは「みきを割ります」と唱えながら始める。

正月の山入りに際して、尾頭《おかしら》付きの魚を供えるが、魚は地方によって、オコゼの干物だったり、海の遠い山里では岩魚《いわな》や山女《やまめ》の場合もある。こうした山の労働にまつわる儀礼は、山に対する畏怖や畏敬、あるいは自然がもたらす恩恵への感謝の念が下地にあるが、時代と共に変化し、次第に形式的なものになってきている。

伐採という仕事

かつて、杣と呼ばれた原木の伐採を行なう職人は、時代を経るに従って伐採夫、あるいは伐木造材師などと名を変え、チェーン・ソーの出現によって伐採方法も大きく変化してきた。また、直接、原木伐採に当たる「サキヤマ」と、原木を角材にハツる「角杣」という分類も、動力製材機の出現で、簡単に角材が作れるようになって、杣といえばサキヤマの伐採だけになっているのが現状である。

また、秩父地方では昔から杣という呼び方はせず、単に〝山師〟と呼んだ。この場合の「山師」は、山がけを行なう山師とは違い、純粋に伐採から搬出までの造林仕事全般に従事する者たちを指すが、そのうちで、花形的な伐採作業を行なう職人のなかでとくに技量の優れた者を〝きやんぼう〟と呼んだ。

きやんぼうは伐採技術だけでなく山全体を見、木の特質や素性を見切る知識と、山仕事全体に人一倍精通している人間に対する尊称だった。しかしこれも、作業の多くを機械に頼るようになり、職人たちの技術が均衡してくるに従って死語になっていった。

原木の伐採は、木が生えている状態や、木の種類によって異なる方法がとられる。山の傾斜や周囲の状況、木の傾き方や枝の張り具合、裂けやすい木や芯が抜けやすい木など、木が秘める素性を判断して行なわれる。

杣という呼び名が死語になりつつある今日でも、サキヤマという言葉は生きている。サキヤマの伐採方法で、一般的に行なわれているのが「ハサミ伐り」である。ハサミ伐りは、木を倒そうとする側にウケクチを開け、反対側からオイクチを入れていく方法で、すべてが人力によって行なわれていた時代には、独得のネギリヨキ、ネギリノコといった道具が活躍した。ハサミ伐りは、主に小径木を伐るときに使われる方法だったが、チェーン・ソー全盛の現在では大木を伐採する際にも、変わりなく用いられるようになっている。

もっとも簡便な伐採法であるハサミ伐りにも、一朝一夕に成しがたい技術がある。斧《おの》でウケクチを開ける際には、四十五度程度に口を開けて斧を打ち込み、深さは樹芯に達するまで切り込む。またオイクチは水平に鋸を入れていくことで、木が自然にウケクチ側に傾き、ついには重みを支えきれずに倒れる。これはチェーン・ソーで行なう場合も同じである。

一見、単純な作業のようだが、伐採されたあとの根の切断面を見れば技術の巧拙がたちどころに判断できる。切り口が鋸で挽いたように平らになっていれば、年季の入った職人仕事とみなされるが、ときには切断面に三角形や階段状の突起、あるいは裂けたような鋭いトゲやササクレが残っていることがある。こういうものは未熟な仕事とされ、仲間うちから侮蔑や嘲笑の種にされる。

山の神を守り継ぐ山師たち

奥秩父地方では、伐採した新しい切り株には、山の神が座るという口伝があり、切り株にトゲを残すと山の神がおべっちょを怪我するといって忌む因習がある。因《ちな》みにトゲを千本残すと命を取られると言い伝えられている。

ここでも山の神は女であると容認されていると同時に、山の木はすべて山の神の所有物であって、いたずらに伐ってはならないという戒めが語られている。

そのため、山の作法に厳しい地方や、心ある山師は、樹木を伐採したあとの切り株に残ったトゲやササクレを鉈で丁寧に切りはらったあとに、青葉のついた枝を刺して祀ることをする。これは、その木の中間部分を山神より賜《たま》わる感謝と、木の再生を祈願する素朴な山の儀礼でもある。木曾地方に伝わる「株祭《かぶまつり》」もその一つで、万葉集にも「鳥綱《とぶさ》立《たて》」という名でこの儀礼が記されている。また、こうした形式ばった儀礼とは別に、ごく素朴な、個人的な心の在りようと、山の神への信仰を守り継いでいる山師も大勢いる。

そこには、己れの生業に馴れすぎて、木を伐る行為に無感覚に陥ってしまうことに対する厳しい自戒がある。

「何十年、山に入っちゃ木を伐っているが、木を伐る瞬間は気分のいいものではないな。生命ある木を伐ることは罪深いことだ。それを忘れちゃいけねえ。が、山を守るために木を伐ることもある。それが山師の分際《ぶんざい》だ」

一切、人為的な手が入っていない原始の山の木は、三百年、四百年を周期《サイクル》として、崩壊と再生を繰り返す。その壮大な自然の、輪廻《りんね》転生の営みに、人間が割り込む隙は本来ない。それが自然というもののあるべき姿だというのは確かに正論だ。

だが、人間は太古の時代から、自然と共生していく知恵を身につけ、恩恵を享受し、多くのことを自然から学んできた。人間が手を加え、必要な面積の木を伐っていくことで、山の崩壊を防ぐことも可能だということも経験から知った。一部山の木を人工的に五十年、六十年の周期におくことによって、自然の生態系を維持し、恩恵に浴しながら生きていく素地が生まれる。そこには、観念論が先走りした自然保護論が割り込む余地はない。

山で生きる人々の山に対する心情は深く、重い。そして、山の厳しい労働習俗や技術の内には、単に生産性だけではなく、山の神の賜物である樹木を無駄にしてはならないという思いが込められている。

拙劣な伐採は神への背徳

稚拙な技術で伐採を行なえば事故に繋がるだけでなく、木材としての用途が損なわれる。事業に支障をきたすと同時に、山の神に対する背徳でもあった。そのため、山師は長い年季を通して、心の在りようや技術の習得に意を注ぎ、稚拙な技術を厳しく戒めてきた。

切断面に三角形や階段状の突起が残るのは、ウケクチとオイクチの高さや角度がずれているためだし、トゲが残るのはウケクチの深さが樹芯まで達していないことも一つの要因になる。こうした稚拙な伐採を行なうと、立木が倒れた衝撃で木が真っ二つに割れることが多く、堅い芯を残して倒すと、芯が抜けて用材としての価値がなくなることも多いため、杣の戒めとされている。

また、一般にウケクチを三角形に開ける方法をハサミ伐りと呼んでいるが、地方によっては「受け口伐り」と呼び、ハサミ伐りとは区別されている。

「チェーン・ソーで伐る場合のハサミ伐りというのは、ウケクチを三角には抜かない。ウケクチを真っすぐ伐り込んだら、素早く抜いて、反対側からオイクチを入れる。これで木を狙った方向に倒すことができる」

傾斜地に立つ木を横に倒す場合、倒す方向に枝がかかる木がないかどうかを確かめ、倒す側の幹にウケクチを切り込む。芯まで切り込むが、深く切り込みすぎると、重みで切り口が閉まってチェーン・ソーが抜けなくなる恐れがある。木の太さや傾き具合で勘を働かせる。また、ウケクチを半分まで切り込んだら、倒す方向に少し深く刃を入れておき、素早く引き抜いて反対側からオイクチを入れてやる。木は切り込みを入れられた方向に傾きながら倒れていく。切り口もほぼ平らになる。

以前には、大木や高価な良材の伐採には「鼎《かなえ》伐り」あるいは「ナベアシ」「ホンミツ」「ミツ伐り」「ツル伐り」と呼ばれる特殊な伐採法がとられた。因みに鼎というのは王朝時代に、食物を煮炊きするのに使った三本脚の金属製の器のことで、王位、権力の象徴でもあった。鼎伐りとは、この形からきている。ナベアシ、ミツ伐りも意味は同じである。

つまり、伐採する木の巡《めぐ》り、三方、あるいは五方から斧を入れ、扇形に彫り込んでいって、芯をふくむ木の中枢部をそっくりくりぬいてしまう。鼎や鍋の脚状に残った〝脚〟が木を支えている状態。倒すときには、オイクチ側の脚を伐り離すことによって、木は反対側のウケクチ方向に倒れる。

また、木曾地方では欅《けやき》の巨木を倒すときに、鼎の脚を残して空洞にし、その中でコッパを燃やして芯を焼くことをする。木の芯を焼くと、木に粘りが出て、倒した際に芯抜けしないといわれる。

「槻《けやき》を伐時は必彼の鼎のごとくして其の中にて火をたくなり。しかすれば生木の水気と大気とねばり合ひて割る事なしとなり、他木は然するに及ばず」

と、明治時代に編まれた『木曾式伐木運材法』にも記述が見える。

「伐採」
斧で受け口を開け、鋸で追い口を入れる。同時にやることは珍しい。

腰皮を尻の下に敷き、足を突っ張って鋸を曳く。

木を伐る道具

伐採の一番古い形は、斧によるものである。伐採に使われる斧を、一般にネギリヨキといった。ネギリヨキには、地方によって独得の形がある。これは、その土地の樹種や、作業形態の違いに関係している。

因みに斧の各部の名称を木曾に例をとると、刃渡りにあたる部分を「刃道《はみち》」、柄が差し込まれる峰側の厚い部分を「櫃《ひつ》」という。両側面に刻まれている三筋の縦の線を、俗に「魔除《まよけ》」などと呼んでいる。この三本の、細い人霊《ひとだま》に似た筋は、山の字をかたどったものといわれ、山の神を祀るしるしで、これがないものはさわりがあるといって忌む風習がある。

また、斧によって、表裏それぞれに三本、四本の筋が刻まれているものがある。三本の方を「ミキ」、四本の方を「ヨキ」といい、ミキは酒、ヨキは「地水火風」をあらわし、酒と五穀を供物として奉じる意味があるといわれる。が、本来の機能は、斧を打ち込んだ際に、斧と木の間が真空状態になって吸いつき、抜けなくなるのを防ぐ〝空気抜き〟〝ヤニ抜き〟の目的がある。また、柄の、斧に近い側を「引手《ひきて》」、先端部を「舳《とも》」、柄が抜けないように下側に打ち込むクサビ木を「下子《したご》」という。

木曾挾刃《せだ》と呼ばれる斧の場合、長さ八寸八分、幅三寸で、刃道の寸法が三寸八分あり、やや末広がりになっている。厚みは一寸余あり、比較的鈍角な刃が立ててある。柄の長さは二尺八寸から三尺が一般的（一寸は約三・〇センチ。一尺は十寸）。

また、会津地方のウケクチヨキ（ネギリヨキ）は、長さが八寸三分、峰の部分の幅約二寸に刃道は三寸余あるが、真ん中あたりが深くえぐれた細身の形になっている。厚さは峰の端が一寸五分あり、刃先にかけて三角形のクサビ型をしている。こうした刃は薪《まき》割りなどにも効果的で、あるいは伐採と炭焼きや燃料用の薪割りの兼用として使われたのかもしれない。

斧の技術

斧だけで木を伐り倒すのは、強靭な腕力と足腰を必要とする。足場の悪い傾斜地で、根を張ったように足を踏んばって身体を支え、三尺の長さの柄がついた斧を正確に振り降ろしていくのは並大抵の作業ではない。

木を倒す方向が決まると、周辺の下草や枝などを払い、足場をかためる。急斜面には丸太などを敷いて、無理なく斧が振れるようにする。普通でも根元スレスレに伐ることはないが、太鼓胴などに使われる大木を伐るときは、二メートルほど上に足場を作り、その上に乗って作業をした。根元の方は木の質が堅く、伐りにくいし、斜面に生えている木は根が曲がっている。とくに、雪国などでは雪に押されて根曲がりになっている木が多い。根曲がりなど素性の悪い木は、ねじれや反りなどのクセが強く、建材やもの作りには使えない。

足を踏んばり、腰と膝を柔軟にし、宙で弧を描くように斧を振って打ち降ろす。斜めに打ち込み、さらに刃を寝かせて水平に入れる。凛《りん》とした山の静寂に鋭い斧音が反響し、獣や野鳥がざわつき出す。

切り口はV字形に、そして扇形に深くえぐられ、えぐり取られた木肌生々しい木塊やコッパが足元を埋める。強い木の香に包まれる。

斧は普通、左手で柄の端を握り、右手は振り上げるときには、斧に近い「引手」にずらして持って安定させ、振り降ろすときに右手を滑らすようにして両手を揃える。斧がぶれず、正確に打ち込める。

斧だけで伐採する場合は、倒す方向に斧で扇形に芯まで深くえぐってウケクチを開け、反対側から同じようにえぐり取っていく。木の両端を脚のように残し、最後にそれを伐り取ると、あらかじめ計算していた方向に木が倒れる。

鋸を用いた伐採方法

その後、鋸が導入されると、ウケクチは斧であけ、オイクチを鋸で挽く方法が主流になっていく。ただ、木曾地方では他地より遅くまで斧だけで伐採が行なわれたようで、これは止め山である木曾の山での盗伐を防ぐ目的で、伐採に際して音が静かな鋸の使用を禁じられていたためでもある。

オイクチを挽く鋸をネギリノコ、またはダイギリともいった。一般に、鋸の各部の名称は、歯の差し渡しを「刃渡り」、先端部を「頭」、峰の部分を「背」、側面を「腹」というが、木曾のネギリノコでは、刃渡りを「渡《わたり》」と呼び、頭を「見当《けんとう》」、手元側の端を「顎《あご》」という。顎からくびれた部分を「頸《くび》」、柄に差し込まれた部分を「込《こみ》」といい、背は「峰《みね》」である。

ネギリノコは中型の一般的なもので、渡《わたり》が二尺ほどで、頸が約一尺、柄が約四十五度に曲がっている。これは、手前に引き切りするのに一番力が入るように考えられている。また、大径木を伐るための二人挽き、四人挽き用の鋸もあったが、鋸の中央から、歯が逆向きについていて、交互に引き手側に切れるように工夫されているものもあった。

ネギリノコの出現は、伐採作業の能率を高め、過酷な労働を軽減させたが、さらに昭和三十年代に改良型のマドノコが導入されると、さらに能率を上げた。マドノコは、それまでの一律の歯の並びと異なり、歯の四枚おきに深く切り込んだ窓があいている。四枚歯九窓などという呼び方で、鋸の刃渡りを言い表すこともした。

マドノコは材を挽くと、オガクズがマドに入って挽き出せるので、歯につまることがなく、余分な力がいらない。また、前に押したときにも多少伐れるようにナゲシが立ててあって、従来のネギリヨキよりも能率がよかった。

チェーン・ソーがもたらしたもの

だが、マドノコの時代は長く続かず、昭和三十年代になるとチェーン・ソーが導入される。チェーン・ソーの場合は斧でウケクチをあける必要もなく、鋸でオイクチを挽くこともいらない。チェーン・ソー一丁で、どんな大木でも一気に伐り倒してしまう。木材の伐採の主役はチェーン・ソーに移行し、山の乱伐が急速に進んでいくことになる。機械が、山の職人たちの熟練した技術を駆逐し、さらに肉体的な負担を重くした。エンジンとチェーンの回転による激しい振動は、〝白蠟病《はくろう》〟を生み、最近では難聴や心臓障害、自律神経や中枢神経の異常、さらに生殖機能への影響までが指摘されるようになっている。骨が蠟のように白く、もろくなるので、その名がある。現在、こうした諸症状は一般に「振動病」と呼ばれ、山の伐採従事者の職業病に規定されている。

作業をひたすら機械に頼り、作業能率や生産性偏重の弊害は、直接自然に及び、そこに働く人々の健康を蝕《むしば》んでいる。しかし、いまとなっては元の、人力による伐採方法に戻すことは不可能だ。

「昔の山仕事も、そりゃエラかった。尋常の人間では務めきれんほどエラい仕事だった。だが、エラいにはエラかったが、人間のやる仕事だからおのずと限度がある。限界を越

「伐採」
チェーンソーの場合も、受け口を倒す方向に開け、反対側から追い口を入れる。
切り株に残ったトゲを鉈で切り除く。
切り株に枝を刺す。山の神への感謝と、木の再生を願う儀式。

えて続かん。いまと比べたらゆったりしていた。無理はしても、身体と相談しながらやる仕事と、機械に振り回されて仕事するのでは、疲労の質が違う。いま、山で働いているモンのほとんどは何かしらの障害を抱えている。だが、昔のように手作業に戻すこともできない。第一に稼ぎに響く。それに、機械に馴れてしまったら昔の道具はよう使いきれん」

熟練の山師の言葉に、山の労働にたずさわって生きてきた男の哀感が滲《にじ》む。

山への畏怖と畏敬

長野・新潟県境、秋山郷。信越国境の苗場山と鳥甲山の深い山峡を流れる中津川に沿って点在する切明、和山、屋敷、小赤沢、大赤沢、前倉、逆巻《さかさまき》、穴藤《けっとう》などの十二集落を総称して秋山郷と呼ぶ。

鈴木牧之の『北越雪譜』で知られる秋山郷は、いまも〝最後の秘境〟と形容詞が冠せられる雪深い山間辺地である。人々は長い冬を雪に埋もれるように暮らし、男たちの多くは山仕事や木鉢作りをして生計を立ててきた。

過去に数度、この地に足を運び、山の伐採作業に同行した。伐採班は、チェーン・ソーを使って木を伐る「バツボク」一人、伐り倒された原木をワイヤーにかけて土場まで運び出す「タマガケ」四人、計五人が組んで行なわれる。現在は、林道沿いの土場までは車で行き、そこから先は、徒歩で沢を下り、さらに険しい急斜面を登って、ようやくたどりつく。片道一時間、二時間かかることがザラだった。

伐採は普通、寒さが厳しい冬期間に行なわれる。これは、農作業との兼ね合いということもあるが、自然の理にもかなっている。樹木は冬の間、休眠状態にあり、ほとんど水分や養分を吸い上げない。そのため、この時期に伐った木は反りやねじれなどの狂いが少なく、乾燥期間が少なくてすむ。また、冬期間であれば、大木の搬出も橇《そり》を使って容易になる。

木を伐採するときには、倒す方向を見定めてから作業に入る。伐採作業は、常に危険がつきまとう。判断の誤りや一瞬の気のゆるみが大きな事故につながる。地形や周辺の状況、木の性質や素性などを見極め、予測した方向に正確に倒す技術に熟練がいる。

普通、木は日照の関係で南の方向に枝が張り、重心が南にかたよる。そこで、南側で邪魔になる木が少ない方向を選んで倒す方法がとられることが多いが、必ずしも条件が揃うわけではない。周辺の木が密集していたり、枝が繋っていたり、蔓《つる》などが張っていると、伐った木が引っかかって倒れなかったり、思わぬ方向に落下する危険がある。倒れた木の下敷きになったり、枝が突き刺さるといった予期せぬ事故につながり、ときに命を落とすこともある。

「木と話をして、木が倒れたがっている方へ倒してやる」

熟練した山師は、こともなげに言い放つが、「木が倒れる瞬間がもっとも危険」と、誰もが口を揃える。昔から、山仕事にたずさわる人々の間で〝杖木《つえ》を伐っても三尺逃げろ〟という口伝がある。倒した木が反動で手前に滑ってくることもあるし、倒れた衝撃で木が裂けて弾き飛ばされることもある。また、シオジのように鋸を入れている途中で、根元から真っ二つに裂けて、宙に向かってはね上がる木もある。〝シオジを切ったら八間逃げろ〟といった。熟練した者なら、木の軋《きし》みで分かるといい、いち早く作業を中断して遠くへ避難するが、数分のうちに裂けることもあり、また数時間を要する場合もあるという。いずれにしても裂けるまでは近づくことができない。

理想的な倒伐は、「のぼり山」、つまり斜面の上側に向けて倒すのが最上とされる。こうすれば地面との間が最短距離で、衝撃や反動も最小限にとどめられる。次が「横向」(よこやま)で、山の最大傾斜線に直角に交わる水平線を中心に、左右三十度角の範囲内に倒すのがいい。さらに不可能であれば、「斜下向」(こばさか)といって、水平線の左右下向四十五度の範囲内に倒すのが無難とされている。一番避けなければならないのが「下向」(さかやま)で、最大斜線の左右四十度角の範囲内で、伐倒距離が長く、材の損傷が激しく、のちの玉切り作業や搬出にも影響する。

木を倒す際には、他の作業員に合図と、倒す方向を知らせることが義務づけられている。因みに、かつて木曾地方では、

「左こばさか一本、ネルゾー」

と、倒れる方向を三回叫び、倒れたあとは、

「やんじょう」

と、大声を発した。

また、信心厚い杣は、生業とはいえ木を伐る殺生を忌み、「ナムアビラオンケンソワカ」と、三度呪文を唱えたといわれる。

また紀州では、斜め下を「出山《でやま》」、斜め上を「入山《いりやま》」、傾斜線に交わる水平線を「横《よこ》」といい、まず「えーほう、ほーい」と掛け声を発したあとに「左受け出山いくぞー」とか、「右受け入山いくぞー」、あるいは「左受け横づけいくぞー」と、木が倒れる方向を大声で告げる。これに対して危険地域に働く人たちは「ほーい!」と叫び返しながら、安全な場所まで避難する。そして、伐採夫は「ほーい、ほい」という避難完了の合図を待って、とどめの斧や鋸を入れる。

ウケクチを開けられ、とどめのオイクチを入れられた木は、「キューン」という背筋が寒くなるような咆哮を発しながら、スローモーションのように巨体を傾けていく。切り口が軋み、重さを支えきれずに、バリバリと繊維が引きちぎられていく。枝がこすれ合い、バキバキとなぎ倒され、地響きをたてて大地に叩《たた》きつけられる。森に棲む鳥や獣が一斉に騒ぐ。そして、あとには木肌鮮やかな生々しい傷口と、横臥《おうが》し、物いわぬ巨木

の骸《むくろ》が残る。どんなに熟練した山師でも、木を伐り倒す瞬間は、全身の血が逆流するような緊張感と、罪悪感を伴う懺悔《ざんげ》の心境にかられるという。そのために、彼らは山の神を祀り、厳しい禁忌を自らに課して、心を慰めてきた。

木に関する禁忌

山仕事にたずさわる人たちの間では、木に関する禁忌が数多くある。そして、これをいたずらに犯す者は、必ず祟《たた》りが及ぶと信じられている。山の神様や氏神様の祠の周囲《めぐり》や、そこに入る道沿いにある木は伐ってはならない。伐ると罰が当たるという。俗にいう「かえる股の木」や、「めがね木」も伐ってはならないという。かえる股の木というのは幹が二股に分かれた木をいい、めがね木は一本の木が途中で分かれ、先の方でまた一本に戻った木をいう。いずれも山の神や天狗が宿る木だといわれている。また、一の枝が東にのびた松は「お天狗様の松」といい、木のてっぺんがいかにも座り心地がよさそうに平らになっている木は「お天狗様の座り木」といって、絶対に手をつけてはならないという。形の変わった木は、老木も伐らない。

確かに、こうした木は、いずれも樹齢を重ねた老木であることがほとんどだ。山で木を見るとき、樹勢の盛んな木は枝先や葉が尖《とが》っているが、樹勢が衰え、停止した木は頂が丸みを帯び、平らになっていて、見るからに腰かけたら気持ちよさそうに見え、想像力をかきたてるに充分である。また、見るからに異形の老木は、いかにも実体を伴わない何者かの意志と手が加えられたような姿を誇示している。鬱蒼《うっそう》とした原生林の中で、他を凌駕しながら、眠るがごとくに屹立《きつりつ》する様子は、愚かな人間の所業をジッと凝視しているような、底知れぬ威圧感を覚えさせる。

山の伐採地においては、ときに一本の忌み木の存在が、造林作業に支障を及ぼすことがある。一本の巨木が枝を張っているために、周囲の日照が悪く、若木の生育が損われる場合や、倒伐する際にも、枝がかりになりやすいため、木をよけなければならないこともある。搬出路も制限される。また、巨木であれば、高値で売買することができるという欲得がからむ場合もある。伐るか、伐らずに残すか、しばしば論議の的になる。

結論は時に応じてさまざまだ。昔からの言い伝えや因習に従って、手をつけないこともあり、作業能率を優先して倒伐されることもある。仮に伐ると決まっても、直接手をくだすことを嫌って、組を離れて下山する者もある。こうした人たちの多くは年配者で、単に山の因習に対して臆病になっているだけでなく、過去に不可思議な実体験を持っていたり、身近に起こった経験をしている場合が少なくない。

「天狗様の座り木を伐ったら、鋸が反対側に抜けているのに木が倒れなかった。根元を切り抜いても宙に浮くように立っていた」

「鋸で伐っていたら、血のように赤い樹液が流れ出てきた。恐ろしくなって伐るのをやめた。翌日、伐り口がぴったりくっついてふさがっていた」

「木を伐ろうとしたら、折れるはずのない枝が折れて頭の上に落ちてきて大怪我をした」

「伐っていたら鋸の柄が脇腹に当たって肋骨を痛めた」

「かえる股の木を伐った夜、突然屋根棟を揺すられ、金縛りになって起きられなかった」

「山で昼寝をしていたら、いつの間にかお天狗様の松の上に連れていかれた」

「十七日の山の神様の日に生まれた子どもが奇形だった。その子が死んだのも十七日だった」

「忌み木を伐った庄屋の家が不幸続きで、絶えてしまった」

等々。平地においては、こうした荒唐無稽《こうとうむけい》な話も、深山幽谷にあっては、とたんに現実味を帯びて身にせまってくる。

穢れを拒む山

山に棲むと、山に巨大な生命の存在を意識する。侵しがたい領域があることを本能的に感じ取る。木や草や、石や大地、山の獣や生物、水や風にさえも計り知れない生命の力や意志が働いていることを実感し、人間もまた例外ではないと悟らされる。それは宗教観とはまた異質の、生きとし生ける人間の本能に根差しているようにも思える。

山に暮らす人たちは理屈抜きで、山に対して潜在的な畏怖と畏敬をこめて接してきた。山仕事に従事する人たちは、山入りの儀礼を重んじ、死穢《しえ》、産穢に対する観念が強い。近親者に不幸があったり、お産があったりすると「山の神様を穢《けが》す」といって一週間くらい山へ入ることを忌む。

山仕事に出る日は、汁かけ飯を食べてはならない。どうしても飯が喉《のど》を通らないときは汁の方に飯を入れて食べればいいという。山の道具を女が不用意に跨《また》ぐと不吉なことが起きるといい、一切触らせない。女が道具を跨ぐと、その日は仕事を休む。男が仕事に出たら、姿が見えなくなるまで家を掃いてはならないという地方もある。夢の話、猿の話を忌み、山に入ると鋸を鳴らしたり口笛や無駄口をきくことをきつく戒める。

こうした言い伝えは神聖な山を穢すことを嫌うと同時に、危険な作業を前に、心にかかる不安や心配事がふとしたスキや一瞬の気のゆるみを生み、思わぬ事故に繋がることへの戒めがこめられている。

山を受け継ぐ知恵

また、伐採地に忌み木を伐らずに残すという背景には、信仰とは別の、人間のしたたかな打算が働いている場合があることも見逃せない。それは山持ちが意識的に伐採地に

「山の神様の木」を作り出し、伐らずに残すことがあるという事実があるからだ。何故、わざわざ「山の神様の木」を作って伐り残すのか。それは造林事業と関わりがある。

普通、造林事業は五十年、六十年という長期計画で行なわれる。一度伐採した山は、植林をしても、次に伐採して収入を得ることができるのは杉で五十年後、六十年後ということになる。そのため、一代では成し得ず、二代、三代にわたる場合が少なくない。極端な言い方をすれば、次の伐採時期までは財を食い潰《つぶ》しながら待たなければならない。長い木材不況の時代には、持ちこたえられない場合もでてくる。そうしたときに、伐り残しておいた樹齢の長い巨木が窮状を救う場合がある。

これは、あながちうがった見方ではないように思われる。が、いずれにしても、山を次代に守り継いでいく人たちや仕事師たちの精神の奥底には、山に対する畏怖と畏敬という素朴な信仰と、相反する生きんがための打算が混沌としている。山を崇《あが》め、恩恵を享受しながら、ギリギリのところで共存の方策を探っていく宿命が彼らには課せられている。そして確かな現実として、彼らがそうでなければ生き継いでいくことができなかったし、そうした彼らの手によって山の自然が今日まで守り継がれてきたことも、事実なのである。

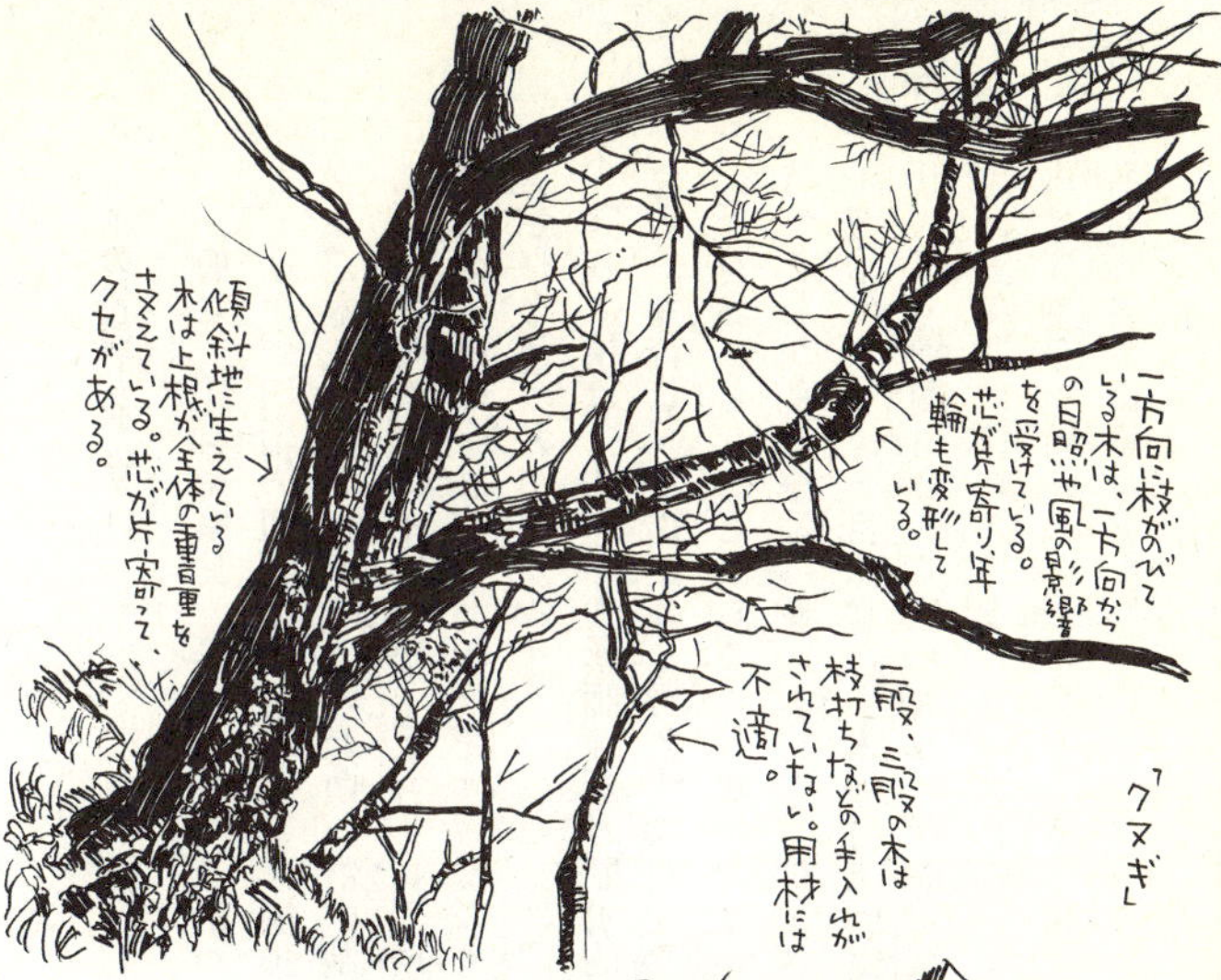
傾斜地に生えている木は上根が全体の重量を支えている。芯が片寄って、クセがある。
一方向に枝がのびている木は、一方向からの日照や風の影響を受けている。芯が片寄り、年輪も変形している。
二股、三股の木は枝打ちなどの手入れがされていない。用材には不適。
「クヌギ」

古木で傷があっても、樹皮がめくれ上って、包み込んでいる木は樹勢が強く、木肌も艶があり、色もいい。
タマグス

木の特質と素性

一般に、建材や家具、器材をつくるために伐られる木は多岐に及ぶ。木曽を例にとると、江戸、明治の切判（運材に所有、樹種を刻む印）に見ると、檜《ひのき》、椹《さわら》、翌檜《あすなろ》、コウヤマキ、ネズコ（クロキ）のいわゆる留山制度によって一般の伐採が禁じられた木曽五木に、享保時代に停止木に加えられた桂《かつら》、樫《かし》、欅《けやき》。ほかに、樅《もみ》、姫小松（五葉松《ごようまつ》）、栂《つが》、キハダ、白檜《しらべ》、榧《かや》、桜、ハリギリ、ミズメ、唐檜《とうひ》、ドロ、赤松、栗、ヤマギリ、沢胡桃《さわぐるみ》、シオジなどの名が見える。

因みに檜は、法隆寺や薬師寺など歴史的建築や神社仏閣に使われる木で、樹齢千年を超えて生育し、木質がよく耐久性に優れている。語源は〝火の木〟で、木と木をこすって火をおこしたことからこの名が出たといわれる。また、古語でヒはヨシという意味を持つことから、檜は〝良い木〟で、材がきわめて優良だったということになる。

翌檜は、ヒノキ科の常緑高木で日本特産の木。〝明日は檜になろう〟という意味があり、檜の模擬材として使われる。青森のヒバはヒノキアスナロのことで、総ヒバ造りの家は三年間は蚊が入らないといわれる。コウヤマキも日本特産のスギ科の常緑高木。樹皮は赤褐色で縦に長い裂け目ができ、薄く剝《は》がれるのが特徴。高野山には美しい純林があり、名の由来にもなっている。

椹も日本特産。ヒノキ科で檜によく似ている。建材にされるほか、主に桶《おけ》の材料にされる。椹は素性がよく柾目が通って水漏れせず、軽い。桐のように柔らかく加工がしやすい。因みに木曽産の椹だけを本椹といい、他地のものは単に地椹と呼んで区別する。地椹は木質が堅く、反りがでたり、はしゃぎやすい。そのため、いい桶は本椹を使ってある。ネズコもヒノキ科で日本特産。

そのほか、ゴヨウマツの別名がある姫小松、すくすくのびる「植木」からその名がついた杉は、切り口の色でアカジンとかクロジンなどとも呼ばれる。ドロの木は樹皮が泥色で、材が泥のように柔らかいことが名の由来。別名ヤマナラシともいわれるように、微風でも葉がシャラシャラと音を立てる。近年ではマッチの軸に使われている。

アサダは別名ハネカワといい、樹皮が反り返って剝げる。材が堅く割れにくいので、海辺ではアワビなどを突く柄に使われる。ミネバリも木質が堅く粘りがあり、鉈の柄などに使われる。折るとサロメチールのような強い匂いがするのが特徴。新潟ではナタヅカという木を鉈の柄にする。乾燥すると堅くて粘りがあって、手の衝撃が少なく、折れにくい。漆は樹液を採るほかに実から蠟を作る。同じウルシ科のハゼからも蠟をとる。

ほかに、炭の材料にされるウバメガシや櫟《くぬぎ》、楢《なら》、樹皮が雨の中でもよく燃えるので鵜飼のときのタイマツにも使われる樺《かば》、実から蠟を採ったヤマモモの木、木鉢の材料にされる栃《とち》、仁徳天皇が笏《しゃく》を作り、正一位を授けたと伝えられるイチイ、さらにハンノキ、ブナ、ビャクシン、センダン、カラマツ、イチョウ、シラビソ、トウヒ、クス、イタヤカエデ、ユズリハ等々、我々の暮らしに密接な関わりを持って利用されてきた木は数えきれない。また、植林など人工的な手が加えられる以前の山には、さまざまな特質を持った樹種が多く、山に暮らす人たちは可逆性の範囲を超えることなく、上手に利用してきた。

伐り倒した原木は、ウラ（枝）を伐り落とし、さらに用材として必要な長さに玉切って麓の土場まで運び出すが、製材所が発達する以前は、山で角材に加工するのも杣の仕事だった。角材に削るのは、丸太のままだと重量があり、搬出が大変だったことが最大の理由だった。

一般に伐採作業に従事する者を杣と総称するが、厳密には伐採を行なう者を「サキヤマ」あるいは「モトギ」と呼び、角材にハツる者を「角杣」、「ハツリ師」と呼んで区別をした。さらに、伐採作業そのものは山で働く者が基本的に身につけていなければならない技術だったのに比して、角材にハツる技術はとくに熟練による特殊な技能を要するもので、別格の扱いをされてきた。

とくに以前には、建材は角材、パルプ材は丸太で取り引きされていたので、角杣、ハツリ師の仕事は重要視された。

角材にハツるには、ハツリヨキ、あるいはハビロ、サメヨキ、ケズリヨキなどと呼ば

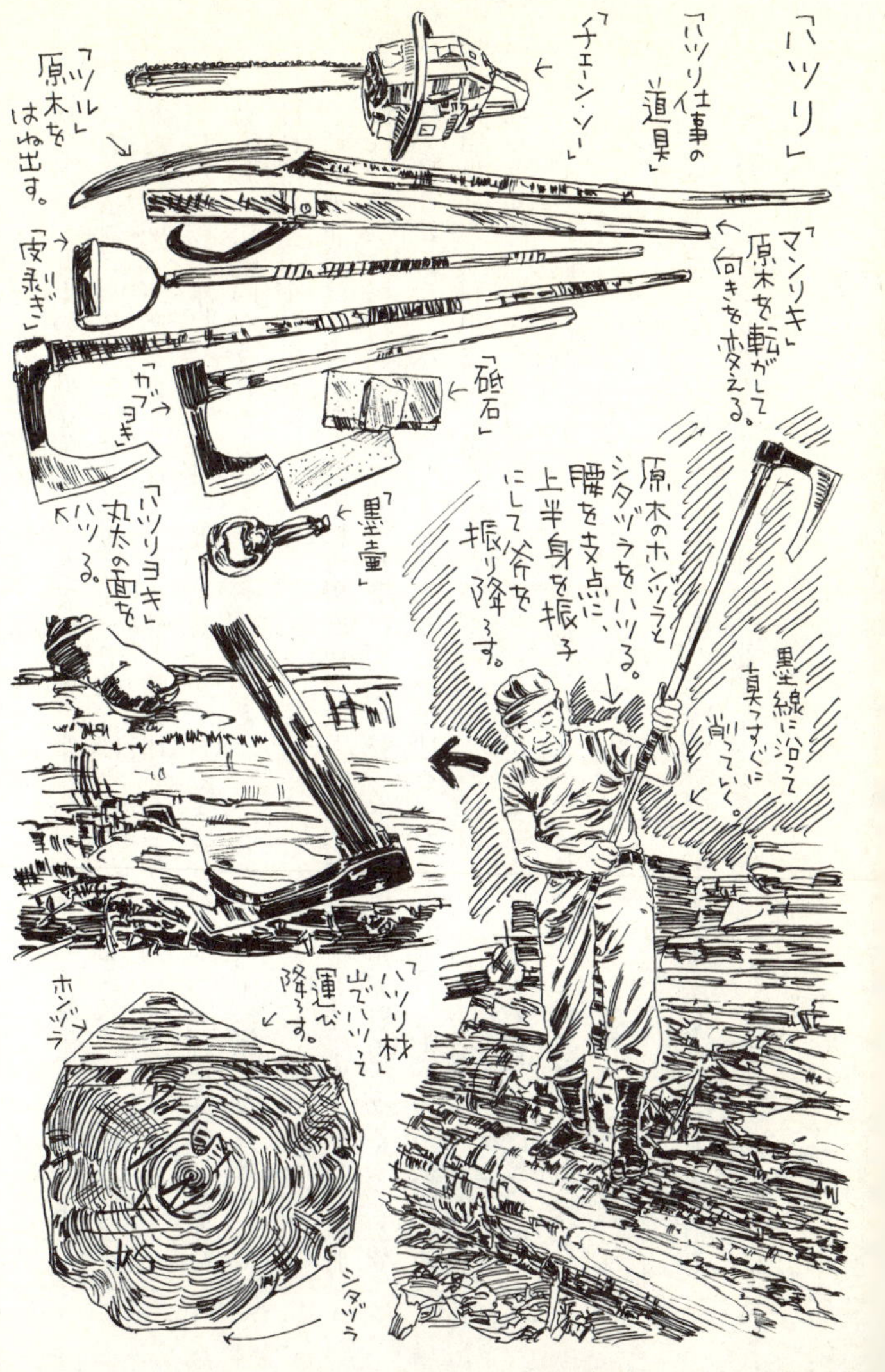
「ハツリ」

「ハツリ仕事の道具」

「チェーンソー」

「ツル」原木をはね出す。

「マンリキ」原木を転がして向きを変える。

「皮剥ぎ」

「カブヨキ」

「砥石」

「ハツリヨキ」丸太の面をハツる。

「墨壷」

原木のホンヅラとシタヅラをハツる。腰を支点に、上半身を振子にして斧を振り降ろす。

墨線に沿って真っすぐに削っていく。

「ハツリ材」山でハツって運び降ろす。

ホンヅラ
シタヅラ

れる斧で、丸太の表面を削り落としていくが、単に角材に削るだけでなく、材の素性や癖を見抜き、ねじれを抜き、矯正を加えて仕上げる技術が要求された。製材後、材が歪《ゆが》んだり、反りが出るような仕事は、未熟な職人仕事とされた。

しかし、近年になって機械で簡単に製材ができるようになると、角杣の仕事は急速に衰退し、伝統的な技を見る機会が失われてしまったが、いまなお現役のハツリ師が宮崎は日南の空の下に生きていた。

日南市油津は、古くから飫肥《おび》杉の生産地で知られ、木材の町として栄えてきた。飫肥杉は、ほかの杉と較べて肥大生長が早い。その分、木目は粗いが、樹脂を多くふくんでいて粘りがあり、水や腐りに強い。こうした特性を活かして飫肥杉は古くから造船用の弁甲材として利用されてきた。

「ハツリは、木挽きを何十年やっとるというモンでもできんですもんね。自己流ではできん。三、四年は師匠について修業しないことにはやれんです。始めは小取《こど》り（手伝い）から入って仕事を覚えていく。何年も斧を持たしてもらえん。年季のいる仕事ですな」

老ハツリ師が言う。逢ったのは六年前。当時すでに七十歳を超えていた。十四歳でこの道に入り、以来五十余年、ハツリ師一筋で生きてきた叩き上げ、筋金入りの職人であった。

ハツリ仕事は、昔から「一《いち》振り、二面《にヅラ》、三《さん》ハツリ」といった。まず、原木を返して「振り」を見て、どこをホンヅラ（木表）にするかを決める。振りは、木の素性と癖を見抜き、板材がいかに量がとれるかを判断する、もっとも重要な作業である。

木の素性は木口《こぐち》を見れば分かるといわれる。とくに柾目に挽く材は神経を使う。一般に木は木口を見て、年輪が揃って、芯材を中心に放射状の細かい「木の子割れ」ができるものは素性がよく、柾目に割れるが、年輪が変形している木は癖が強く、狂いが出やすい。また唐檜《とうひ》は根元側の木口を見て、芯に近く白い三日月形の光るものがあれば割れがよく、栂《つが》は木口の一部を剝いでみて、はなれがよければ木全体が柾目が通っているといわれる。

さらに伐採する前の立木の段階で木の素性を見ることも大切だった。外見上は分からなくても、内部に病害が進んでいる木もあるし、尾根筋に生えている木は雷の被害が芯材に及んでいる場合がある。また、樹幹の内に茸《きのこ》が生えているような木は、そこから上の芯部に腐りが入っているし、枝に茸があれば芯部全体に腐りが入っている場合が多い。そういう木は外側から叩いて音で判断することもある。

「杉はサコ（谷）に育ったのがいいが、オド（尾根）に立っていた木は風当たりが強くて揉《も》まれちょる。製材にかけると板がクワーってそねる（反る）。そういう木はハツリが難しい」

ホンヅラ（木表）とシタヅラ（木裏）を決めたら、ハツる面に墨を打ち、墨線に沿って斧でハツっていく。

一般にハツリに使われる斧には、ケズリヨキ、タカノハ、ツルの三種がある。このうち、ケズリヨキとタカノハは木材の側面を叩くようにして削っていくので、表面にヨキマクラという削り跡ができる。こうした材は搬出したあと、手斧《ちような》で仕上げがかけられるが、ツルの場合は、木材の面を剥《はが》すようにして削るために滑らかに仕上がる。ツルと呼ばれるハツリヨキは、柄が五尺と長く、刃の差し渡しは七寸ほどもある。ヨキの首の部分が細くくびれて長いのが特徴で、一見、中世の首切り斧を連想させる。重さは一貫から六百匁ある。

ハツる作業は、原木の上に乗って行なわれる。墨を打った線に合わせて垂直にハツリヨキが振り降ろされる。刃が足元スレスレに打ち込まれ、カッカッという乾いた音とともに、木片が飛び散っていく。身体が不安定だと、ヨキで足を割ることがある。また、浅かったり削りすぎたりして、正確な材にならない。その分、板に挽いた際に無駄が出る。いかに歩どまりのいい仕事をするかがハツリの腕である。

腰を折り、首を降ろして視線をハツる面と垂直に定める。ヨキは手で振るのではなく、身体で振る。腰を支点に上半身を振子にし、視線は墨線を上下するようにしてハツる。とくに腰の位置、角度が重要で、腰をうしろに引きすぎると材の下側が見えず削り残しが出やすく、前かがみになりすぎると下側を削りすぎてしまいやすい。昔から〝腰の角度に五厘の違いがあってはならない〟といい、長い歳月の間に腰が独得の形に曲がり、それを称して〝杣腰〟などと呼んだ。

熟練のおどろくべき仕事ぶり

腕のいい職人がハツった材は、ハツった面の端に砥石をのせて刃物を砥ぐと、砥ぎ汁が反対側の端まで真っすぐに流れ通るといわれる。また、鋸で切った面や、電気カンナで削った面は表面がケバだって水を吸い、カビが生えたり、腐りの原因になるが、熟練したハツリ師がハツった材は削った面が滑らかで、水を弾いて、カビや腐りが入らない。

弁甲材の場合は、ホンヅラを仕上げたら、次にシタヅラをハツり、木口の縁を八面に面取りする。木口から見ると、ちょうど弁甲型をしている。弁甲材の名の由来もそこにある。

仕上げられた弁甲材は、そのまま出荷され、造船用の板材に加工されるが、腕のいいハツリ師が手がけた材は、ねじりが完全に抜かれ、矯正が加えられているので、板などの製材が容易で喜ばれる。

しかし、現在は木材の取り引きがほとんど丸材で行なわれるようになり、ハツリ仕事は年々少なくなっている。最後まで残った日南市油津の場合も、隆盛期の昭和三十四、三十五年に百人を超えたハツリ師も、五、六人を数えうるまでに減っているのが実情である。熟練した職人技がまた一つ消える運命にある。

日傭《ひよう》

杣《そま》によって伐採され、玉切られた原木を麓の土場（貯木場）まで運び出すのが日傭の仕事だった。日傭の名は、杣や木挽《こび》き、木馬《きんま》などの賃金が個人の出来高払いだったのに対して、日給、つまり日雇いであったことからきている。搬出作業は熟練した個人の技より、集団で行なう共同作業の要素が強かった。しかし日傭は、木材搬出に関する高度な技術を有する職人集団だった。

だが、昭和の初め頃から架線で吊り、動力による搬出が行なわれるようになる。戦後になるとさらに強力な集材機械が導入され、林道が整備されてトラックが山深くまで乗り入れるようになった。木はチェーン・ソーで次々に伐《き》り倒され、そのまま架線で林道まで吊り降ろされる。山で働く男たちは〝伐木造材士〟という名でくくられ、伐採から搬出までの一連の仕事が共同作業になり、日傭の特殊な世界も大きく様変わりをした。

しかし今日でも、架線を張れない奥山や、地形の複雑な谷筋での小規模な現場では、人力に頼る場合も多く、日傭の技術が生かされている。山から修羅《すら》や桟手《さで》などの、一種木を曳き出す「土曳《どび》き」や、人力で橇《そり》に積んだ原木を曳き出す「木馬」は、わずかながら残っている。

筏《いかだ》を組んで川を下るといった勇壮な作業は見ることはできなくなったが、馬を使って原

の滑り台を使って原木を落としたり、鉄砲と呼ばれる人工堰を沢に築いて流送し、また

原木を山から運び出す

かつて、日傭の仕事には〝山出し〟と〝谷出し〟があった。また、古くは杣夫《そまふ》の入山に先だって小屋掛けや道作りなどの雑役にも従事したようだ。

〝山出し〟は伐採された原木を谷筋まで落とす作業で〝山落とし〟ともいわれた。山の斜面が柔らかい土の場合は、鳶口《とびぐち》や鉤《かぎ》で曳き出し、傾斜を利用して転がし落とすだけでよかったが、切り立った崖や、岩場の多い所は材木の損傷を避けるために、「大材釣り」や「修羅」や「桟手」など特殊な方法がとられた。

「大材釣り」は、通常の方法で運び出すことができない大木や、高価な貴重材に限ってとられる方法で、材の端に目処孔《めどあな》を開けて丈夫な麻綱を通し、崖上から釣り下げる。綱は神楽桟《かぐらさん》と呼ばれる台の柱に巻きつけ、少しずつ緩めていくが、ときに摩擦で発火することがあり、水をかけ、青柴で打ち消したといわれるほどの難事業だった。

修羅と桟手は、ともに原木を谷間に降ろす際に築く搬出路で、修羅は丸太で作られる

のに対して、桟手は主にのら板と呼ばれる板材を使って作る。また修羅は、比較的勾配の強い谷に設けられ、桟手は緩やかな場所に設けられることが多かった。

搬出に先立って搬出路が作られる。親方は、搬出する材料や、地形などを見て、搬出路の築き方を指示する。足場の作り方、勾配など、すべてが長い経験のなかで築き上げられてきた。急峻な谷筋にかけ声が響き渡り、猿のように身軽に跳び駆け回る男たちが活躍する。

修羅の場合、丸太で組んだ足場に〝矢《や》〟と呼ばれる入れ木を両端から斜めに組み、その上に丸太材を縦に並べてU字形の滑走路を作る。滑走面に並べる丸太を木曾地方では〝傍木《はたぎ》〟と呼んだ。傍木は、搬出する木材の太さ、修羅の規模に応じて四本から十本以上も並べられる。傍木の一本一本にも符丁《ふちよう》がある。U字形の滑走路の底、つまり中心の数本を「坊主」といい、それを挟むように「坊主脇」「入れ木」「端木」の丸太を並べる。端木は搬出路の縁《ふち》に当たるもので、太い丸太が使われ、滑り落ちていく木材が横に飛び出すのを防ぐ役をする。

修羅による木材の搬出作業を「修羅落とし」といった。緩勾配で木材の走りが悪い場合は、滑走面に水を打って濡《ぬ》らし、滑りをよくするが、谷から桶《おけ》で水を汲み上げて運ぶ役は、日傭の見習いが当たった。また、谷の水を堰《せき》上《あ》げ、滑走面に流す場合もあり、これを「水修羅」といった。

「丁稚《でっち》に入りたての頃に修羅の水撒《ま》きをやらされた。アキカンに柄をつけて水を汲んじゃ撒く。一カ所にかたまらずに広く、平均に水を撒くのに技術がいる。冬は薄く撒くと一瞬に凍って、滑走面の滑りがいい。アキカンの杓子《しゃくし》で水を汲んだら、クルッと返すようにして撒く。馴れないと頭から水をかぶったり、足元にこぼして自分が滑って転ぶ。よく親方にどやされたもんだ」

修羅や桟手流しによる原木の搬出は昭和三十年代後半まで、各地で行なわれ、現在五十歳の山師までは実際に経験した者が多い。

桟手は緩い勾配の谷に作られた。桟手は丸太や雑木を使って橋桁《はしげた》を組み、滑走面にはのら板を敷く。のら板は古くは木挽きが山で挽いて作った。のら板は通常、長さ一丈《じょう》、（二間）、幅一尺、厚さが二寸五分で、これを三枚並べ針金などで結《ゆわ》えた。両側に「カテ」、または「アテガイ」と呼ぶ丸太を固定して縁を作った。修羅の端木と同様に、木材の飛び出しを防ぐ。

桟手は、のら板を使った「のら桟手」が一般的だが、ほかに「もっこ桟手」「丹波桟手」「算盤《そろばん》桟手」などの種類がある。これらの桟手は、木材が滑走する速度を調整する目的で、現場の勾配によって使い分けられる。因《ちな》みにのら桟手は十度から二十度の勾配に使われ、もっこ桟手は急勾配三十度内外、丹波桟手は五度から十度、算盤桟手の場合は八度以下の順勾配か、やや逆勾配でも使われる。

もっこ桟手は、滑走面に細かい枝や柴を敷き、その上に土砂を盛って作る。その分滑走面の抵抗が強く、急激な落下を和らげることができる。

丹波桟手は、滑走面に筬《おさ》と呼ばれる横木を等間隔に入れ、檜《ひのき》の枝や藤蔓《ふじづる》などで上から下へ笊《ざる》のように細かく編み込んでいく。滑走面全体に編み込まれた桟手は見た目に美しく、緩い勾配でも原木の重みで揺れ、そのバウンドで滑りがいいが、作るのに手間を要した。

算盤桟手は、滑走面に丸太を横に細かく並べ、ころにして滑らせる。木材との接触面が少なく、順勾配や緩い逆勾配でも、鳶口《とびぐち》で曳いてやれば、算盤の上を転がるように滑る。

修羅や桟手は、搬出する現場の状況によって、安全性と作業能率、そして木材の損傷を最小限にとどめることなどを目的に作られる。一つの現場で異なる修羅や桟手が接続して設けられる場合も多かった。

修羅や桟手に入れられた原木は恐ろしいほどの勢いで滑走していく。ガラガラと雷鳴のような音を山峡に響かせながら落下し、ときには滑走路や端末に激突して跳ね飛んだりした。巨木が修羅や桟手を破壊したり、予期しない方向に流れ落ちて事故をひき起こすこともあった。そうした木材の激しい落勢を弱めるために、「臼《うす》」や「暖簾《のれん》」あるいは「逆勾配転落路」などの対応策がとられた。

「臼」は、主に修羅や桟手の途中の曲がり角などに設ける。激しく滑り落ちてくる木材が突っ込む位置に土塁を築いて受け止め、一旦停止させた木材をスリ棒と呼ばれる斜めに掛けた丸太の上を滑らせ、方向転換させて再び次の搬出路に戻す。土塁は丸太で柵囲いをして、中に土砂を入れてかためた。材の損傷も多く、次々に搬出される木材が停滞する原因にもなった。

「暖簾」は、修羅や桟手の滑走路の上に鳥居形の枠を組み、これに一、二本の丸太を吊るしておく。丸太は滑走面の真ん中に斜めに置かれ、上の方一カ所だけ鳥居形の枠の横木にくくりつけられている。ちょうど箱罠や鳩舎の出入口《トラップ》のような形である。滑走してきた木材は暖簾の丸太にぶつかって速度が制御され、丸太を押し上げて再び落下していく。

また、「逆勾配転換路」はスイッチバック式の装置で、木材の滑走の勢いを利用して一旦逆勾配に乗り上げさせ、一度静止させた材を反対方向に向きを変えて次の修羅に入れる。滑走速度の制御が容易で、木材の損傷も少ない。逆勾配の位置や角度などに、職人の経験が要求された。

また、谷筋に落とされた木材は、谷川の水を利用して麓の土場まで流送した。それを「カリカワ」「川狩り」「小谷狩り」といった。また、木材を一本ずつ流すところから「管《くだ》流し」と呼ぶこともあった。

カリカワにはいくつかの方法があった。水量が多い川であれば、そのままの状態で木材を流せるが、水嵩《みずかさ》の少ない谷の場合は人工的に堰を設けて水を溜めて流送する方法がとられた。また、杉などの比較的軽い材は水量が少なくても流送することができるが、樅《もみ》や栂《つが》などの重い材は搬出に手を焼いた。そこで堰《せき》を設けて川を堰止め、水位を調整する必要があった。

川を利用して搬出する

堰には「常堰《じょうぜき》」と「鉄砲堰《てっぽうぜき》」の二種類があった。

常堰は、文字通り常設される堰のことで、修羅などを併用しながら、上流から下流にかけて階段状に作られる。この場合の堰は、川幅の狭い場所を選んで、丸太材を積み並べ、水漏れしないように川床には細い柴木を束ねたものを敷いて土砂でかため、丸太の隙間には苔や柴草を詰めて作った。

堰の縁近くまで水位が上昇した水は簗口《やなぐち》に集められる。簗口は修羅と連結している。その修羅の下には同じく堰で止められた淵があり、さらに簗口と修羅を経て、下段の堰へと続いていく。

流送される木材は一旦、淵に落とされ、水の流れに沿って、簗口から修羅を滑走して一段下の淵に落下する。その繰り返しで、木材は一段ずつ下流へ送られていく。堰は谷筋に二、三十カ所も設けられることもあった。

日傭は手に手に鳶口を持ち、身軽に堰や丸太の上を跳び回って、淵に浮かぶ木材を順番に築口に導いていく。ときには雨などによる増水で木材が一度に流出したり、堰が崩壊して木材と一緒に鉄砲水に呑み込まれる危険があり、常に水位の調節に気を配る必要があった。

鉄砲堰は、通常、単に〝鉄砲〟と呼称される。同じように谷筋に人工堰を設け、水を溜めるが、常堰と異なるのは、堰の真ん中に設けられた放水口を抜き、そこから噴出する〝鉄砲水〟の勢いで一気に木材を押し流す点にある。主に水量の少ない谷や、水涸れどきの川で行なわれた。

鉄砲による木材流送は、地方によって昭和二十年代から四十年頃には絶えて、その勇壮な様子は古老の昔語りでしか知ることはできなくなったが、幸いにも過去に一度、鉄砲堰の建設を手伝い、最後の木材の流送まで見届ける機会を得た。その折の感激と興奮は、いまも鮮度を失うことなく思い出すことができる。場所は秩父中津川である。修羅や桟手、鉄砲による搬出などは話に聞くことは多かったが、当時においても、鉄砲を作る技術を持つ者は一人しか残っていなかった。

鉄砲は山深い伐採現場に近い沢に作られることになった。設置場所は熟練した職人に一任された。沢の両岸から崖がせり出し、川幅が狭くなった場所がいいが、岩の隙間か

鳶《とび》口《くち》をかけて
原木を運び出す。

ら水が抜けているような所は、水が溜まるのに時間がかかるので避ける必要がある。険しい沢を何度も登り降りして、ようやく設置場所が決定された。

堰作りの材料は現場近くの間伐材が使われた。峰で伐採された丸太が次々と沢に落とされる。まず、上ねだ、中ねだ、底ねだ、と呼ばれる三本の太い丸太を川幅いっぱいに渡し、支えを入れて骨組みを作る。堰の壁は垂直に立てず、やや下流側に寝かせ気味に作る。この方が水が溜まったときの水圧が分散できる。窓（放水口）は中央下方にあけられ、窓を除いて横木の丸太を下から順に積み上げて壁を作る。これを「入れ木」といった。

丸太の隙間からの水漏れは苔や土砂を詰めて止める。苔は岩に張りついているのをはがし、土砂は崖上で掘り、バケツに詰めてワイヤーにかけて滑り降ろした。

窓の外側（下流側）に丸太で底と側壁を囲む。この部分を「流し」といい、鉄砲水が周辺に拡散して力が弱まるのを防ぐ役をする。窓は、堰止めた水を簡単な操作ではずして放出する、もっとも重要な部分である。窓の中心は「中棹《なかざお》」と呼ばれる丸太を縦に入れて「べらぼう」という丸太にもたせる。べらぼうは腕木で支えられている。

窓をふさぐ板を鉄砲板という。鉄砲板は窓の内側（上流側）から、窓の縁と、中心の中棹に半々にもたせかけられ、一枚ずつ針金で窓の縁にくくられる。鉄砲板は堰に水が溜まれば水圧を受けて一層ぴったりと窓をふさぐ。窓を抜くときには、べらぼうの先に結んだ針金を引くと、べらぼうと中棹の噛み合わせがはずれ、鉄砲板が支えを失って堰に溜まった水が一気に窓から放出される仕掛けになっている。なお、鉄砲板は針金で結わえてあって流されずに残るので、何度でも使える。

鉄砲には「秋田鉄砲」や「越中鉄砲」など地方によって異なる〝流儀〟があるが、大きな違いは窓の仕掛けにある。因みに、窓が上にはずれるのが越中式、下側にはずれるのが秋田式という。また秩父では固有の名称はないが、窓の鉄砲板が左右へ観音開きに開く。こうした方式の異なる鉄砲堰の作り方は、地形などに応じて選ばれる。秩父でも、川幅が広く、川底が比較的平坦な本流では秋田式を、巨岩がゴロゴロした狭い沢筋では越中式を使うことが多かった。

堰によって沢が堰止められると、水位がグングン上がっていき、わずかな時間で満々と水をたくわえた淵が出現する。流す木材は淵の中にも入れられるが、堰の下流側にも並べられる。木材の積み上げは、水嵩が窓に達する前に終了し、職人たちは崖の上の方に避難する。作業中に窓が抜けて、鉄砲水に呑み込まれる危険がある。窓をはずす役をまかされた者だけが堰の上に残る。

水位が窓を越え、ついには堰の上から滝のように流れ出す。崖上へ避難した男たちが固唾《かたず》を呑んで見守る。静寂が重い。

針金を引き、窓がはずされる。ドーンという地鳴りのような音と同時に、窓からすさまじい鉄砲水が噴き出す。足元の大地が地響きをたてて揺れ、川が盛り上がる。水の音と巨木がぶつかる音が入り混じり、ゴウゴウと山峡に轟き渡る。

淵の水が急激に減り、渦を巻いて巨木ごと窓に呑み込まれていく。原木が巨岩を突き落とし、跳ね飛ばされた木が川原を転げ回り、またすぐに追いかけてきた鉄砲水に呑み込まれる。

鉄砲は、規模が大きいものになると、一度に尺丸太の十尺材を千石から二千石も流す威力があった。しかも一回の放出で五キロ先まで流した。丸太一本の重量が一石（百八十キロ）ほどだから、あらためて水の力のすごさに驚嘆させられる。それはときに谷の地形さえも変えた。

鉄砲が終わったあとの川筋には、おびただしい数の魚が打ち上げられ、それを拾って帰るのが山の男たちの楽しみのひとつだった。

鉄砲による流送は、修羅や常堰に較《くら》べて木材の損傷が激しいのが欠点だった。木材はあらかじめ余分を見て、長めに伐ってあり、土場に降ろしてから定尺寸法に切り揃えるが、それでも岩石の多い谷筋ではとくに折れたり、裂けたりする木材が出た。そのため、鉄砲は冬の渇水期や、ほかの搬出法がとれない場合などに行なわれることが多かった。

秩父中津川では、架線が張れない峡谷が多いために昭和二十年後半まで鉄砲流しが頻繁に行なわれた。山峡の谷だけでなく、本流の中津川でも鉄砲による木材の搬出が行な

鉄砲《てっぽう》」いや沢に丸太を組み隙間に苔や泥をつめて人工の堰を作って水を溜める。

表
搬出する原木をおき、鉄砲水で流送する。

裏
針金を引くと「べらぼう」がはずれ、マドが開く。

「いれき」

「べらぼう」

「マド」

「ながし」

われた。埼玉県の最西端、山梨、群馬、長野に県境を接する山間の中津川の集落は、秩父への交通路の整備が遅れ、木材などの搬出はもっぱら水路が利用された。

川幅の広い本流で鉄砲が行なわれると、堰を切った水流が岸スレスレまで一気に隆起し、おびただしい数の巨木をうねりの中に呑み込み、押し流した。そして轟音と地響きが去ったあとには、再び水底をむき出しにした川原と、凜《りん》とした山の静寂が戻った。

山の男たちは、こうして木とともに川を下りながら麓へ送り届けた。

鉄砲堰は搬出が終わると取り壊された。雨など急な増水で堰が崩壊したり、子どものいたずらなどによる予期しない鉄砲水を発生させ、事故や災害につながる危険があった。

豪快無比な鉄砲も、その後の林道や架線の普及とともに姿を消した。

木馬《きんま》

木材の搬出は、谷があれば修羅《すら》や桟手《さで》で谷筋まで落とし、そこから堰などを作り、水を利用して流送する方法がとられるが、谷が狭かったり、なければ陸路を運ぶしか方法がなかった。また、修羅や堰による搬出は人手を必要とし、経費もかかった。架線を張るのも同じである。そういう場合には、木馬《きんま》や土曳《どび》きによる搬出が行なわれる。

木馬は橇《そり》に木材を積んで人力で曳く一人仕事、土曳きは牛馬を使って原木を曳き出す人畜一体の仕事である。木馬や土曳きの場合は日傭《ひよう》とは異なる請負仕事で、賃金は運んだ木材の石高《こく》で支払われる。

木馬は、並はずれた強靭な体力と熟練した腕を必要とした。俗に〝ウマ〟あるいは〝ヨツヤマ〟と呼ぶ木製の橇に、石数にして七、八石、総重量が一トン以上にもなる原木を積み、起伏の激しい山道を一人の力で曳いてくる。平坦な道では全重量が橇にもろにかかり、想像を絶する重さになる。下り斜面では滑りがいいが、橇にはブレーキがない。橇の重量を自分の身体で支え、速度を制御しながら下らなければならない。

木馬は、林業労働中で最高の重労働で、もっとも危険率の高い仕事だといわれる。過去に、作業中に足を滑らせ、梶《かじ》を取りそこなって木材や橇の下敷きになったり、桟橋から橇もろとも転落して多くの死傷者を出した。また重い木材を扱うため腰痛など、身体を傷めることが多かった。

「木馬はきつい仕事で、身体がガタガタになる。せいぜい四十歳くらいまで。五十歳の声を聞いたらやれない」

栃木、那須で逢った木馬師はそう言った。彼は当時三十九歳。木馬師歴二十余年のベテランだった。肩や胸、二の腕、そしてズボンに隠された股に盛り上がる筋肉に、過酷な労働がしのばれた。

木馬に使われる橇は、丈夫な樫《かし》の木で作られる。長さは約三メートル、幅が約五十センチある。左右二本の橇は前後二本の横木で組み立てられ、前側を「マエザシ」、後を「ウシロザシ」という。また、橇の上面に「カンザシ」と呼ばれる前後二本の横木が渡してある。これは木材を積む腕木で、切り込みを入れて組んであり、橇が左右に動かないように工夫してある。橇だけで重さが四十キロある。

木馬による木材の搬出は、主に春の雪解けを待って始められる。搬出に先だって、木馬道が作られる。麓の土場から、奥山の伐採現場までの道程を、唐鍬で下草や立木の根を切って地面をならし、盤木《ばんぎ》を線路の枕木のように約六十センチ間隔に敷き並べていく。

「木馬《きんま》」
伐り出した原木を
橇に積んで、人力で
曳き出す。
重量約一トン。
カスガイを
打ち、ロープで
結わく。バランス
が大切。

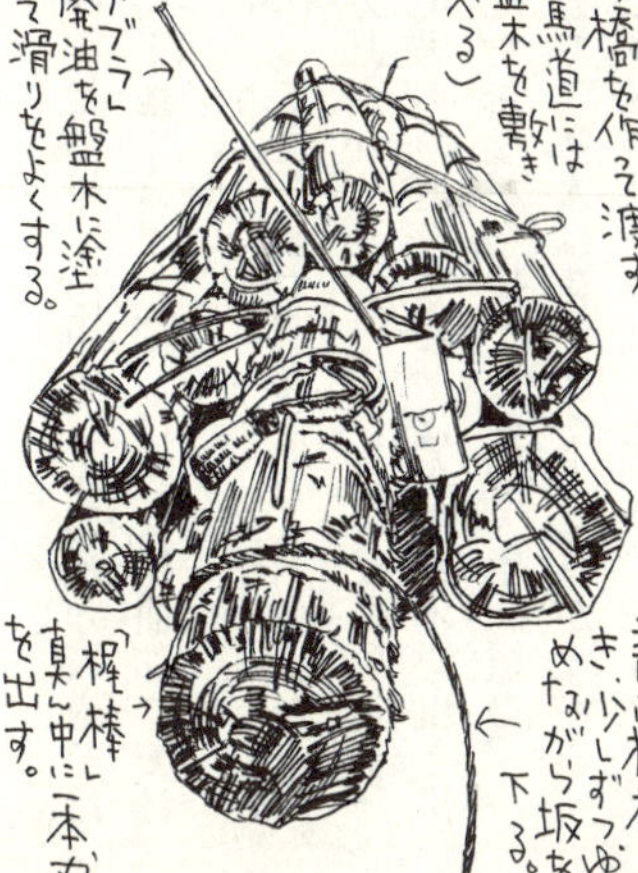
「アブラ」
廃油を盤木に塗
って滑りをよくする。
「ワイヤー」
二重に梶棒に巻
き、少しずつゆる
めながら坂を
下る。
「梶棒」
真ん中に一本丸太
を出す。

谷越えは、丸太で
桟橋を作って渡す。
「木馬道」には
盤木を敷き
並べる」

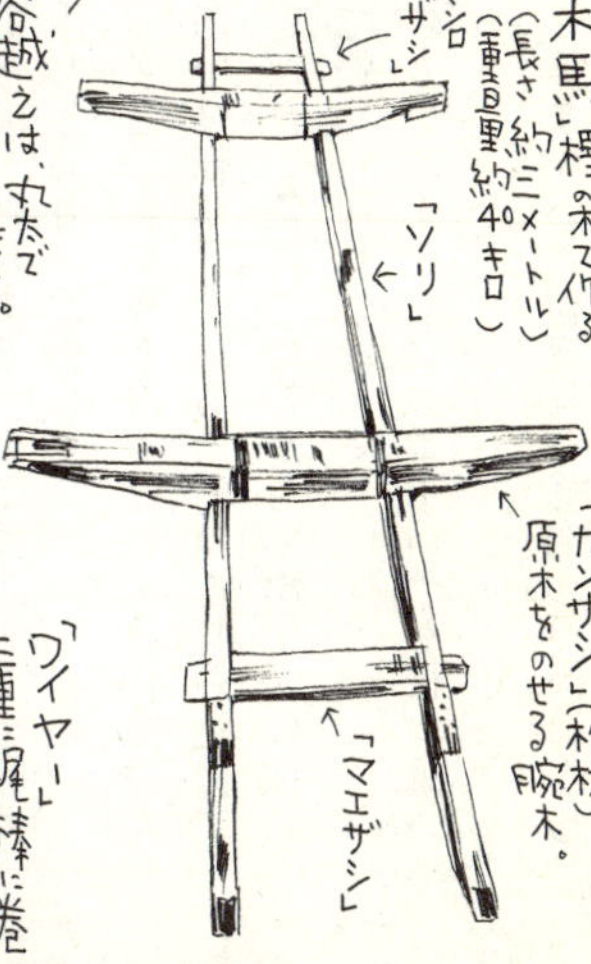
「木馬」樫《かし》の木で作る。

(長さ約三メートル)

(重量約40キロ)

「ウシザシ」

「ソリ」

「カンザシ」(杉材)

原木をのせる腕木。

「マエザシ」

盤木は、平地では橇の滑りがいいように堅い樫などの雑木を用い、急勾配の坂道では滑りを殺すために、杉などの柔らかい木を使う。平地では平らに、ひじ（屈曲部）では外側に軽い勾配をつけて、橇の転倒、脱線を防ぐ。

また、斜面では土塁を築き、崖や谷は桟橋を作って道を通す。五百メートルくらいの木馬道を作るのに、二人がかりで二十日から一カ月かかった。

木馬道が出来上がると、重い橇を肩に担いで現場への道を登る。ほかに原木を曳き出す際に使う鳶口《とびぐち》、腰鉈《こしなた》、ロープの束、廃油を入れた缶などを持っていく。木馬道は、下るときには下る一方、登るときには急な登り一方で、常人は荷がなくても息が上がる。だが、木馬師は橇を軽々と担ぎ、休まずに一気に登る。呼吸ひとつ乱さず、汗もかかない。汗を絞りきり、肉体をいじめぬいた強靭な体力と脚力に舌を巻く。

現場に着くと、橇にワイヤーを巻いて仮ブレーキをかけ、休む間もなく集材作業にかかる。伐採され、玉切られた原木は斜面の熊笹の中に転がっている。鳶口を打ち込んで曳き出し、比較的軽い材は肩に担ぎ、重い材は野だれ（筋棒）で転がして出す。伐採されたばかりの生木は重い。二間材の尺丸太一本で軽く百キロは超える。

「生木のときは檜《ひのき》より杉の方が重い。乾くと檜の方が重くなる。一番重いのが松。重いうえにヤニがベタベタして滑って扱いにくい」

橇の積み方にもコツがある。バランスを考えて積まないと荷崩れや転倒の原因になる。

原木の元口を前にし、下段に太くて重い材を選って並べる。一段積んだらロープをかけ、その上にまた積み上げる。カスガイを打ち、ロープを張って固定する。

梶棒は太くて素性のいい丸太を選ぶ。積み上げた材の中心に持っていき、前方に長く突き出しておく。小さな木橇の上に十四本の尺丸太が積み上げられる。橇は材の下に隠れて見えない。

麻で編んだ連尺《れんじゃく》（肩縄）を肩に回す。連尺の一端は橇の先に結んである。梶棒の丸太を両腕に抱えるようにして持ち、橇の下をくぐらせたワイヤーを梶棒に二、三回巻きつけ、きき手に持つ。ワイヤーは木馬道の脇《わき》の立木に結んである。

前下がりの急斜面。腰を落とし、両足を踏んばって身体全体で橇を支えるようにして、梶棒に巻いたワイヤーを緩める。ズズーッと木馬が滑り出す。ワイヤーを締めると止まる。ワイヤーは傾斜地ではブレーキになる。緩めれば橇が滑って進み、引き締めれば停止する。因《ちな》みにワイヤーは木馬道に五十メートル間隔に立木に結んであり、下りながら換えていく。ワイヤーがない時代には、根曲がりの杉を加工したものをテコにしたり、藤蔓の輪をタガにして橇を制御した。

急斜面の下りでは木馬が暴走する危険がある。とくに雨の日は梶棒が濡れてワイヤーが滑りやすい。ワイヤーに指をはさんで引きちぎられる事故も多い。濡れた地面に足をとられ、バランスを崩すこともある。

一旦滑ったら、木馬は一気に走り出す。踏んばっても支えきれる重量ではない。素早く連尺を肩から抜き、横に跳び退くしか方法がない。一瞬の判断の遅れで、連尺が抜けず下敷きになったり、曳きずられて谷底へ転落する事故がたびたびあった。また、ブレーキをかけながら常に背中を木馬にくっつけていることが必要で、離れていると、わずかに滑った木馬が背中に当たったら、もう止めることは不可能。一気に暴走し、逃げる間を失ってしまう。

原木を山積みにした木馬が斜面を滑りながら動く。乾燥した春先には、橇と盤木の摩擦で青い煙が上がる。

傾斜が緩くなると、ワイヤーを緩め、加速をつけて走る。木馬道は沢筋に沿って蛇行している。カーブで橇が横に滑るのをたくみに梶棒を操作しながら走る。

平坦な道に出ると、木馬は惰性では動かない。注意深く観察すると、横に並べられた盤木は互い違いに高さに差がつけられ、木馬がシーソーのようにギッタンバッコンと上下し、その惰性で前に少しずつ滑るように工夫がされている。さらに滑りをよくするために盤木に油を塗り、渾身の力を振り絞って曳き出す。木馬師の額にラッキョウ玉のような大粒の汗が浮き出す。汗と泥に濡れて張りついたシャツの下の筋肉が瘤《こぶ》のように盛り上がり、ブルブルと震える。ギシギシと橇が喘《あえ》ぎながら一寸刻みに進む。

「朝と午後じゃ橇の出方が違う。盤木がしけってる朝が一番出る。午後は盤木に油塗ってもなかなか出ねえだ」

盤木のわずかな高低を利用し、梶棒をゆすりながら滑らかなリズムをつけて曳くのがコツだという。

谷越えの桟橋を渡り、麓の土場に着くと、積んできた原木を降ろし、汗を拭《ぬぐ》う間もなく、再び橇を担いで山を登る。日に三、四回往復する。その体力は常人の想像をはるかにしのぐ。木馬師は、強靭な体力と脚力だけでなく、足元素軽《すがる》く、冷静で状況判断が早く、機転がきく者でなければ務まらないといわれる。古くは賃金もよく、雨でも降れば働かない男が多かった。山師の中でも羽振りがよく、花形的な存在だった。しかし、極限まで肉体を酷使する仕事ゆえに、後継者は育たなかった。

人馬一体による土曳き

土曳きは、地方によって「ドンタ曳き」「土駄《どんだ》曳き」「輓馬《ばんば》」などと呼称され、馬を使って木材の搬出に従事する。土曳きは林道も必要とせず、木馬道を作ることもいらない。人手と経費がかかる架線を張ることもいらず、重宝された。何の設置もいらず、山奥の伐採現場から直接、原木を曳き出してくる。索道もない山の急斜面の森の中を、縫うようにして運び出すことができる。しかも、人力で橇を曳く木馬の数倍は作業能率が上がった。山の木材搬出という重労働に、文字通り馬はその馬力を発揮した。

木材用の土曳きには、橇を使う方法と、原木にクサビを打ち込み、直接地面をひきずる方法とがある。

橇は、北海道では俗に「ハナマガリソリ」といわれるバゾリ、会津など他地方では「バチゾリ」「バゾリ」「アトバチ」などと呼ばれる。ハナマガリソリは、その名前の通り、橇の先端のハナが大きく上反りに曲がっているのが特徴で、雪道で使われた。ハナが曲がっているので、荒れた道でも橇の先が突っかかることが少ない。接地面が少なく滑らかに滑り、曳きやすい。荷も普通の橇の倍も積んで運べた。主に冬期間の陸上輸送に使われたが、雪の多いときに山の搬出にも使われることがあった。

橇による搬出は滑りがよく、木材の損傷が少なくてよかったが、急斜面の多い山では、馬の後ろから突っかけてきて、制御が難しかった。

その点、直曳《じかび》きの場合は地面との抵抗が大きく、その分重量がかさむが、急な突っかけは避けることができた。馬は一家の暮らしを支える貴重な労働力であり、家族の一員でもあって、大切にされた。

九州でも有数の大林業地、大分県日田では木材景気に湧いた昭和三十年頃には、二十人近い土曳きを生業とする人々がいた。日田は「日田杉」の生産地として全国に知られる。かつては、町の大半を占める森林のいたる所で斧を打つ音や、チェーン・ソーのうなりが鳴り響き、巨木が倒れる音がこだました。耳をすませば原木を曳き出す馬の荒い

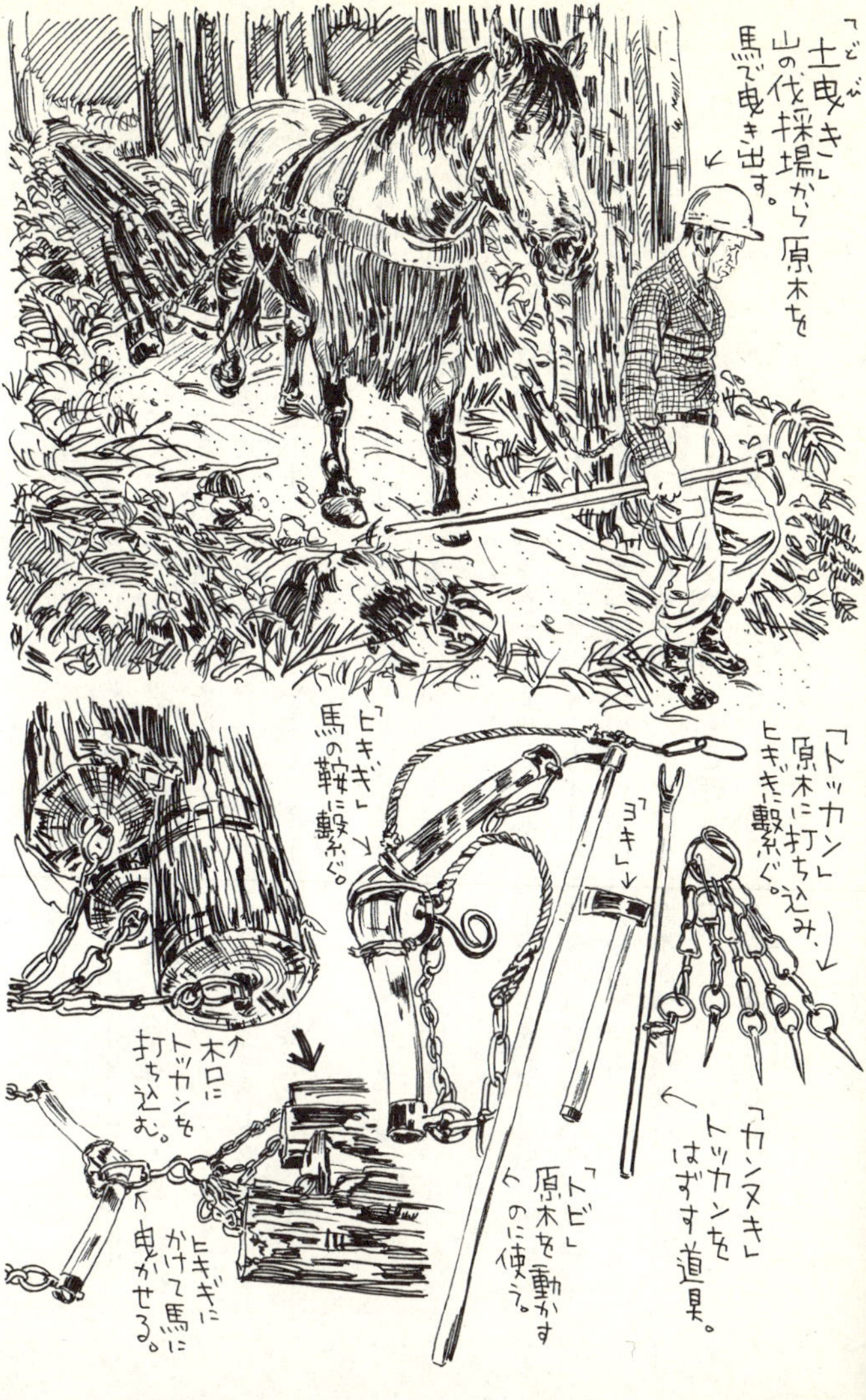
「土曳《どび》き」
山の伐採場から原木を
馬で曳き出す。
「トッカン」
原木に打ち込み、
ヒキギに繋ぐ。
「ヒキギ」
馬の鞍に繋ぐ。
「ヨキ」
「カンヌキ」
トッカンを
はずす道具。
「トビ」
原木を動かす
のに使う。
木口に
トッカンを
打ち込む。
ヒキギに
かけて馬に
曳かせる。

息遣いが耳に届いた。

土曳きはケーブルの張れない険しい山で行なわれる。以前は山に小屋掛けをし、泊り込んで仕事をしたが、いまは麓までトラックに馬を乗せていく。いくらかでも馬の負担を軽くしてやろうという馬主の気遣いである。

日田では木材の伐採は九月から始まる。そして秋から春までが土曳きの本格的なシーズンに入る。冬には地面が凍りついて滑りやすく、春先は雪解けでぬかるんで、さまざまな危険や困難がある。

麓から伐採現場まで、馬にトッカンやヒキギなどの道具を積んで登る。道はない。山あり、谷あり、馬がふるう（怯《おび》える）急斜面を一気に駆け登る。人間も健脚でなければ務まらない。

現場に着くと、伐採された原木を鳶《とが》で引き出し、元口にトッカンを打ち込む。トッカンは太い鎖の先に尖ったクサビがついていて、五本束ねて鉄輪に結ばれている。鉄輪は頸木《くびき》に似たヒキギに通され、ヒキギは鎖で馬の鞍《くら》に結ばれている。

トッカンに五本の原木がつながれる。さらにその後ろに原木がつながれる。急斜面の下りでは原木が滑り落ちて危険なため、何列も連結して運ぶ。

トッカンでつながれた原木の全重量が左右二本の鎖で馬の鞍と胸当てに注がれる。北海道では馬は首で曳かせるが、日田では胸曳きさせる。

気合いが入れられると、馬は渾身の力を振り絞って原木を曳く。逞《たくま》しい脚の筋肉が隆起し、鎖がちぎれるばかりに張る。原木が土を嚙み、えぐるようにして動き出す。陽《ひ》の射さない山中では霧や少しの雨で地面がぬかるみ、原木が一層重くなり、スパイクを打った馬の蹄鉄が滑る。馬がもんどり打って転倒することがよくある。急斜面の登りでは、馬は喘ぎ、鼻孔を広げて呼吸を荒げて、馬主の叱咤に応える。苦痛のいななきが森の静寂《しじま》を切り裂く。全身に汗を噴き、湯に浸ったように、もうもうと湯気を発散する。

土場まで下って、馬主が原木をはずして降ろす間が馬のわずかな休息の時間で、作業が終わると再び山を登る。一日に五、六回登り降りが繰り返される。

日田で、土曳きに馬が使われるようになったのは戦後のことで、それ以前には長く牛が使われていた。牛は力が強いが動作がのろく、作業が進まないために馬に変わった。日田にはそれまで約六十頭の馬がいたが、ほとんどが土場から製材所に木材を運ぶ馬車用だった。

当時は、馬は地元産の九州馬がほとんどだった。九州産の馬は気性が荒く、扱いにくいのが難点だった。平地での荷役作業と違い、急斜面の多い山での作業は人馬一体の呼吸が要求され、呼吸の乱れが大事故につながる危険がある。

また、牛の場合は、崖から落ちても、足を縮め、体を丸くして落ちるので比較的助かることが多いが、馬は足を突っ張ったまま落ちるために、助かっても骨折や腰を打っている場合が多く、労役には使えなくなる。

戦後しばらくして日田に北海道産の〝道産馬《どさんこ》〟が導入された。道産馬は体が大きく、力も強い。気性もおとなしく、飼い主に従順で土曳きに適役だった。

馬はヒンバ（雌）の方が我慢強い。コマ（雄）は去勢する。そうしないと発情期に暴れる。

馬は自分で調教して仕込む。北海道では、止まれを「どうどう」というが、日田では「だぁ」、曲がれを「さし」という。土地言葉を覚えさせるにも時間がかかった。馬も飼い主の素性を見る。わざと足を踏みつけたりして反応を見る。

「馬におじがん（なめられたら）言うことは聞かない」

厳しく仕込む一方で、厩舎で馬と一緒に寝起きして愛情を注ぎ、麦類の飼料やふすま（糠《ぬか》）などを与えて体を作る。調教に三年はかかる。しかし、土曳きに使われる馬は、過酷な労働で腰を痛めることが多い。気がつかないうちに竹でも踏みつけ、壊疽《えそ》や骨軟症に冒されていることもある。〝十年使えれば拾い物〟で、普通は三、四年で使い物にならなくなるといわれる。

人馬一体の土曳きによる木材搬出も、長い木材不況やケーブルやトラック輸送に押されて、年々少なくなってきている。

「土曳きはなくなることはなかとです。山が深ければ深いほど、馬しか入れん現場《とこ》がいくらもあるとやから……」

こうした山の男の気概が、日本の林業と、貴重な山の労働形態を守り継いでいく。

木挽《こび》き

杣《そま》によって伐採された木は、木挽きと呼ばれる職人の手で板や角材に製材された。後年には製材は麓に運ばれてから行なわれるようになったが、昭和初期頃までは山のリンバに長期間泊り込んで材を挽《ひ》いた。彼らもまた山の民であった。

木挽き職人は、マエビキと呼ばれる大きな鋸《のこぎり》を使って、もっぱら人力のみで原木を挽き割った。かつては〝木挽き口《ぐち》一升〟といわれ、一日に一升余の飯をくらって、厳寒の真冬でも褌《ふんどし》一丁の裸で巨木に挑んだ。強靭な体力と胆力を要求される過酷な労働だった。機械による製材が主流になって、木挽きもまた山を追われていくが、現在でも、原木のままの搬出が不可能な巨木や、一尺たりとも無駄にできない高価で貴重な木を挽く仕事は、熟練した木挽き職人の手にゆだねられている。確かに動力による製材は、瞬時にして木材を挽くのには威力を発揮するが、木の素性や癖を見抜いて、部分的にそうした癖を抜いて製材加工をするだけの技能はない。

木挽きの命はマエビキと呼ばれる鋸である。木挽きにマエビキを持たせれば、どんな巨木や、癖の強い木でも従順な板材や角材に加工矯正してしまう。マエビキは優れた職人道具であり、木挽きの肉体の一部、また手の延長でもある。

余談ではあるが、我が家には二本のマエビキがある。いずれも、歯の差し渡しが一尺八寸以上あり、歯から背にかけての腰の幅が一尺七寸、厚さは七厘ある。歯は、いわゆる縦挽き用のかがり目に立ててあり、二十八歯ある。そして、歯の顎《あご》から頸《くび》にかけて、鶴の首のように下方に曲がり、鋭く尖《とが》った込みが柄に打ち込まれている。柄の長さは約六寸あり、木挽きは両手の全指を交叉させて組んで引き絞り、合掌するように握る。そのため、年季の入った木挽きの両手の指の間には十個のタコが見られるのである。

このマエビキは、十年ばかり前、廃業した房総の木挽き職人から譲り受けた。懇意にしていた職人が、私が鍛冶の真似事をしていることを知っていて、刃物の材料にでもしろと、気前よくくれたのである。もう一本は白蠟病で山を下りた秩父の山師からもらった。

木挽きのマエビキは良質のタマハガネで作られている。潰《つぶ》して砥ぎ出せば、切れ味鋭い刃物になる。現在ではタマハガネは入手が難しい。刀匠ですら入手困難で、こうした古いマエビキなどを探し出して、日本刀の材料にしていると訊《き》くが、これとて滅多に出廻らないのが実状である。私のような〝道楽鍛冶〟には身にあまる代物といわなければならない。

だが、当方のような〝半端者〟に、彼ら職人が永年生業を賭し、血と汗が染みついた、かけがえのない道具を潰せる道理がない。山の神の怒りを買い、天罰が下る。せめて常に身近に置き、腐朽しないように気を配りながら、山に生きた男たちの過酷な労働と生き様をしのび、自らの生き方、暮らし方の範としていくことが務めだろうと自覚する。かくして、二枚の鋸は原形を保って、いまも我が家の壁を飾っている次第である。

マエビキは、コビキノコ、あるいは単にタテビキとも呼ばれる。杣のネギリノコが立木を伐採する目的から、木の繊維をたち切る横挽き用であるのに対して、木挽きのマエビキは木の繊維に沿って切る縦挽き用である。

因みに縦挽き用の鋸が出現したのは鎌倉時代以降だといわれる。それ以前は、鋸はすべて横挽き用だった。当時は、材を縦に製材する際には木目にクサビやノミを打ち込んで、打ち割ったり、引き剝《は》いだりしたらしい。これは、檜《ひのき》や杉などの、木目が真っすぐに通った上等な木材が豊富だったことを意味し、節の多い硬木を使わなければならなくなったときに、縦挽きの鋸が必要になったということでもある。

縦挽きと横挽きの鋸の大きな違いは、歯のアサリとナゲシにある。アサリというのは、鋸の歯を交互に、左右に振り分けてもあるので、ナゲシは山形の歯の両辺を斜めに削り、鋭く刃を立てた部分をいう。ナゲシは、木の繊維を切る横挽き鋸には必要不可欠なものだが、縦挽き専用の鋸にはこれがない。アサリだけがつけてある。

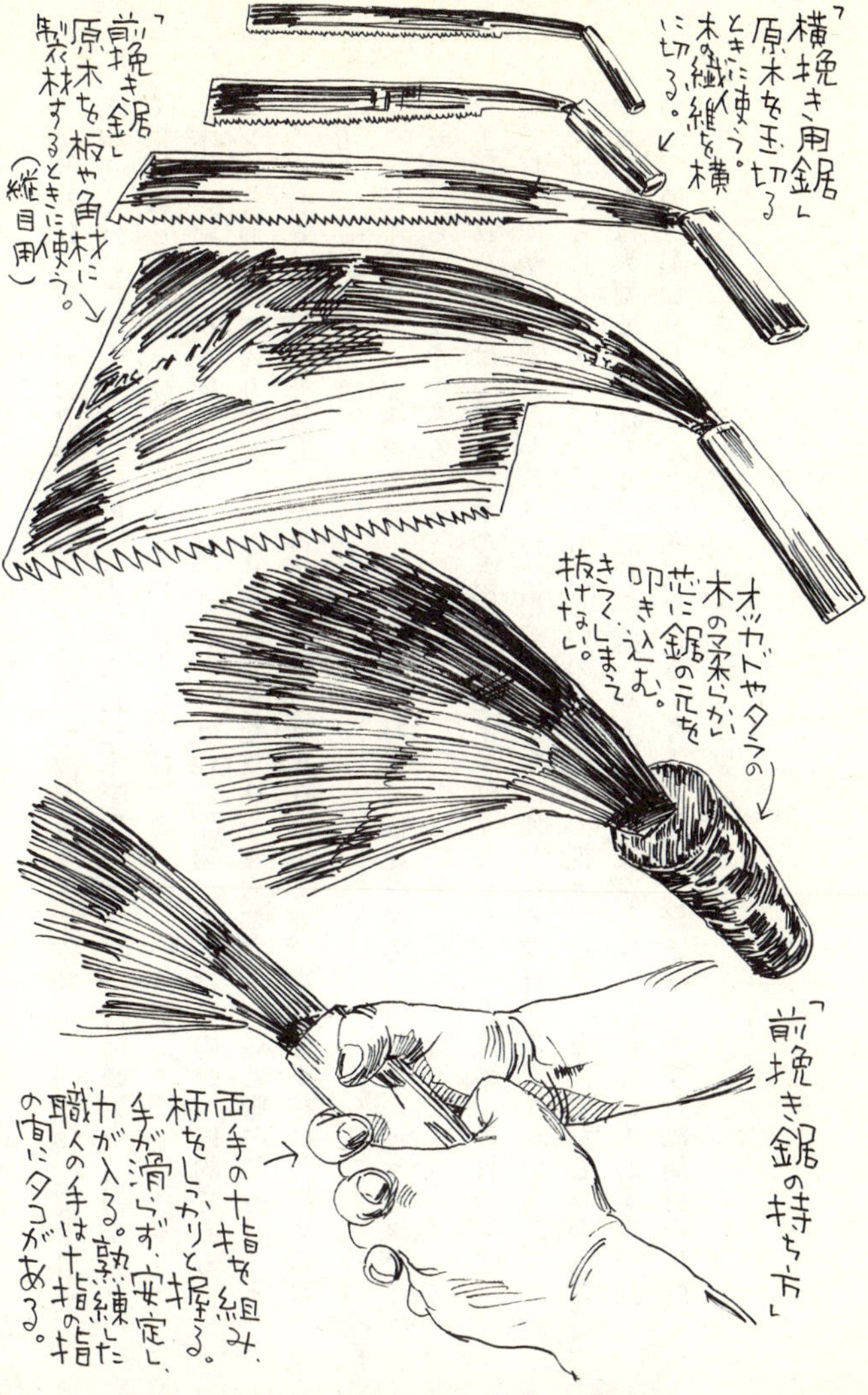
「横挽き用鋸」

原木を玉切るときに使う。

木の繊維を横に切る。

「前挽き鋸」

原木を板や角材に製材するときに使う。

（縦目用）

オッカドやタラの木の柔らかい芯に鋸の元を叩き込む。きつくしまって抜けない。

「前挽き鋸の持ち方」

両手の十指を組み、柄をしっかりと握る。手が滑らず、安定し、力が入る。熟練した職人の手は十指の指の間にタコがある。

アサリは、鋸が材に食い込んでいくときの摩擦を少なくする効果と同時に、挽き屑を効率よく外に排出する。これは、水分を含んだ木を切るときに絶対に必要なもので、とくに繊維を縦に挽き切る縦挽き鋸には威力を発揮する。

木挽き職人が材を挽くときには、リンと呼ばれる作業台を設けるのが一般的である。リンは普通、二本の丸太を交叉させて結わえた支柱を左右に立て、股と脚の部分に一本ずつ平行させて横木を渡しただけのもので、適当な間隔で並ぶ立木を支柱に利用する場合もある。

この二本の横木に原木をのせ、カスガイを打って固定させる。木挽きが使うカスガイは一尺くらいの長さがある。

玉切られた原木は、事前に木の素性を見てホンヅラとシタヅラを決め、板材の寸法を墨で打ってから作業にかかる。材に墨線を描くのに使われる道具がスミサシである。

マエビキによる製材でもっとも難しいのが、最初の挽き口を入れる作業だといわれる。マエビキは大型で、幅がある。経験の浅い職人は鋸が安定しない。挽き口のわずかな狂いが、挽き進むうちにどんどん角度が大きくなる。途中で修正がきかず、結局材を無駄にする。マエビキ一枚分がすっかり入るまでが緊張する。

おどろくべき製材の技術

熟練した職人は、墨線に沿って寸法の狂いもなく、正確に挽く。材に無駄を出さず、一枚でも多く製材するのが職人の腕で、そのまま出来高払いの収入につながった。一般に木挽きの一日の仕事量は、長さ六尺、幅四分の杉板を三十枚、四分厚の樅《もみ》板で二十五枚、六分厚の松板で二十枚前後が標準だったといわれる。

板に挽く際は、木挽きはリンの手前に尻をつき、両足を踏んばりながら、上から下へ鋸を挽いてくる。また、北斎の『富嶽百景 遠江山中』には、巨大な材を支柱にのせ、上と下から鋸を挽く図が描かれていることから、古くはこうした光景が見られたのかもしれない。

また、リンにかけられないような巨木や、山崩れや川の氾濫《はんらん》などで土中に埋没した木、あるいは何百年、何千年前に埋もれた、いわゆる「埋《う》もれ木」、「神代木《じんだいぎ》」を製材にかける際には、寝かせた状態で、横挽きにする。木の太さによって一人挽きや、二人の木挽きが組んで挽く「ツガイ挽き」があるが、いずれも並々ならぬ技量を必要とした。

十指を組んで柄を握り、上半身の力だけで手前へ手前へと挽いていく作業は、強靭な体力と腕力を必要とした。使い込んだ鋸の柄には、手の汗や脂が染み、擦り減った指の痕《あと》がくっきりとついた。その握力は常人をはるかにしのいだ。

因みに、木挽き鋸の柄はシナの若木の枝が使われることが多い。シナの木は俗にアクダラと呼ばれ、春にタラの芽に似た青い新芽をつける。別にアオダラとも呼ばれてタラの芽同様に摘んで食用にする。香りが強く、アクも強いが、タラの芽よりも好んで食べる人も多い。幹や枝に硬いトゲがあり、大木になる。枝を切ると、桐やオッカドと同じで芯にスがある。

鋸の柄にする場合は、適当な太さのものを切ってきて、生木のうちに鋸の元の込みを打ち込む。ほかの木のように真っ二つに割れることがなく、きっちりと食い込み、乾燥しても抜けない。普通、鋸の柄をすげる際には、抜けないように目釘を打ったり、込みの部分に醤油をたらして錆《さ》びを出したりするが、シナの木だと打ち込んだだけで抜けることがない。柄を打ち込んでから、握りに合わせて削って仕上げる。木質が柔らかく、手に馴染んで使い勝手がいい。

挽き目にネジヤと呼ばれるクサビを打ち込んで広げておいて作業を進めるが、歯が摩耗したり、ヤニがついてすぐに切れ味が落ちる。切れ味が落ちると、作業がはかどらず、余分の疲労を背負い込む。木が切れずに息だけが切れる。木が折れずに骨が折れる。給金が上がらずに顎《あご》が上がる。

木挽きの腕は、一《いち》に目立てといわれる。熟練した職人ほど、鋸の目立てに時間をかけ、切れ味が鈍ると、こまめにヤスリをかける。時間をロスしているようで、結局は能率が上がった。

鋸の目立てには「サンカク」と呼ばれる専用の三角ヤスリが使われるが、歯の立て方にそれぞれの工夫を凝らした。熟練した職人が目立てをした鋸は、柔らかい木や堅木、あるいは堅い節の別なく、まるで〝豆腐を切る〟ように難なく挽き切り、「挽き道に腐りが入っていくようだ」と、他の職人たちを驚嘆させた。そのため、経験の浅い職人は、腕のいい先達たちの技を秘《ひそ》かに盗み取ろうとするが、熟練者は鋸を見られることさえ極度に警戒し、嫌った。

リンバを渡世する「願かけ木挽き」

木挽きの世界では、「願かけ木挽き」の伝説があって、各地のリンバを流れ歩く渡り木挽きの中にほかの熟練した職人の何倍もの仕事をする者がいて、神懸かりのようだという。自分の何かを絶って神仏に願かけをして、超人的な力を授かるというもので、かつてはまことしやかに語られてきた。現実に神憑きが存在するかどうかは推測の域を出ないが、思い詰めた精神の力が人間の潜在能力に秘められていることは確かである。

またこうした願かけ木挽きは自分の鋸を他人に見られることを極端に嫌ったといわれることから、鋸の目立ての技術に秘密があったのかもしれない。実際にこの者がひと稼ぎをしてそこを去るときに、借り受けて使っていた鋸の目が全部潰してあったという話も伝わっている。こうした興味深い伝聞も、厳しい山の仕事ならではのものだ。

己れの腕だけを看板にして世渡りをする職人の世界は、一切の甘えや馴れ合い、依頼心を払拭した厳しい〝個〟の領域だった。それゆえに職人たちは、己れの技量を磨くことに日夜心血を注ぎ、熟練した技に職人の誇りと尊厳を賭した。

しかしながら、時代の趨勢は激しく、鍛え上げられた職人の技を、いともあっさりと呑み込み、淘汰していった。

植林

林業は、単に木を伐採し、製材するだけにとどまらない。林業の本質は、常に造林に腐心し、森林を将来にわたって育成していくことにある。そのために古くから効率的な伐採方法が研究され、植林や下刈りなどの地拵《ごしら》え、間伐や枝打ちなど、細かい作業と手を加えて、良材を育てていく努力がなされてきた。

因《ちな》みに伐採法には「皆伐法」と「間伐法」がある。皆伐法は、植林地内の木を一斉に伐採したあとに植林を施す方法であり、間伐法は生育状態で木を選んで伐採していく。経済的、労働的な効率、また地域的な自然環境などによって、二者択一される。

こうした伐採法は大正時代以来、常に意見が分かれ、論議の対象になってきたが、元来、人工林ではない自然の山林は、自然界の摂理に従った〝択伐〟によって守られてきた。自然林においては、樹齢や種の異なる木々や植物が互いに共生関係にあり、うまくバランスを保ってきた。樹勢の強い木は他の弱い木を淘汰しながら生育し、強い種子を残していく。また、ある期間、圧倒的に優位を誇ってきた老木が朽ち果てることによって他種が勢いをもり返すことで、山や森林が有機性を失わずに生き続けてきたと見ることもできる。

造林仕事の一年

「樹齢が同じ木ばかりの山は、三百年、四百年という周期で崩壊する。これは人間が手を入れるよりひどい崩壊の仕方をする。人間が手を加え、管理しながら、必要な面積の木を上手に伐《き》ってやることで山を生かす方法もある。つまり、三百年、四百年の崩壊と再生の自然のサイクルを、人工的に五十年、六十年のサイクルに変えてやることで、人間が自然の生態系に割り込む素地が生まれる。昔の山師はそんなことまで考えて木を伐っていた」

かつて、旧知の山師に聞いたことがある。これは、とても大きな意味を含んでいる。

山の造林仕事は年間を通して行なわれる。一般に苗木の植え付けは三月頃から始められるが、それに先立って地拵えが行なわれる。地拵えは植林や、その後の手入れがやりやすいようにするもので、伐採後の切り株を低く切り詰め、雑木や雑草を柄の長い下刈り鎌で刈り取る。下刈り鎌は草だけでなく、腕ほどの太さの木も伐ることができる。立っているだけでもふくら脛《はぎ》が痛くなるような、足場の悪い急斜面での地拵えの作業は辛《つら》い。油断をして鋭い鎌の刃で膝《ひざ》を割る事故も多い。

春が始まる三月から四月にかけて植林が行なわれる。新たな植林をする山は道とてもなく、麓《ふもと》から何百本もの苗木を背負って登るのは、山に馴れた者でも悲鳴をあげる。苗木は主に杉や檜《ひのき》で、山裾の肥沃地には杉を植え、稜線付近の瘦《や》せ土には檜を植える。一人が一日に二百本ほどの植え付けをする。

六月から九月にかけての夏の盛りには、十年生くらいまでの若木の林の下刈りが行なわれる。照りつける夏の強い陽射《ひざ》しを浴び、下風の通らない雑草に埋もれての作業は辛い。蝮《まむし》も多く、知らずに蜂の巣を踏みつけて逆襲をくらうこともある。しかし、この作業を怠ると、苦労して植えた檜や杉の苗木は生い繁った雑草に呑み込まれ、生長を阻害されてしまう。

日当たりのよい場所は、一夏に二度も下刈りをしなければならず、苗木が成長するまでの十数年間は毎年、あるいは三、四年に一度の下刈りをしなければならない。

ようやく秋風が立つ十月には除伐《じょばつ》と呼ばれる間引きと、木にからまった藤蔓やアケビ、ヤマブドウ、クズなどの蔓を切る作業がある。

間引きも造林にとって欠かせない重要な作業である。間引きは植林してから十数年を経て行なわれる。数年間隔で生長の悪い木や、曲がって素性の悪い木を伐っていく。これは、間引くことによって他の木の根元に陽が当たるようにして生育を高めるためで、手を抜けば山林全体の質を低下させることになる。普通、一ヘクタール当たり二千本から三千本植えた木の三分の一から、ときに半分近くが間伐される。どの木を伐るかに、森林の生態系に精通した山師の経験が生かされる。

そして、十二月からの冬の厳寒期に枝打ちなどの作業が待っている。冬の間は木が活動を停止している時期で、枝打ちに適している。

枝打ちは、木の建材としての価値を決定づける大切な仕事である。植えてから十年くらいまでに枝打ちをしないと、枝の部分が「死に節」になる。死に節は板材にしたときに節が抜けるために、値が極端に下がる。枝打ちした板材は節はあっても抜けることがない。これを「生き節」という。

また、枝打ちは単に枝を伐ればいいわけではない。枝を少しでも残すと、そこが死に節になる。熟練した山師がはらった枝は、枝の根元スレスレに鉈《なた》の刃が入っていて、数カ月すると樹皮が傷をふさぎ、生き節となる。

鉈を使いわける

枝打ち作業は危険がつきまとう。普通、一本梯子《ばしご》をかけて登れるところまで登り、あとは枝伝いに木のてっぺんまで登って、上から順に枝を伐り落としながら降りてくる。不安定な姿勢で、片手で木につかまり、片手で鉈を操作する。鉈をふるうとき、周囲《めぐり》に気を配らないと、枝などにひっかかって刃がそれて手や足を切ることがある。

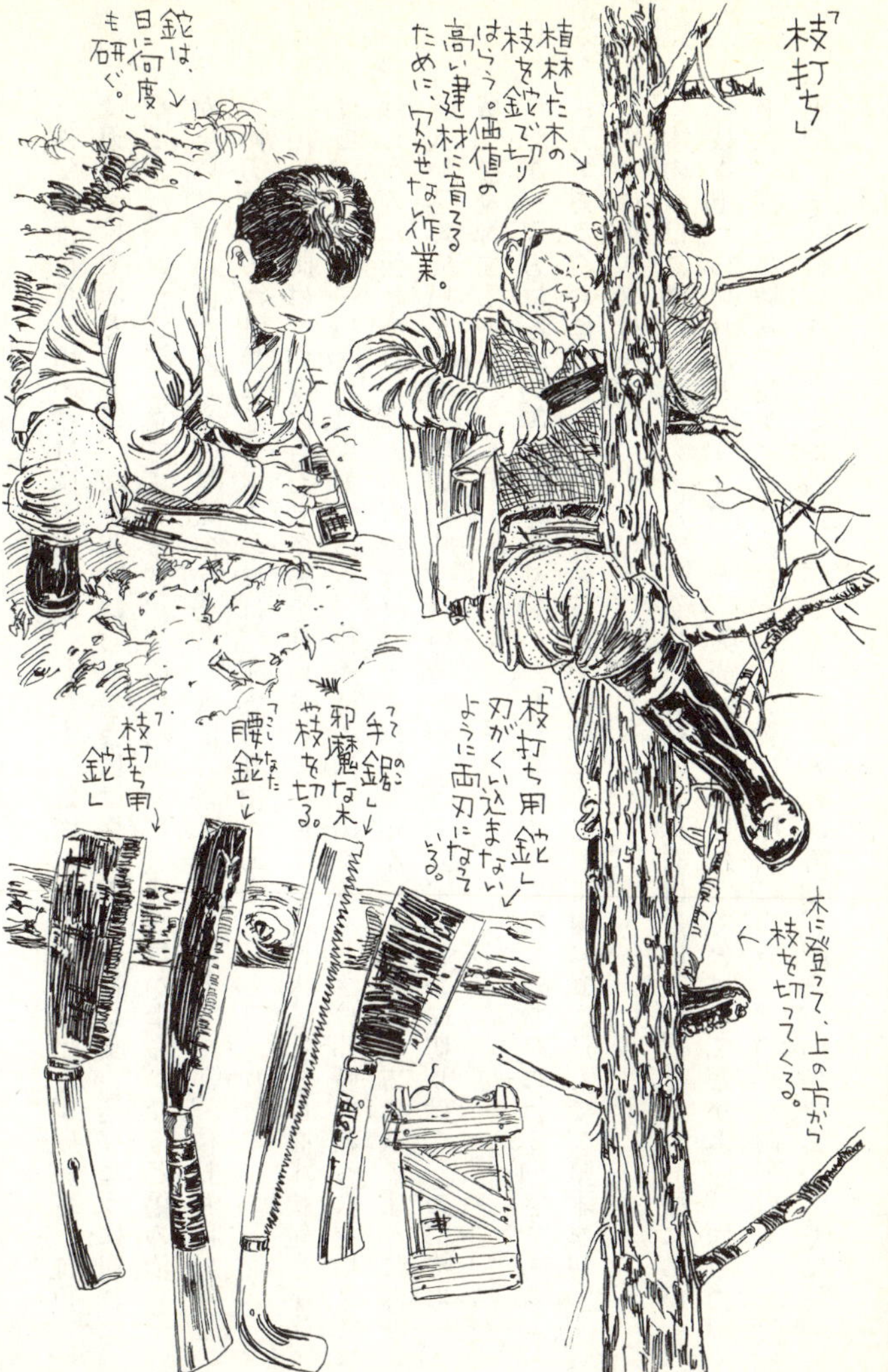
「枝打ち」

植林した木の枝を鉈で切りはらう。価値の高い建材に育てるために、欠かせない作業。

鉈は、日に何度も研ぐ。

「枝打ち用鉈」刃がくい込まないように両刃になっている。

木に登って、上の方から枝を切ってくる。

「手鋸《てのこ》」邪魔な木や枝を切る。

「腰鉈《こしなた》」

「枝打ち用鉈」

秩父では枝打ち用の鉈は両刃だった。しかも、鋭敏には刃を研ぎ出さず、わざと鈍角に刃をつけてある。普通、枝を切りはらう場合には片刃の方が幹に食い込むように切れる。また、刃が鋭敏に立ててある方が、切れ味がいい。切り口が滑らかなほど傷の治りが早い。ばい菌が入らず、早く肉が盛る。人間の傷も同じである。だが、枝打ち用の鉈が両刃で、刃が鈍角にしてあるのには、相応の理由がある。

山の仕事師は、作業に合わせて鉈を使い分ける。彼らは山に入るときに必ず腰鉈を下げていくが、この腰鉈は片刃である。腰鉈は主に、山を歩くときに邪魔な藪《やぶ》や枝を切りはらうのに使われる。片刃の刃物は真っすぐに打ち込んでも、刃が一方に抉《えぐ》るように深く食い込んでいくので一層切れ味が鋭い特長がある。立木を斜めに切りはらうのに特に威力を発揮する。

だが、片刃は左右均等に材を割り裂いたり、真っすぐに打ち込むのには不向きである。片刃であるために、どうしても打ち込んだ瞬間によじれて材に食い込んで、堅木を切った場合に刃が欠けやすい。

木の枝は意外に芯が堅い。とくにクロキの枝の芯は石ほどに堅い。しかも、横にのびた枝を上から切り落とそうとすると、刃先が芯材に当たって欠けることが多い。片刃の場合、打った瞬間に鉈がよじれることも刃が欠ける原因になる。その点、両刃は刃金を両側から軟鉄で挟むように鍛接してあるために刃を保護し、厚みが均等で真っすぐに打ち込め、刃のブレがない。また、堅木に対して鋭角な刃や焼きの硬い刃は欠けやすい。そのため、枝打ち用の鉈は〝堅木と喧嘩をしないように〟わざわざ刃を鈍角にしてあり、抉るように枝元を切り落とすようにして使う。

また、枝打ちは上から鉈を打ち込むだけでなく、枝の下側から刃を入れることもする。これは、上から鉈を入れたときに、樹皮を剝《は》がしてしまう場合がある。枝打ちは普通、冬期間に行なわれる。この時期には樹皮はぴったりと木に張りついて剝がれることは少ないが、春の活動期に入った木は水分をたっぷり吸収していて、皮が剝げやすい。樹皮が剝がれれば、傷の治りが遅くなる。枝元から一寸くらい離し、一度斜めに刃を入れて下側を切り落としておいて、仕上げに上から残った枝元を垂直に落とす場合もある。この場合、鉈は自在に向きを変えて扱うことが要求され、両刃である必要がある。片刃は常に一方向からの扱いが前提になっているので、枝打ち作業には向かないことが分かる。

枝打ちにカギ鉈が使われることもある。カギ鉈は、刃と柄が一体に作られ、刃の頭の部分に突起があって鉤《かぎ》形をしている。この突起は、一般には薪《まき》などを割ったとき、刃が直接地面の石などに当たって欠けないためだと説明されているが、山の仕事師は、枝打ちに木を登る際に、先端の鉤を枝にかけて登る。道具を持った手がふさがれても、カギ鉈が手の延長として使われる。カギ鉈を作る鍛冶屋は、刃を傷めないための意匠を凝らし、仕事師は道具の特長を活かして使いこなす工夫をする。

枝打ち用の鉈には地方によって飯高《いいたか》鉈、今須《います》鉈、吉野《よしの》鉈、久万型鉈など、さまざまな形がある。また、その土地の木によって鉈の刃の角度や、焼きの硬さなどに違いがある。最近では遠隔操作による枝打ちロボットが登場している。

山で働く男たちは、常に腰鉈や腰鋸を身につけて山に入るが、剣鉈《けんなた》を腰につけている者もいる。剣鉈は鉈の切っ先が剣のようになっているもので、マタギや猟師のナガサやマキリといった猟刀によく似ている。違いは、猟刀は峰から柄の差し渡しが水平であるのに対して、剣鉈は柄が約二十度、下に曲がったへの字形になっている。これは獲物の解体や武器といった要素よりも、鉈としての用途に重きをおいている証でもある。もちろん剣鉈もイザという場合に尖《とが》った切っ先が山獣に対したときなどの武器にもなり、解体や料理にも使うことができるが、あくまでも二次的なことで、やはり本来は山のさまざまな作業に威力を発揮するものだ。

剣鉈は山師の間では若干の嘲笑を含ませて〝ダテ鉈〟などといわれるが、一般的な山の労働以外に広範囲に山を歩く人々にとって、剣鉈は万能の刃物として大切に扱われ、常に持ち歩かれる。

剣鉈の柄の角度は木などを割ったり、削ったりする場合に適している。一般に刃物は、垂直に振り降ろしても切れない。刃がモノに当たった瞬間に、かすかに刃が滑ると切れ味が増す。どんなに切れる刃物でも垂直に押しつけただけでは切れないが、ちょっとで

「剣鉈《けんなた》の使い方」

剣鉈は、鉈の用途以外に、猟刀や、武器としても使える。

「カツラ」

「樹皮を剥ぐ」

柄を肩に当て、刃のミネをつかんで、身体を下げながら縦に刃を入れていく。

「削る」

刃ギリギリに持ち、腰につけて固定し、削るものを後ろへ引くようにして削る。

「穴をあける」

刃先を回すようにして、くりぬく。

「横切り」

刃先を突き刺し、テコにして刃を倒す。

も刃を前後に動かすと切れる。その点、剣鉈は、自然に振り降ろすだけで、柄との角度によってモノに打ち込んだ瞬間に刃が前方へ少し滑るかたちになる。

剣鉈は普通、刃渡りが七寸から八寸あり、柄も約七寸と長い。この柄の長さがモノをいう。刃で一番使う部分が切っ先三寸、柄の端を持てば一尺以上の長さに使える。

どのように扱うのか

持ち方の基本は、柄の端を持ち、小指で握る感じで、親指と人差指は軽くそえる程度にする。手首で振るようにして使うと、無駄な力がいらず、正確に振り降ろせる。また、細かい細工や削る際には、刃を逆向きにし、カツラのツメに親指と人差指の股を押しつけるようにして持つ。腕を脇腹に当てて固定し、削るモノを後ろへ引くようにして削る。刃の方を動かさないから危険が少ない。この場合も、親指と人差指は力を抜いてのばし、削るモノをはさむようにすると安定がいい。鉈などの刃物を扱う上で大切なことは、必ず目の真下に持ってきて作業をすること。視点が定まらないと事故の元になる。

樹皮を剝がすときにも剣鉈の切っ先が役に立つ。樹皮は雁皮《がんぴ》繊維などの繊維を採るほか、染料にしたり、山で魚を捕ったときなどに樹皮を剝がし、応急的に魚籠《びく》を作ったりする。

樹皮を縦に切るときは、剣鉈の柄の端を肩に当て、一方の手で鉈の峰をしっかり持って、身体ごと下に移動しながら切り進む。また、樹皮を横に切るときには、刃先を真っすぐに突き刺しておいて、テコのように刃を倒して少しずつ切っていく。缶切りの要領。いずれの場合も、余分な力がいらず、刃が滑って怪我をすることもない。木や竹に穴をあけるときも、刃先を立て、回転させるようにするときれいに彫ることができる。そのため、剣鉈は、とくに刃先の焼きの硬さが重要で、焼きが硬すぎると折れやすい。逆に焼きが甘すぎては切れ味が悪く、刃がめくれやすい。加減が難しい。山師のなかには、刃物の焼きが硬すぎる場合、栗の木に一晩打ち込んでおくと鈍《なま》ると言う者があるが、真偽は定かではない。

剣鉈の用途は無限である。使い手の知識や、道具の成り立ちや特性といったものに対する洞察の深さによって、扱い方も広がってくる。

木登りにも熟練の技が必要

鉈の扱いだけでなく、初歩的な木登りにも熟練が要る。最近ではアルミ製の一本梯子が使われることが多いが、上下がY字形になっていて一応の安定が保て、軽量という利点はあるものの、長くて持ち運びに難がある。また、アルミ製の足掛けを、鎖を木に回して固定する「秋本式木登器」などという新兵器も登場しているが、これも簡単に取りはずしがきくものの、高い木に登る際には二、三個は必要で、面倒な作業を職人は嫌う。

とくに、奥地での作業になると、熟練した山師は木登り道具を持たずに山入りし、現場で立木を伐って梯子を作る。梯子といっても、木に足掛けの枝を打ち込んだものや、二股を利用して立木にかけるだけの簡単な一本梯子の場合もある。

また、ロープを木にかけ、上へとずらしながら、器用に登っていく者もある。さらに木から降りる際に、木に抱きつき、逆さになって滑り降りる離れ技を得意とする者や、いちいち降りるのが面倒とばかり、木を揺らせて木から木へ飛び移る、猿のように身軽な山師があったりする。

枝打ちは男の仕事だ。最近では山仕事に女衆が加わることが珍しくないが、木に登っての枝打ちは男に限られる。女衆は「ナガノコ」と呼ばれる長い柄のついた鋸で、下から届く枝を伐る作業にあたる。

「木が化粧したみたいな気がすらぁね」

枝打ちされた木を眺めながら山師がつぶやいた。秩父で四十年近く山で働いてきた男の目がやさしかった。

山で働く人たちは、植林から伐採まで、三十年から六十年に及ぶ長期に亘《わた》って、丹精こめて木を育ててあげる。荒れていく山を見ては「山が泣いている」と嘆き、手を入れた山が「喜んでいる」と目を細める。彼らにとって、我が子同然に育ててきた山林が崩壊していく姿を見るのが何より辛い。

いま山は荒れている。下刈りも枝打ちもされず放置された山は陽が当たらず、腕ほどもある藤蔓がからみつき、木を締めあげている。山はいま原始の姿に戻ろうとしている。そして一方では末期的な自然破壊が進んでいる。

木地師《きじし》

栃《とち》や橅《ぶな》などの木が豊富な山間の村では、古くから杓子《しゃくし》や木鉢、漆器の木地椀作りが盛んに行なわれた。そうした作り手を「木地屋」、「木地師」、「挽物師」、あるいは単に「杓子ぶち」などといった。

木地仕事は冬の仕事である。雪深い山間辺地に暮らす人々は、雪のない間は傾斜地に墾《ひら》いたわずかばかりの田畑と山仕事で糧を得、半年に及ぶ冬季には、薄暗い家の中で杓子や木鉢などを作った。

檜枝岐《ひのえまた》や南郷村、田島町など奥会津地方では杓子作りが盛んだった。明治二十五年頃から、大正、昭和にかけて、豊富な橅材を利用した杓子作りが全村あげて営まれ、現在でも七十歳以上の男のほとんどが、〝杓子ぶち〟の経験を持っている。

昔は伐採した橅の原木を麓まで運び出すのが容易でなく、伐採現場に近い山中に簡素な小屋を組み、そこで寝泊りして仕事をした。

杓子小屋は、山腹の斜面を切り崩し、簡単な木組みをし、屋根や羽目板は、木を斧《よき》で板にぶち割った〝ブッサキ〟で葺《ふ》いた。大抵は間口四間半、奥行二間半で、それが三部屋に仕切られ、一部屋に一人から二人が入居した。小屋の入口を玄関《げんか》といい、筵《むしろ》一枚半ほどの土間で、材料を置いた。奥に二畳くらいの仕事場、その奥にジロ（囲炉裏）が切ってあり、〝ムコウジロ〟といった。

もっと簡素な杓子小屋もあった。斜面を切り崩した所に三尺間隔に側柱を立て、そこに桁を渡して骨組みを作る。柱は掘っ立て、上部が二股になっていて、そこに桁を乗せる。屋根と壁面は笹で葺いた。笹は秋の熊笹。枯れても葉が落ちない。雨漏りがしたら新しい笹を刺すだけで大抵はとまった。これで七、八年はもった。共同の流し（炊事場）と便所は小屋の外に作られ、便所は穴を掘っただけのもので、いっぱいになったら埋めて別の場所を掘った。

多くの場合、杓子小屋に数人の職人が共同生活をしながら、二、三年山に籠《こも》って杓子を作った。部屋の間仕切りは筵を下げた程度の簡単なもので、おのずと他の職人の仕事ぶりを見ながら、技を磨き、出来を競い合った。朝は夜明けから起き出して仕事を始め、夜は十時、十一時まで夜なべで働いた。雪深い山中に、杓子をぶつ音が絶え間なく響いた。

「昔は、作ったそばからはけ（売れ）た。一日に百本以上も作った。大工の手間賃が六百円の時分に、杓子ぶちは千円とった。家の者は蕎麦《もんそば》とか稗《ひえ》しか食わなかったが、杓子ぶちの男だけは米が食えた」

杓子作りの妙技

杓子作りには、およそ十七ほどの工程がある。まず、伐採された橅の原木を杓子の長さに玉切る。以前は、杓子ぶちが山で伐採することもあったが、現在は、立木のうちに木を見て契約し、何人か共同で購入する。末口一尺二寸、長さ七尺が一石に数えられる。因《ちな》みに、長さ四寸の杓子が五百本で一俵に数えられ、一俵分の杓子を木取りするのに四石程度の原木が必要だといわれる。柾目に割れない素性の悪い木が多くなり、ロスが多いのが悩みの種になっている。

輪切りにした木の切り口に定規を当て、芯から放射状に墨線を入れ、線に沿って柾目《まさめ》に割る。玉切った材は水に浸しておく。その中から一日分の材を割る。橅は乾燥すると堅くなり、刃がたちにくい。できるだけ生のうちに加工する。乾燥した材は水に浸すか、熱湯で煮て柔らかくしてから手を加える。また、夏に伐《き》った木は貯木場に入れておくが、木肌が赤っぽく変色する。秋伐りの生木は木肌が白く美しい。

〝スミカケ〟した材を、大割鉈《おおわりなた》を線に当て、ツチンボと呼ぶ木槌《こづち》で叩《たた》いて割り、芯の部分を割り除いてから、さらに一本一本の厚みに割る。これを、〝大割り〟〝小割り〟という。

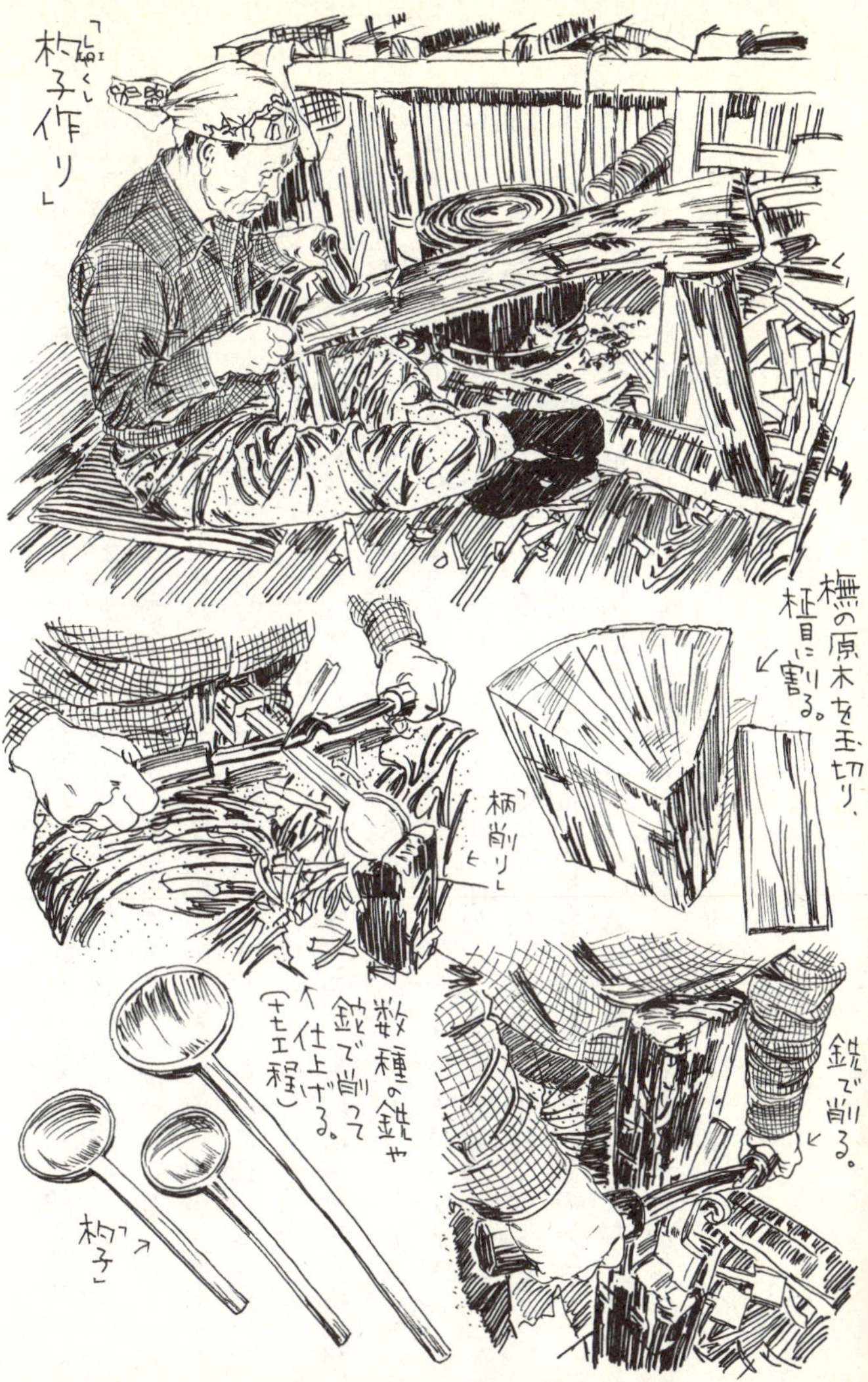
「杓子《しゃくし》作り」

橅の原木を玉切り、柾目に割る。

「柄削り」

数種の銑や鉈で削って仕上げる。（十七工程）

銑で削る。

杓子

小割りされた材に柄の長さを計り、両足でおさえながら両側から鋸を入れ、鉈で割り落とす作業を〝コハジオトシ〟という。これで板状の杓子の原形が出来上がる。次にヒライダイと呼ばれる台に乗せ、銑《せん》と数種の鉈を使って柄や皿の部分を削っていく。イエケズリ、ツラキリ、アラキリ、セナカキリ、メンキリと細かい作業を経て、次第に形が出来上がっていく。杓子を持つ手スレスレに鉈の刃が打ち込まれる。寸分の狂いもない熟練の技に目を見張らされる。

最後に、腹当てで杓子を支え、エケズリゼンで柄を仕上げ、エグリ台に杓子をはめ込み、エグリゼンで皿の部分を抉《えぐ》り取り、縁を仕上げて完成する。

杓子には「オイラン杓子」と「平杓子」がある。オイラン杓子は、花魁《おいらん》の髪かんざしに形が似ていることからの俗称。柄の付け根に緩やかな曲線があり、その元の一点に支点がくるように作ってあるものが全体のバランスがよく、使いやすい。平杓子は、柄が無骨に真っすぐで、皿がやや上向きに作られている。杓子を真横から見て、皿の先端と柄の端を結んだ線から、柄の付け根の空きの高さが一寸あるのが使いやすい。また、橅の杓子は木質が堅く、折れにくい。水や湯につけても変形しないし、食物に匂いが移らない利点がある。無造作に作られているようだが、一本の杓子には、木の素性と、機能性を見極めた職人の技が凝らされている。

現在、檜枝岐には十七人ほどの杓子ぶちが残っているが、昔のように、山へ入って泊り込んで仕事をする者はなくなった。現在の杓子小屋は、集落に近い山裾に点在している。冬、訪れれば、山を背にした雪原に板囲いとブリキ板を打ちつけただけの簡素な小屋が目につく。小屋の周辺には玉切られた橅材が転がり、煙突からは乳白色の煙がたち上っていて、杓子ぶちの所在が知られる。

小屋は大抵、二畳に二畳半の四畳半ほどの大きさで、室内は二間に仕切られている。入口を入った所に二畳ほどの土間があり、材料が置かれている。その奥が二畳半の板の間で作業場になっていて、ときに寝泊りもする。傍らに時計型の薪《まき》ストーブがあり、上には湯を張った大鍋がかけられ、材料を煮て柔らかくするのに使う。またストーブの周囲に二本の細木を渡しただけの吊り棚があって、加工を終えた杓子が並べられて乾燥させられている。

床には、割り落とされ削り落とされた木片や木屑が散らばっていて、火が落ちかけたストーブに投げ入れられる。煤《すす》けた板壁には使い込まれたさまざまな道具が掛けられ、作業場の真ん中に、小屋の主である杓子ぶちの職人が偏屈そうな顔でデンと座っている。偏屈さは妥協を許さない職人の顔だ。

「わ（自分）は十四歳から山に入って杓子ぶちをやっただ。誰にも教えてもらわねえ。見て覚えて十五、六の頃にゃ一人っこで独立して仕事をやっただ。昔は景気がよかったが、いまはここらの山の者《もん》でも金杓子やらプラスチックの杓文字《しやもじ》を使っている。この商売もだんだん難しくなる道理だ。やめる杓子ぶちもふえるべえ。昔も辛かったが、時代時代をおもしろく暮らしたな。

山の暮らしも変わろうとしている。欲かかなきゃそれでよかんべ」

山の暮らしも変わろうとしている。何よりも人間の心の在りようが変わった。自然の恵みに感謝し、つましく生きることの尊さを忘れてしまっている。人間の一生の価値や尊厳は、繁栄や豊かさと無縁だということを、山の老杓子職人が教えている。

山師の冬の現金収入

木鉢は主に栃《とち》の木で作られる。木鉢は捏《こ》ね鉢とも呼ばれ、蕎麦や稗や粟《あわ》、栃の実を粉にしたものを練るときに使われる。

木鉢作りもまた、山間の村の冬の間の仕事であり、貴重な現金収入の道だった。信越国境に跨《また》がる秘境秋山郷では、陸の孤島と化す長い冬期間に、木鉢をはじめ、コースキと呼ばれる木のシャベルや盤などを作って生計を立てた。江戸後期、鈴木牧之によって編まれた『秋山紀行』にも、

「里に出した交易のものを問ふに、粟・稗・荏《え》・木鉢・木鋤《こすき》・樫《かし》・松の盤・椹檜《さわら》・白木の折敷《おしき》・秋は干茸・しな縄抔《なんず》、居ながら商人が買いに来る。又、里へも、疱瘡《ほうそう》ある村や市町へは恐れて売りに行かず、其余の村々へは、何ケ売りにも往くとなん」

と記されている。

秋山郷は、平家の隠れ里であったことや、疱瘡などの疫病の流入を恐れたあまり、他所《よそ》との接触を極度に避けた。そのため、主生産品である木鉢やコースキなどの木製品は、特定の仲介人によってしか取り引きがなく、産業として発展しなかった背景がある。

秋山郷はまた、過酷な自然環境にあり、周辺の山々には千古不斧《せんこふよき》の原生林が広がり、豊かな森林資源に恵まれている。しかし、近年まで道路が整備されておらず、牛馬すら使うことができなかった。川は曲折し、浅瀬が多いので筏《いかだ》流しも不可能だった。

鈴木牧之は『北越雪譜』でそのことにふれ、「財をうること難なれば、天然の貧地なり……」と綴《つづ》っている。だが、こうした辺境にも人間は生きてきた。確かな暮らしが営まれてきた。人間はどんな所でも生きられる。どんな生き方でもできる。

木鉢作りに使われる栃の木は厳寒の十二月に「山どり」が行なわれる。山どりとは原木伐採をいう。以前は杣《そま》が山へ入って斧《おの》や鋸《のこ》で伐採したが、現在はチェーン・ソーで伐られ、玉切って里に降ろす。生で、カンカンに凍っている原木を運び出すのは想像以上の重労働だった。厳寒期に伐った木は丈夫で、木肌も白く美しい。

輪切りにした木は斧ではしょって〝コマ〟と呼ばれる荒取《しらた》りをする。栃の木は木裏（芯に近い方）に赤身が広がっており、木表（樹皮側）に白身がある。赤身は割れが入りやすく、狂いやすいため、赤身を避けて木取りをする。また栃の場合は、板目でとっていくのが一般的だった。

荒取りは斧と釿《ちような》で削る。斧は小振りで柄も短い。片足で材をおさえ、前かがみに腰を折って斧をふるう。釿は両足で材を挟んで固定して面を削っていく。腰を支点にして、上半身を振子のように前後に振りながら釿を打ち込む。刃が流れて足の先や膝《ひざ》を割ることがある。

外側と底の部分の荒取りが終わると、裏返して内側を彫る。材の中心に尺棒と呼ばれる木製のコンパスを釘《くぎ》で固定し、鉢の内径と外径の円を描く。ここでも荒彫りは斧で行ない、八中釿《はっちゆうな》と前鉋《まえがんな》で仕上げをする。八中釿は手釿《てちような》とも呼ばれ、片手用の小型の釿で、手首を使いながら木の面《つら》を打つようにして彫る。カッカッと、八中釿の刃が堅木を剝《は》ぐ音が暗い土間に響き、木片が飛び散る。最後の仕上げは前鉋を使う。前鉋は槍鉋に似て柄が長く、槍のような刃がついている。刃は反って上側に片刃がついていて、外側から手前へと、テコのようにして削る。白木の肌に、リンゴの皮でもむいたような刃跡が残る。縁の面を平鉋で削って木鉢が出来上がる。中型の鉢で一日に一個、大鉢になると三、四日かかる。

木鉢は単に椀《わん》状に彫ってあればいいわけではない。熟練した職人の手になるものは安定がよく、縁の内側が深く彫り込んであり、捏ねるときに粉がこぼれないように工夫されている。いい木鉢は〝一生物〟である。大事に使えば何代も持った。使い込んだ味と風格を増すものが本物の道具だ。

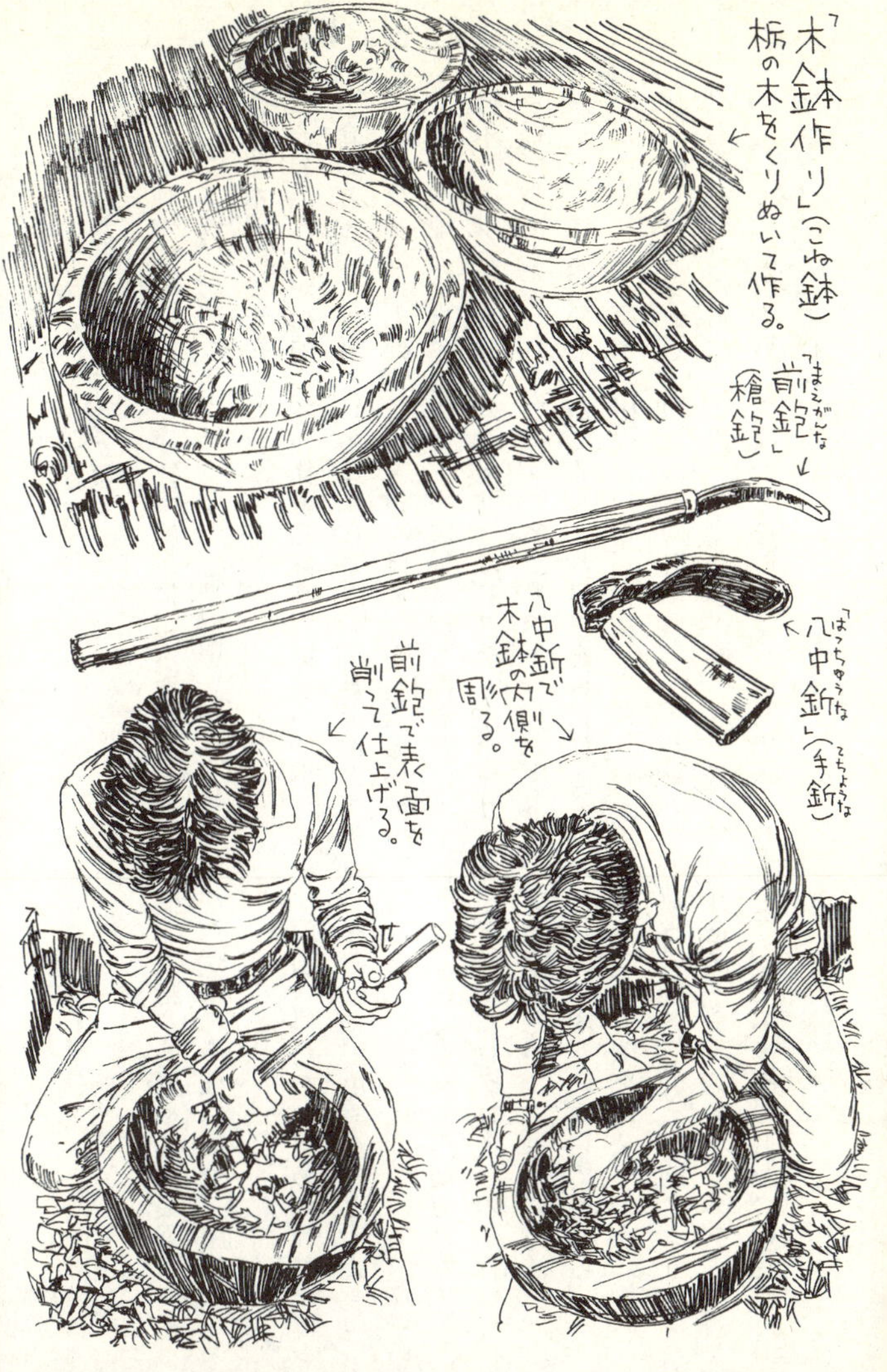
「木鉢作り」（こね鉢）
栃の木をくりぬいて作る。
「前鉋《まえがんな》」
（槍鉋）
「八中釿《はっちゅうな》」（手釿《てちょうな》）
八中釿で木鉢の内側を削る。
前鉋で表面を削って仕上げる。

時代の波に呑まれる山国の冬

木地師の仕事は杓子や木鉢のほかに、木地椀《わん》、お盆、茶櫃《びつ》、丸膳、碁盤や碁笥《ごけ》（碁石入れ）、曲げ物類から下駄、また、畳の縁に入れるヒロマサと呼ばれる柾目板や、屋根に葺く木羽板《こっぱ》まで多岐に及ぶ。

そのどれもが山国の冬の仕事であり、男衆の仕事だった。山国の男たちは定められた宿命のごとくに、厳しい冬に山に入り、家族と離れて木地仕事をした。女衆や子どもたちは、父や兄たちが働く山を遠く眺めながら寂しい留守を守った。

奥会津地方では木地椀は、主に栃、橅、欅《けやき》などの木で作った。伐採され、玉切られた原木をアラガタトリ、ガタトリ、カタブチ、カナギリ、そして最後にロクロ挽《ひ》きの工程を経て製品が作られていくが、アラガタトリにムキドリやブンギリといった独得の方法があり、地域的な違いがある。これは材を板目にとるか、柾目にとるかの違いでもある。

ムキドリは、原木の樹皮をむき、マガリヨキという斧でちょうどお椀を伏せたように彫っていき、それを一枚ずつ剝がし取る。一列が終わると原木の向きを変え、同じようにお椀を伏せた形に一列彫って剝がす。木の芯を残して周《めぐ》りをそうやってアラガタを取っていく。芯材を残してまわりをむくようにして木取りをしていくのでその名がついた。アラガタはすべて板目になる。

ムキドリに使われるマガリヨキは、刃がくの字形に手前に曲がっていて、材を剝ぎやすい。柄が短く、普通の斧に比べてやや重い。これは腕力に頼らず、斧の頭の重さで振り降ろすのに適し、正確に打ち込め、深く食い込む。また、くの字形の曲がりの部分がテコの役をし、材を剝がしやすい利点がある。

ブンギリは、玉切った材を縦に半割りにし、ヒラヨキという斧で芯材を抉り取る。これを裏返し、椀の大きさに合わせて四寸から四寸五分といった間隔で輪切りに切り落としていく。古くは斧一本で行なったが、のちに鋸が使われるようになった。この段階で、ちょうどドーナツを半分に割った形の材がたくさんできる。これをさらに何等分かに割ってアラガタにする。材は柾目になる。

ムキドリもブンギリも、芯材を避けて木取りをする。これは栃に限らず芯材は反りやねじれなどの狂いが出やすく、割れが入りやすいためである。また、一般に木は柾目より板目の方が狂いが出やすい。そのため、一旦乾燥させてから狂いを抜いて木取りをする場合も多い。

アラガタされた材は、ヒラチュウナ、カナギリチュウナという道具でお椀の形に削る。ヒラチュウナ、ナカギリチュウナも秋山郷の木鉢作りに使われる八中釿と同じもので、片手に持ち、片手でアラガタをおさえて削っていく。

お椀は最後にロクロで仕上げられる。ロクロは古くは手引きロクロで、刃物を持って材を挽く者と、綱を引いてロクロを回転させる者が二人がかりで作業をした。挽物のロクロは、台座の中心に棹と呼ばれる軸棒が横に通っていて、ぶれずに、滑らかに回転するように取り付けられている。棹の一端には鉄製の尖った刃がついていて、これに材を打ち込んで固定して削る。回転させるには棹の中ほどに綱を二、三回巻きつけ、両端の輪をそれぞれの手に握り、交互に引く。一回引くごとに回転の方向が変わり、回転の速度などの微妙な調整が難しく、二人の呼吸《いき》が合わないと仕事がはかどらない。ロクロの棹は最初、ミズメザクラなどの堅木が使われていたが、明治末期から大正はじめには鉄製に変わった。鉄製に変わったことで、回転が速く、滑らかになった。また後年には動力が使われるようになり、ロクロ挽きは一人仕事になった。そして、木地椀作りがもっぱら動力で行なわれるようになると、木地職人は山を下って里に降りた。

木羽《こっぱ》板作りも山で行なわれた。木羽板は、木羽屋根に葺いたり、瓦屋根の下地材に使われた。材料には黒檜《くろび》や杉、栗などが使われた。

木羽作りもまた、奥山に小屋掛けをし、そこで寝泊りをして仕事をした。木羽板は最初から最後まで職人の手作業で作られる。はじめに「大割り」の作業がある。大割りは、長さ八寸五分に玉切った原木を四つ割りにする。オオワリナタは刃の長い平鉈で、木の面に刃を当て、ツチンボで叩いて割る。ツチンボは藁《わら》を叩いて柔らかくする際にも使われる木槌で、山グワの木が使われることが多い。山グワは乾燥すると堅くなり、鉋などの頭を叩くのに使い勝手がよかった。

四つ割りにされた材は二寸厚の柾目板に割り、さらに半分の一寸厚の板に割られ、もう一度半割りの五分厚の板に割られる。均等の厚みに割り裂くには、常に材を半分ずつ割っていくのがコツである。

五分厚に割った板は、ワキトリセンと呼ぶ銑で板の両端を直角に削り落とし、再びオワリナタで半分の二分五厘厚の板に割られる。

次に二分五厘厚の板を削り台に乗せ、一枚ずつ銑で板の両面を削る。このとき、板の一方の厚みを一寸五分ほどに薄く削る。屋根に葺く際には薄く削った方を上に向けて重ねていく。

木羽葺きの屋根は、いまでは目にすることが少なくなったが、大正から昭和初期頃には、火事の危険性が高い茅葺き屋根に替わる屋根材として人気があった。当時は、木羽板そのものは安かったが、屋根葺きの職人の手間賃が高く、町家では金持ちの家でなければ使えなかった。しかし、やがてさらに火に強いトタン板が出廻るようになり、木羽屋根は減っていった。一時は需要に追いつけないほど忙しかった木羽職人も、時代の波に呑まれ、姿を消していった。いまでは瓦屋根の下地にわずかに残るのみになった。

漆掻《うるしか》き

山に自生する漆《うるし》の木から樹液を採取する仕事を俗に「漆掻き」といい、それを生業とする仕事師も「漆掻き」また「掻き子」などと呼称される。こうした仕事も、厳しい自然環境に暮らす人々に天が恵み与えた貴重な労働の一つといってよかった。長い年季によるといっても漆掻きは、山国の人間の誰もができる仕事ではなかった。漆の採取量や品質に差があった。特殊な技能が不可欠だった。実際に、漆掻きの技術によって漆の採取量や品質に差があった。彼らは互いに技術を競い合い、作業中に手順を仲間に見られることを極度に嫌った。基本的な技術を習得するのに三年、採取量と品質を競い合うようになるまで、さらに数年を要するといわれるほど厳しい修練を必要とした。

かつては、漆掻きの職人の里として知られた岩手県二戸周辺や、漆器の主産地である輪島や越前、木曾など、各地に掻き子がいて、戦後間もない頃まで、全国の山々に足をのばして漆を採取した。

漆液は天然塗料としての美しさだけでなく、含有するウルシオールやフェノールによって水や硫酸、硝酸などに強く、乾固すると強力なアルカリ類にも耐える優れた特性を持っている。そのため、古くから食器類をはじめ、建具や建築物、織物、釣竿など、さまざまな用途に使われてきた。とくに日本産の漆は〝本漆〟といって他国産と区別し、〝金の水〟と呼んで珍重してきた。

因《ちな》みに漆の木は、ウルシ科ウルシ属の落葉高木で、中国、インド、チベットが原産だといわれる。日本には中国から植栽された。北海道から青森、秋田、岩手、福島、新潟、長野、福井、石川など東北、中部地方の山間地に多く自生している。冷寒帯の冷涼地を好み、重粘土層、砂質土壌の沢筋、窪地など、日当たりがよく、水分条件のよい地域に自生する。火山地帯、また風当たりが強い尾根筋付近などの、乾燥地の土壌には育たない。そうした生育条件が日本の自然環境や土壌に適していることから、良質の漆液が採取できた。

漆の採取は、木の勢いのいい六月中旬から十月末までの間に行なわれ、最盛期は真夏である。樹齢七、八年以上の成木から採取する。春、採取に先立って山の雑草や木や根株などの下刈りをする。これは漆の木の根近くを掻く必要があるためと、足場をよくする目的以外に、日当たりをよくし樹勢を高めるためでもある。漆の木は周辺の木の枝や雑草に覆われてしまうと樹勢が衰え、枯れることがある。漆液を採取する際には〝葉が繁った元気な木を選べ〟といった。

漆掻きの朝は早い。午前三時頃には家を出て、夜が明けかかる時分には一番遠い木までたどり着き、漆を掻きはじめる。漆は湿気の多い早朝から午前中、そして夕方がもっとも液の出がいい。一説によれば、樹勢は潮の干満と関係があるといわれ、満潮時には樹液の循環が旺盛になって採取量が多いという。また日中は量は少ないが漆の質はいいといわれる。

　掻き子は山に入ると、まず木の「場どり」をする。場どりは、漆の木のどの面を傷つけて樹液を採取するかの判断を下すもので、採取量に影響する。木の根を見て、〝親根《おやね》〟と〝子根《こね》〟を見分ける。親根は一番太い根で、子根はその反対側の細い根をいい、傷をつけるのは親根と子根の間の表裏二面になる。因みに親根は木の大動脈。そこを切断してしまうと樹勢が弱まり、枯れてしまう。

漆液の採取は、根から上、約四尺の間で、掻き子の背丈をおおよその目安にする。まず、根に近い幹の堅い樹皮をヤマガマで削り、ミゾキリで数センチの小さな傷を二本掻く。その後、二本の傷を挟んで上下に少しずつ長い傷を掻いていくことになるが、その形が鼓《つづみ》の形に似ていることから「鼓掻き」と呼ばれる。また、鼓形の下の三角形を「下《した》場《ば》」、上側を「上場《うわば》」という。

　ミゾキリは刃先がU字形に曲がっていて、手前に引っ掻くようにして溝を切る。切るのは樹皮と木部の間にある形成層の維管束。溝が浅すぎては樹液の出が少ないし、深すぎると木を傷めると同時に樹液に〝底かす〟と呼ばれる木屑が混じる。作業に先立ってヤマガマで樹皮を削るのは、ミゾキリの刃が入る深さを調整する目的がある。搔き子はこれを〝クソッ皮をむく〟と表現するが、クソッ皮のむき方に熟練の技術がいる。

最初の傷からは、〝生水《きみず》〟と呼ばれる透明な水だけが出る。漆液が出るのは四日間あけて入れられる二本目の傷からになる。四日の間をおくのは、木が回復するのを待つためである。傷つけられた木は、活発に樹液を出して傷を治そうとする。そこへ新たな傷を搔いて漆液を採取していく。一本の漆の木に傷を搔くのは一日に一カ所。四日間隔で一本ずつ徐々に傷を大きくし、木を傷に馴れさせていく。

　二本目の傷を搔くと、最初に生水が出たあと、粘り気の強い漆液が流れ出る。それを素早くナイフ状のヘラで搔き取り、ツボの縁でこそぎ取って集めていく。ツボは、朴《ほお》の木の皮で作る。樹皮の繊維を縦にして作ってあり、縁が堅い刷毛《はけ》状になっていて、ヘラについた漆を一滴残さずに拭い取れる。繰り返し使ううちにツボの縁が漆で固まってくると、刃物で削っていく。年季の入ったツボは削られてどんどん短く変形していく。

　搔き子が一日に搔く木の本数は七、八十本から多くて百本。それを四日間隔で繰り返す。一人の搔き子の仕事が成り立つためには、都合二百八十本から三百二十本、多くて四百本の木が必要になる。かつては一人で六、七百本の漆を搔いたといわれるが、現在では技術的なこととは別に、漆の木を確保することそのものが難しい状況にある。

木がもたらす恩恵

漆は採取の時期によって性質が異なる。信州では、搔き傷が七、八本くらいまでになる最初の漆を「初鎌」といい、生水の量が多く、漆の濃度がやや薄いが、質はよく、のびがいいという。また、搔き傷が十三本になるあたりの七月中旬から八月末期までに採取した漆を「盛《さか》りもの」あるいは「土用《どよう》漆」と呼び、品質、量ともに、もっともいいとされる。それ以降の漆は「秋もの」と呼ばれ、品質がやや落ちる。水分が少なく液が濃くなり、塗る際に生地へののりやのびが劣るといわれる。

漆の採取のシーズンは一応十月いっぱいで終わるが、さらに十一月から冬の間にも採取が行なわれることがある。秋は「裏目搔き」と呼ばれる方法で採取する。裏目搔きは、鎌で根に近い幹の周囲を切っておいて、梯子をかけて木の上の方や枝にたまっている漆を搔く。量は少なく、濃度が一層濃く、以前は〝下《げ》物〟〝下等品〟扱いされた。

さらに冬には「セシメ漆」を採取する。セシメ漆は、切ってきた漆の枝を水の中に入れておき、包丁などで傷をつけて樹液を採取する。品質は悪いが、蒔絵《まきえ》や重箱の下塗りや絵付けなどに使われる。

「一本の木から採取できる漆の量は約三十匁《もんめ》。湯呑み茶碗に半分程度。約三百本の木を搔いても、一年で八貫（三十三キロ）が精一杯。だから〝金の水〟っていうだいね」

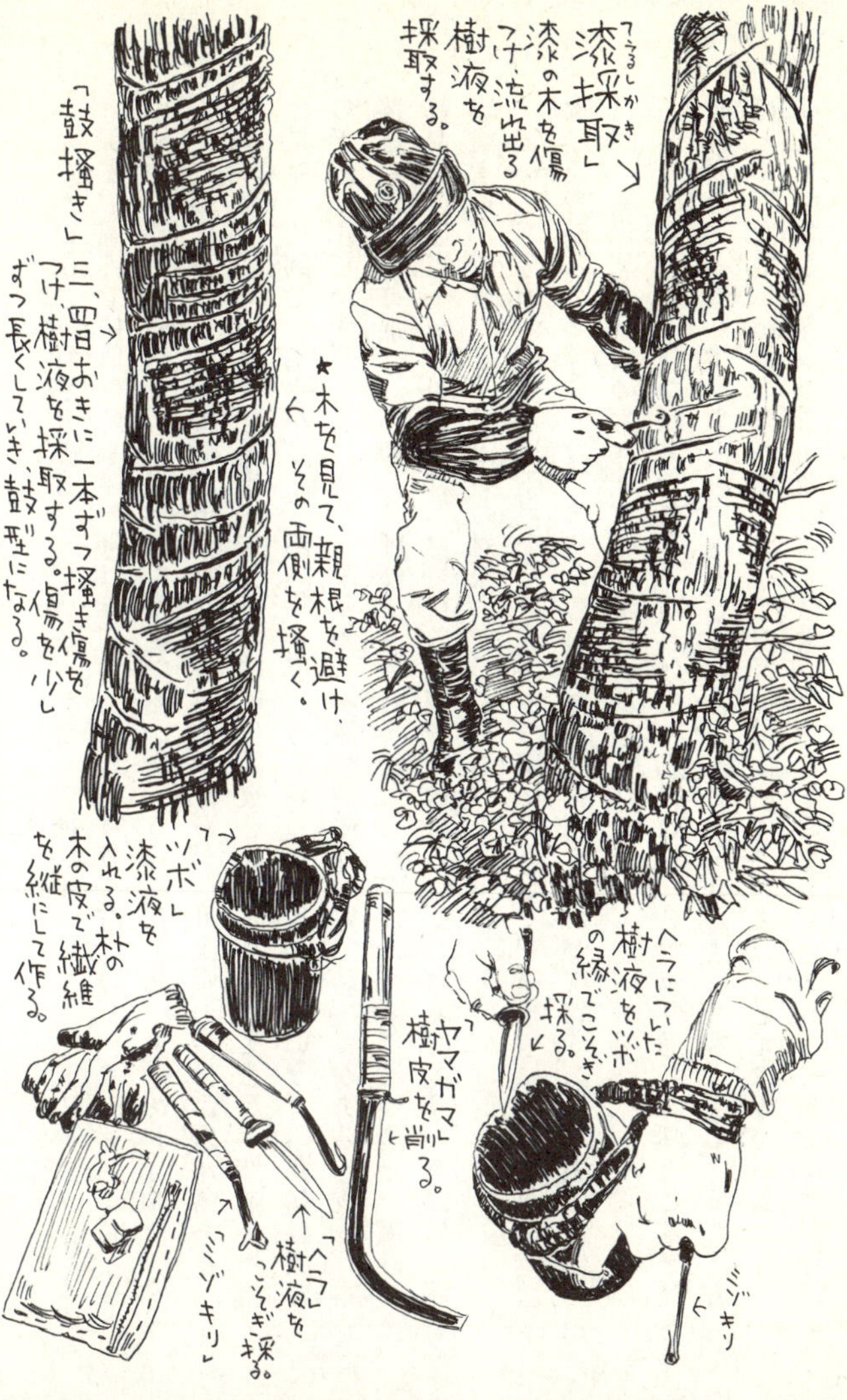
「漆採取《うるしかき》」
漆の木を傷つけ、流れ出る樹液を採取する。
「鼓掻き」三、四日おきに一本ずつ掻き傷をつけ、樹液を採取する。傷を少しずつ長くしていき、鼓型になる。
★木を見て、親根を避け、その両側を掻く。
「ツボ」漆液を入れる。杉の木の皮で繊維を縦にして作る。
ヘラについた樹液をツボの縁でこそぎ採る。
「ヤマガマ」樹皮を削る。
「ヘラ」樹液をこそぎ採る。
「ミゾキリ」
ミゾキリ

たびたび山に同行させてもらっているベテランの掻き子がいう。

現在、国内で採取される漆の量は年間約二千五百貫で、市場の一パーセントに満たない。中国、台湾、ベトナムなどから安価な漆が輸入され、九十九パーセントを占める。また、漆に替わる科学塗料が追い打ちをかける。しかし、外国産の漆は品質が落ちる。国産の漆は、生水の量を考慮に入れて、純度や品質を高める工夫をするが、外国産の漆は量産一辺倒で、生水が多く、不純物が混じっている場合も多いという。以前には漆器の下塗りにしか使わなかったが、国産の〝本漆〟の確保が難しい現実がある。現在、本漆をほかの漆に混ぜ、いい方に呼びよせる〝種漆〟として使われることが多い。因みに高品質の漆は一匁の量を筆につけて塗ると四キロのびるといわれる。国産の本漆は、漆器業者や工芸家にとって渇望の対象になっている。

しかし、全国の山が森林開発などで漆の木の確保が難しく、掻き子に高齢者が多い。過酷な労働と、修練を必要とするために後継者が育たないのが現状である。現代人は、自国の文化や、個人の生き様《よう》について安易に考えがちだ。

漆の掻き子は孤独な職業である。険しい山の急斜面を一日中歩き通し、黙々と木を掻き、露のようなわずかな樹液を採取していく。人と顔を合わすことも、会話することもほとんどない。山では熊や猪、鹿などの野生動物が相手。また、足元に蝮《まむし》が巣食っていることもある。得体の知れぬ山の不思議に遭遇することもよくある。強靭な体力以外に、腹の据わった胆力が不可欠である。

漆かぶれには二年ほどの間に免疫体になる。軽いかぶれにかかることはあるが回復が早い。だが、本人の影響で他人がかぶれることがある。弱い人は、漆の木を燃した煙を嗅《か》ぐだけでかぶれる。お茶をよばれて、掻き子が飲んだ湯呑み茶椀に触れてもかぶれる。掻き子が家の前を通っただけで症状が出る過敏な人もある。〝嫌われ者〟の掻き子は、自分の職業を隠し、人目を避けて歩くこともあった。その生業、背負った生き様は驚嘆に価する。

漆を掻かれた木は満身創痍《そうい》、秋にはどの木より早く、血のように鮮やかな紅葉に染まる。そして、三度目の春を見ることなく、二年で枯れる。

かつて、長い冬の間、現金収入を求めて他地へ出稼ぎに行くことが宿命づけられた山間農家にあって、漆の掻き子だけは出稼ぎに出なくていい時代があった。掻き子は、特殊な副業によって、冬の現金収入の道を確保できたのである。

漆の木は水に強く、腐りにくいという優れた特性がある。とくに漆を掻いたあとのカキガラの木はその特性を強める。そのため、古くから農家では小便桶や肥溜の材料に漆の木を使った。また味噌桶に使うと、味噌が腐らず、香りも変わらないといった。

海の文化と山の文化を結ぶ漆製の擬餌

また、漆の木はアバキと呼ばれる魚網の浮子《うき》や川釣りの浮子、ツノなどの擬餌《ぎじ》作りに使われた。海水や川に浸けっぱなしで漁をする浮子や擬餌の材料に漆の木が珍重され、それが掻き子の貴重な冬の副業となった。

なかでも、漆の木で作ったイカヅノはイカの食いがよく、釣果に格段の差が出るといわれ、イカ釣り漁師は秘《ひそ》かに材料を掻き子に求めた。

イカヅノとはイカ釣りに用いる擬餌のことだ。一般にツノという名称は、古くから牛や鹿、羊《ひつじ》、山羊《やぎ》、水牛、羚羊《かもしか》などの角を擬餌の材料としたことからきている。ほかに、牛、馬、鹿などの爪やカジキの鼻やアワビの殻、夜光貝などの貝、鯨の歯、象牙などが使われ、ブリやキハダ、ヒラマサ、イカ釣りなどに使われてきた。なかでもイカは各地の漁の形態や、対象とするイカの種類によって、さまざまなツノがある。

普通、ケンサキイカにはオッパイ針が使われる。古くはトンボ針の胴の部分に綿を巻き、その上をキャラコなどの布で包んだもので、その柔らかい感触から俗にオッパイ針と呼ばれるようになったが、最近はプラスチック系の素材で作られたツノが主流になっている。

ケンサキイカやマイカ用には紡錘状の鉛に、季節によって白布や赤布を巻きつけたツノが使われ、ヤリイカには現在、棒状のプラスチック製のツノが一般的。また、主にアオリイカには地方によって海老などの小魚を模した木製の餌木《えぎ》が使われる。

餌木は地方によって形も異なり、使われる木の種類もさまざまである。福木、タラの木、甘木、ニガ木、桑、桐、ハゼの木等々。これらの木の共通点は、細工がしやすいこと以外に、軽くて水に浮き、腐蝕しにくい。そして大部分の木が、木肌が黄色い。

こうした条件がイカ釣りの餌木に必要不可欠であるなら、漆の木はどれをとっても、ほかの木よりも優れた特性を持っている。そして、一本の餌木に生業を賭す、筋金入りの漁師なら、漆のツノに目を向けないはずがないではないか。

ここで、山の文化と海の文化、山の習俗と海の習俗、そして漆掻きと漁師の生き様が、見えない糸で結ばれる。その意外性に少なからぬ感動と興味をそそられる。このテーマは、長年の私の研究対象になった。

イカヅノに使われる漆の木は、今年漆掻きをした生木で、南側に面した木がいいと秘かに口伝される。漆を採った木は傷を治そうとして成分を出し、一層特性を強めることはすでに分かっている。では、なぜ南面の木がいいのか。これには熟練したイカ釣り漁師の言を待つしかない。そこで各地に伝わるイカヅノを集め、漁村や漁師を訪ねた。漆の木を方角別に切り分け、自分でイカヅノ作りもした。実際に海に出て漁もやった。

その結果、興味深いことがいくつか分かった。まず、漆の木で作るイカヅノはアオリイカ用であること。アオリイカは他のイカと比べて高価で、一パイ一万五千円前後の値がつく。その分、釣果が少ない。ヤリイカのように漁期にタナをはずさなければ何十パイもツノにかかることは滅多にない。だからこそ漁師はツノ一本に固執してきた。

漆のイカヅノは夜釣りにより効果があることも分かった。しかも満月に近いときがいい。一般に夜釣り用のイカヅノは、月が小さくて暗いときは赤の強い暗い色、明るいときは黄色などの明るい色のツノにイカが乗る。水につけると一層、明るい黄色が強まる漆は、ぴったりだった。

なぜ、南面の木がいいかということも結論を得た。日当たりがいい南面の木は生長が早く、年輪幅が広い。とくに樹皮に近い木表の部分にシラタ（木肌の白い部分）が広い。シラタは木質が柔らかく、水のりがいい。水を吸うと、いかにも柔らかく見える。

　イカヅノは木を削って海老の形を模して作る。削る際にシラタを海老の腹側にして作ると、いかにもイカが好みそうな、腹の柔らかい小海老を彷彿とさせる。また、背にもってきた木裏の部分を削ると、柾目取りした年輪が縞《しま》模様に浮き出し、これも海老の背に類似している。

　そして、実際に海に出て、漆のイカヅノを流してみると、確かにアオリイカが釣れた。ヤリイカのシーズンにヤリイカは一パイも掛からず、アオリイカだけが抜き取るように何バイもツノに乗ってきたのである。秘かな口伝による〝幻のイカヅノ〟は本当だった。

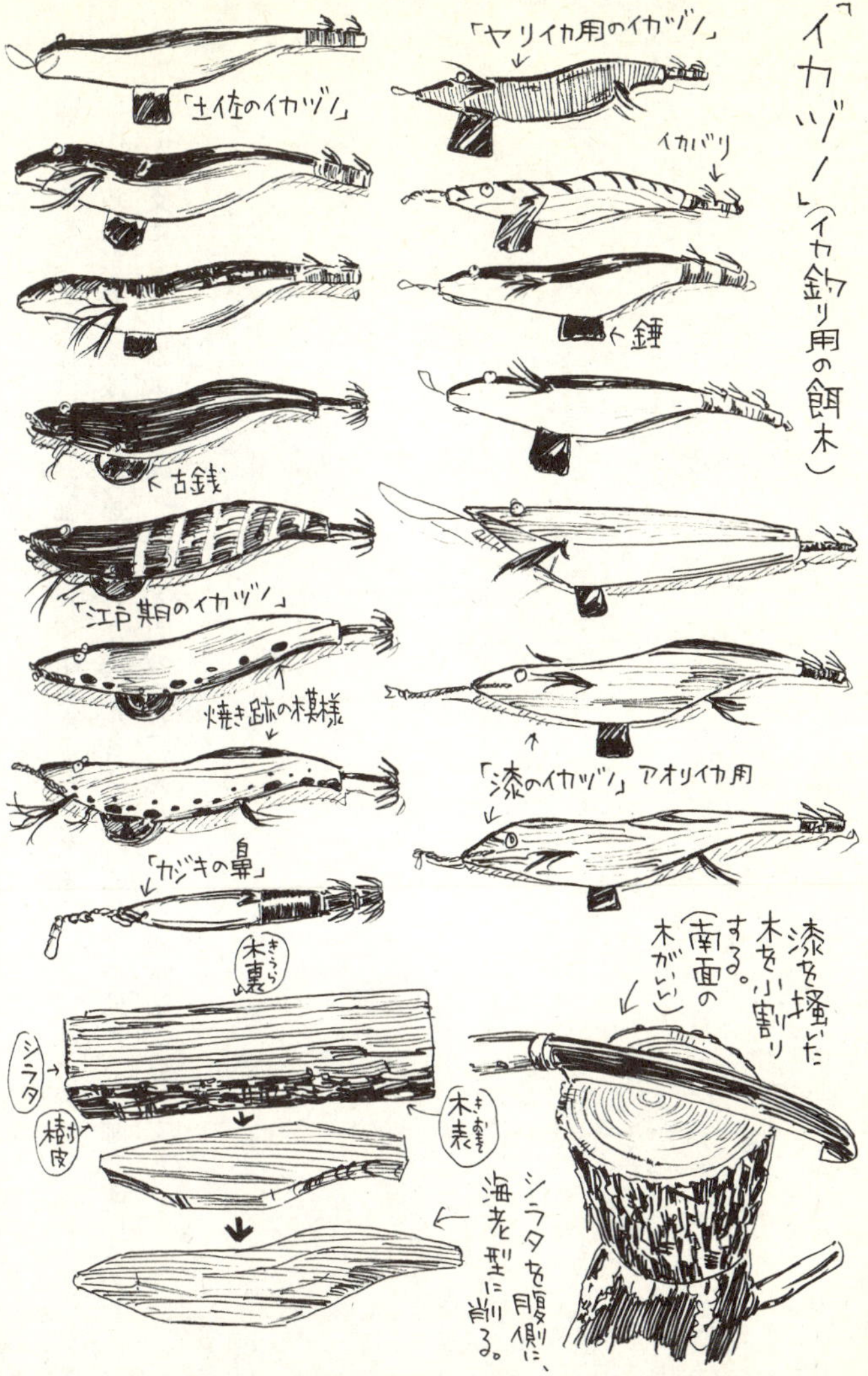

「イカヅノ」（イカ釣り用の餌木）
「ヤリイカ用のイカヅノ」
「土佐のイカヅノ」
イカバリ
錘
古銭
「江戸期のイカヅノ」
焼き跡の模様
「漆のイカヅノ」アオリイカ用
「カジキの鼻」
木裏《きうら》
シラタ
樹皮
木表《きおもて》
漆を掻いた木を小割りする。
南面の木がいい
シラタを腹側に、海老型に削る。

漆とイカの因果関係はここに証明され、結実を見たのである。

山の辺地に暮らす漆掻きが遠く離れた海に生きる漁師の生業を助け、漁師が漆掻きの生活を支える、不思議な〝縁《えにし》〟に、人間のひたむきな生きる姿が見え隠れする。

炭焼き

厳寒の冬に山国を訪れると、冬枯れの山稜に立ち上る幾筋もの炭焼きの煙を目にすることがある。狼煙《のろし》のような細い煙の下には、額《ひたい》や鼻の脇を黒くして働く炭焼き人がいる。およそ、人が住み暮らすことがかなわぬような深山幽谷に、人が生活し、仕事をしている。そのことが胸を熱くする。

炭焼きの煙は、山国の冬の風物詩でもあった。里の人々にとって風見の役にもたった。また、炭焼き人の家族にとっては、離れて暮らす肉親の安否と、作業工程を知る手だてでもあった。白濁した煙がもうもうと立っていれば、まだ窯に火入れをして間もない。煙は次第に白が抜けていき、青さを増していく。窯全体に火が回り、焚き口を閉め、煙道を塞《ふさ》ぐのは三日目あたりである。やがて青が抜けて透明になると、縁なき人々には煙は見えないが、家族には凜《りん》とした山の冷気を押し分けて陽炎《かげろう》のように揺れる熱気を見てとれる。

それを見て、里の家族は、

「いまごろ父ちゃんは窯の前で寝ずの番をしていらっしゃるだろう」

「火が回ったころだから、張っていた気がゆるんで大あくびでもしていらっしゃるだろう」

などと噂し合って寂しさを紛らわす。しかし、冬の間だけ炭を焼く人たちは春になれば家族の元に帰ってくるが、専業の炭焼き人は山を転々と移り住んで、滅多に里に下ることはなかった。

〝常民〟とは区別された山の民

かつて、半年近く雪に閉ざされ、生業の道を絶たれた山間の人々は、冬に炭を焼いて生計を立てた。人々の多くは季節労働だったが、炭焼きを専業とする人たちもいた。そうした炭焼き人の多くは定住せず、人跡未踏の深山を移動しながら炭を焼いた。そのため、古く江戸時代には〝山人〟として、いわゆる一般の〝常民〟と区別され、定職を持たない無宿人の「人別帳」にすら記載されることがなかった。日本人の起源ともいえる山の民の歴史が、不当な差別を受けた時代があった。

炭焼き人は、山に分け入ると、そこで簡単な小屋掛けをして住み、窯を作り、周辺の原木を伐採して炭を焼いた。

小屋は筵《むしろ》二、三枚敷いた程度の大きさが普通だった。伐採した木を利用して柱や棟などの骨組みを作る。古くは釘や針金は用いず、丈夫な蔓《つる》などで縛った。壁や屋根は葉の繁った常緑樹の枝や、熊笹を束ねたり、樹皮を剝《は》いで葺《ふ》いた。土間に囲炉裏を設け、回りに一段高い寝床を作る。寝床は藁《わら》を分厚く敷いてあって、冬でもヌクヌクと暖かい。簡素な小屋だったが、手馴れた者は二日もあれば作り上げた。

かつて、専業の炭焼きは、家族ぐるみで山暮らしをすることが多かった。炭材に適した上等な原木を求めて転々と移動しなければならなかった。また、奥地に行くほど安価で原木が買えた。反面、日々の暮らしは不便で、炭の搬出作業も難儀をした。しかし、昔の人たちは身体を酷使することをいとわなかった。山に生きる者の不遇を恨むことはなかった。人々は一日一日を力強く、逞《たくま》しく生きた。

山に暮らす炭焼きの家族は、女も子どもも貴重な労働力だった。女も斧《おの》や鋸《のこ》で木を伐《き》った。子どもは鉈《なた》で枝をはらい、炭材を窯に入れる手伝いをした。焼いた炭は俵に詰め、木馬《きんま》で曳《ひ》いて里へ降ろした。食糧は、ときどき里に降りた帰りに買ってくる以外は、季節の山菜や、罠《わな》で捕った獣肉、沢で捕った魚などを食べた。子どもたちは、学校に上がる年齢になると、三里、四里の、遠い山道を歩いて通わなければならなかったが、長期欠席する子が多かった。後年には里に家を持つ者が増えたが、年寄りや学校に通う子どもが留守を守り、相変わらず夫婦は山に住んで炭を焼いた。

炭焼き窯は、小屋に近い場所に作った。夜中に何度も起きて窯の火を確かめ、ときには寝ずの番をしなければならないため、小屋と窯が近い方が便利だった。また、窯や小屋も、炭材の伐り出しに便利で、窯作りに必要な石や粘土がある場所や、水場に近いことなどの条件を満たしていなければならなかった。

炭焼き窯が品質を左右する

窯を最初に作るときには、上質の粘土を一旦火で焼いてから、砕いて篩《ふるい》にかけ、水で練って使う。また、壊した窯の土を運んで作ることもあった。一度焼いた土は火に強く、丈夫で、乾燥してヒビ割れすることがない。ヒビ割れや、土に混じった根が燃えてできた穴から空気が入ると、炭材はすべて燃えつきて灰になってしまう。炭焼きは窯の土を何よりも大切にした。

炭焼き窯には粘土以外に珪藻土《けいそうど》と呼ばれる土が適している。珪藻土というのは、はねけいそうやつのけいそう、プランクトンなどの藻類や単細胞の膜が珪酸化し、淡水や海水の底に堆積してできた土で、ダイナマイトや磨き粉、脱色剤などにも利用される。珪藻土は粘力が強く、火にも強い。丈夫で、保温力がある。七輪と同じで、内部が高温になっても、外に熱が洩《も》れない。

一般に粘土などで作られた窯は、窯全体の温度に比べて直接炭材が接する地面の湿度が高いために、未炭化のまま残りやすい。そのため、炭材の下に数木《かずき》などと呼ばれる細

「炭焼き窯」山の斜面なども利用して作られる。窯は旦焼よた土や珪藻土で作られる。
火が炭材に移ったら焚き口や煙道を塞いで蒸し焼きにし、窯が冷えるのを待って取り出す。

かい枝を敷き木として入れるが、珪藻土で作られた窯は保温力があって窯全体の温度が一定しており、敷き木を入れる必要がない。焼きむらがなく、均一の炭が焼ける。また、珪藻土は焼き土にする必要がない。生土を細かく砕いて練るだけで窯作りができる。

山の炭焼き窯は、山腹の斜面を切り崩して作ることが多い。形は炭材や土質など、地方によって異なる。円形の窯もあれば、楕円形や、奥が角型になっている窯もある。天井の形も円形や偏平したものなどがある。

まず、山の傾斜地を利用して胴掘りする。斜面の土をシャベルなどで掘り崩し、窯の胴の部分を掘る。形はさまざまだが、普通は焚き口側が細い卵形になる。深さは約一メートル、底は踏み固めて平らにする。目につく木の根などは丹念に切り除く。残すと、燃えてこれが穴になる。熱が洩れたり、外から空気が入る原因になる。胴掘りは二人がかりで一日か二日かかる。

胴掘りが終わると内壁を石組みで囲う。隙間は焼き土を水で練ったものを叩《たた》きつけるようにしながら埋める。表面も焼き土を塗って仕上げる。底面も焼き土で塗り固める場合もある。

窯の一番奥には小窯と呼ばれる煙道を作る。小窯は、石を組んで囲い、下の方にわずかな隙間を開けておく。小窯の上には土管がのせられ煙突にする。

因《ちな》みに、この煙道を〝ダイシアナ〟と呼ぶ地方が多い。煙道は窯の中の炭材に火が移ると、焚き口と一緒に塞いで蒸し焼きにするが、古くはこうした技術を確立していなかった。そのため、火力の調節ができずに炭材を灰にしてしまうことが多かった。昔、ある炭焼き人が、いくら炭を焼いても灰になるばかりで嘆き悲しんでいると、弘法大師が現われ、穴、つまり煙道をつけて火加減を調節することを教えたという伝説に由来するといわれている。

石を組み、内塗りが終わると、窯の中で数時間火を燃やし、胴焼きをして乾燥させる。そのあと、焚き口に石を組む。

胴の部分が出来上がった窯に木を詰める。炭材は三尺三寸。それを縦にして、奥から順に隙間なく窯全体に詰めていく。その上に細かい枝の上《あ》げ木を横に積んでいく。隙間ができないようにたがいちがいに並べ、さらに細かいキリコを詰めていって円形に盛り上げる。ここまでの作業に約一カ月を要した。

最後に天井作りにかかる。天井は窯作りでもっとも重要で、神経を使う作業である。水で練った土を厚く、平均にのせ、板などで叩いて固めていく。途中で窯に火を入れ、中の木を燻《いぶ》しながら何日も土をのせて打ち固める。パンパンと鉄砲でも撃っているような音が幾日も山峡にこだまする。上手に作った窯は何十年と持つが、作り方が悪いと途中で天井が崩れて小屋を焼いたり、山火事の原因になることがある。窯に簡単な合掌の屋根をかけて完成する。

炭焼き人の技量

窯が出来上がると本格的に火が入れられる。これは窯の仕上げと、一回目の炭焼きを兼ねた作業になる。つまり、入れ木は炭になり、窯は高温で焼かれて硬く締まる。

火入れは、最初、焚き口の上部を石と泥で塞ぎ、下から火を燃やす。これを一般に「口《くち》焚き」といい、木の水分を抜くと同時に、窯の温度を高めるためでもある。

窯に火が入ると、焚き口に近い木から上げ木に移り、天井を舐《な》めつくした火は、奥の煙道の所から逆流して手前側に燃えてくる。原木に火がつくまで、楢《なら》や櫟《くぬぎ》、樫《かし》の場合は三日、鍛冶炭として使われる松炭は二日かかる。この間、煙突から出る煙の色で温度を判断しながら、昼夜つきっきりで火を燃やし続ける。

火入れをして一晩は、黄色味を帯びた煙が猛烈な臭気を伴って濛々《もうもう》と立ち上り、やがて白濁した煙は白くなり、さらに青っぽい色に変わっていく。最後に青さが抜け、透明になると窯の中の温度は四百度近くに達する。

窯全体に火が回り、原木に火が移ると、焚き口をわずかな通気孔だけ残して、石を積み、泥を塗って塞いでしまう。さらに煙道も閉じ、空気を遮断して蒸し焼きにする。

蒸し焼きにすること約一週間。自然に窯が冷えるのを待って炭出しをする。焚き口を崩して、中の状態を見るまでの時間が、何十年炭焼きをしても緊張するという。口を開けると、ムッとする熱気が噴き出してくる。たちまち額に汗が噴く。覗き込むと、焚き口付近の木はほとんど灰になっている。上げ木も灰になっている。その灰を被《かぶ》って、窯の奥の方に炭化した原木が林立している。灰にする量を少なく、いかに歩《ぶ》どまりよく炭を焼くかが炭焼き人の技量にかかっている。因みに炭材は焼き上がると三分の一程度は縮む。普通二十貫の原木で約一俵の炭ができる。

備長炭の足跡

こうした一般的な炭焼き法は、俗に〝黒焼き〟と呼ばれ、黒焼きによって焼かれた炭を〝黒炭〟という。これに対して〝白焼き〟という特殊な炭焼き法がある。白焼きは別に〝白ケシ〟とも呼ばれ、これによって焼かれた炭を〝白炭〟という。

白焼きは、黒焼きのように〝蒸し焼き〟にはしない。窯の中の火が最高潮に達し、炭材が赤を通り越して、黄金色に輝く状態（千度以上）のときに、エブリと呼ばれる鉤《かぎ》棒でかき出し、スバイ（灰や炭の粉に水を含ませたもの）をかけて消してしまう。鋼《はがね》の焼き入れと同じで、高温で熱したものを急激に冷やすことで硬度が増す。白焼きで焼かれた炭は、表面が白っぽく、鋸の歯が立たないほど硬い。叩くとキーンと澄んだ金属音がする。

白焼きは、黒焼き以上に熟練を必要とする。火加減の調整、窯出しのタイミングなど勘による判断が要求される。また、かき出した炭にスバイをかけて消火する役は家族が分担して当たることが多く、呼吸がぴったりと合わなければならない。

炭焼き人は、エブリが熱で飴のように曲がるほどの灼熱の中で、真冬でも褌《ふんどし》一丁の裸で燃えさかる炭をかき出し、傍らで妻や子が顔を真っ赤にしてスバイをかける。熱気と濛々たる蒸気の中、怒号と激しい息遣いが飛び交い、さながら火焔《かえん》地獄の修羅場と見紛う状況が繰り広げられる。

燃えさかる炎を見ながら、一度に二、三俵分くらいの炭をかき出して消火していくが、もたもたしていると窯の中の炭が灰になってしまう。一息入れる隙もない。一窯平均約四十俵。火傷《やけど》と脱水症状の中で、過酷な労働が延々と続けられる。男も女もない。老人も子どももない。あるのは〝炭を焼く〟という、生きんがための労働だけだ。誰もがそれを知っている。だから弱音を呑み込んで黙々と働く。

炭を出し終えると、長さを切り揃えて俵詰めする一方で、窯がまだ温かいうちに次の炭材詰めをする。窯が冷えきってしまうと、火付きが悪いと同時に、再び温度を上げるのに時間がかかり、余分の薪が必要になる。

炭焼きは、炭を焼く合間にも山に入って原木を伐り出し、切り揃え、太いものは割り、細いものは束ねて炭材作りをする。俵詰めし、里へ搬出もしなければならない。普通、四十俵窯で約三トンの原木が必要だといわれ、原木の集材から、焼き上がった炭の搬出までの労働を加えて、一月に二、三回焼くのが限度だった。また、二、三年して、周辺の木をあらかた伐りつくしてしまうと、再び小屋をたたんで新しい山に移動しなければならなかった。

一般には黒炭は楢、櫟、松や桜など雑多な木で焼かれるが、白炭の場合は主にウバメガシや樫などの堅木に限定される。この代表的なものが備長炭《びんちょうたん》で、なかでもウバメガシの炭が最高級品となる。

備長炭は紀州（和歌山県）、田辺地方が発祥とされる。炭材にされるウバメガシはブナ科の常緑小高木で、紀伊半島を中心とした比較的温暖な海岸近くの山に自生する。そのため、紀州を中心に独特な炭焼き法が発展してきた。一説によれば、ウバメガシの原生林の北限が伊豆地方、南限が鹿児島だといわれるが、このウバメガシの自生分布は、そのまま紀州の炭焼きが渡り歩いた足跡《そくせき》と重なる。

備長炭は、炭材が限定されるために広い山林が必要で、常に原木を求めて移動生活をしなければならない宿命を負っていると同時に、もともと炭焼きは田畑を持たない農家の二男、三男が多く、身軽に動くことができた背景もあった。江戸時代から明治、大正、昭和初期にかけて、紀州の炭焼きたちは、優良なウバメガシを求めて、またその技術を乞われて、全国各地を転々と渡って歩いた。ある者は隠密のごとく山を駆け回り、ある者はその土地に根を降ろして炭を焼き、技術を伝えた。その足跡は、残された碑や、多くの文献によって知ることができる。

かつて、炭は我々の暮らしと密接に結びついていた。一般に櫟炭は茶の湯に用いられるほか、炬燵《こたつ》や火鉢など暖房用に使われ、楢炭は暖房用のほかに、焼き魚や焼き鳥など一般の燃料として使われる。

また、備長炭はとくに硬炭で火力が強く、温度が一定して長持ちするので、火鉢炭や料理用の高級炭として珍重されてきた。団扇《うちわ》で煽《あお》ぐだけで四百度から千度まで火力が上がり、天然ガスや石油と違ってガス中の水分が少ないので、海苔や煎餅を焼いてもパリッと焼ける。鰻《うなぎ》などの匂いも消す。さらに近年では〝遠赤外線〟が注目され、厚い肉や魚も表面が焦げずに中まで火が通り、グルタミン酸が多くなって、味そのものを引き立てることが分かっている。

また、松や桜、栗を焼いた炭は鍛冶炭として使われた。これらの炭は柔らかく、フイゴのわずかな送風で火力が調整できる。因みに鍛冶炭は一寸角に割って火床に入れる。角形に割った炭は縁から減っていき、球形に形を変化させながら、減った分だけ詰まって空間ができないので、火力にムラがなく、鉄や鋼と密着して温度が均等に伝わるという利点がある。現在では桜や栗の木が減り、アカマツを焼いた松炭が鍛冶炭の主流になっている。

炭という再生燃料

炭は暖房や料理用の燃料以外に、工業用の燃料としても使われてきた。製鉄などの重工業の発達に寄与し、汽船や自動車の燃料にもなった。戦争中には炭は政府によって統制され、一般庶民の手にはなかなか入らなかった時代もあった。

炭が衰退していくのは昭和三十年代前半、いわゆる〝燃料革命〟によって石油に移行していった時代。それまで毎年二百万トン、炭俵に換算すると約一億三百万俵の炭が焼かれたが、逆にいえば、森林の荒廃は炭の衰退と無関係ではない。戦後、林野庁は補助金を出して山を杉や檜《ひのき》などの針葉樹林に変えようとしてきた。炭材に使われる樫や楢などの樹木が減った。環境、風土を無視した植林は自然の生態系をも破壊する。しかも国産の木材の高騰と輸入材のあおりで林業は長い不況に陥り、森林自体の再生能力が低下しているのが現状だ。樹木は上手に利用すれば四、五十年周期で再生可能な資源だ。石炭や石油のように使えばやがて枯渇してしまう化石燃料とは本質的な違いがある。

自然に生かされ、人間が自然の再生に手を貸した、自然と人間の〝共生関係〟が崩壊し、両者の間に修復不可能な深い溝ができた。

第二章

山の猟法

熊狩り

日本には、秋田のマタギをはじめ、狩猟を生業とする猟師が全国各地にいたが、多くは雪に閉ざされる冬期間の副業だった。他地との交流、交易が限られ、しばしば陸の孤島と化したかつての山村では、狩猟は貴重な現金収入の方途であり、狩猟の獲物はまた、そこに暮らす人々にとって最大の食料でもあった。

猟の獲物は、熊、猪、鹿、羚羊《かもしか》、狸《たぬき》、狐、鼬《いたち》、貂《てん》、貉《むじな》、バンドリ（ムササビ）、猿、兎《うさぎ》などの獣や、山鳥、雉子《きじ》、鴨、山鳩などの野鳥も獲《と》った。

狩猟の方法は、鉄砲以外に、飼い馴らした鷹を使って野兎などの小動物を獲る鷹狩りや、鍋敷きに似た藁《わら》で編んだ輪を投げて野兎を獲るわらだ猟、あるいは、つぶし罠《わな》や落とし罠、ハネ罠、トラバサミなど、さまざまな仕掛け罠による猟が行なわれてきた。

狩猟は、山に棲む動物と人間の知恵比べである。また、厳しい自然の中で、互いに生存を賭した戦いでもあった。過酷な自然風土に完全に順応した野生動物の驚嘆すべき習性と行動。そして、それを追う猟師の、熟練から編み出されたあの手この手の知恵と技。

その崇高な対決が累々と繰り広げられてきた。

生存を賭けたマタギと熊の対決

日本の最大の狩猟集団がマタギである。マタギは〝又鬼〟〝又木〟〝級剝《まだはぎ》〟などとも書く。又鬼は、鬼人のごとく険しい山を股にかけて駆け回る、その常人を超えた健脚と行動力からきている。実際に彼らは猟に出ると、人跡未踏の険しい山を一日に三十キロ、四十キロの距離を平気で歩き通すといわれる。また、六十キロまでは一日で日帰りできるという者もある。

マタギの発祥地は秋田県の出羽、奥羽山地一帯。根子《ねっこ》、打当《うっとう》、大阿仁《おおあに》、小阿仁《こあに》、比立《ひたち》内《ない》、八木《やぎ》沢《さわ》、露熊《つゆくま》、上戸《かみと》沢《ざわ》、生保内《おぼない》などの集落が古くからマタギの里として知られている。いずれも山深い里で、農地の面積は狭いうえ、雪が深く、気象条件が悪いため、狩猟に依存するところが大きかった。また、人間にとって厳しい自然環境は、山の動物には棲息しやすい場所でもあり、狩猟の獲物に恵まれていた。

マタギには里に定住して猟をする者と、他地まで足をのばして猟をする旅マタギとがあった。旅マタギは、秋の収穫が終わると旅に出た。単独で山越えをしながら猟をし、獲物は途中の村で売り、目的地に着くとそこにとどまって猟をした。大抵は世話になる家や宿が決まっていた。帰りはまた猟をし、獲物を売りさばきながら戻ってくる。冬の間、家をあけて他地で猟をし、出先から家に送金してくる者もあったが、そのまま土地に居付く者や、人知れず山で事故にでも遭ったのか、音信不通になる者もあった。

マタギの集落は秋田以外に各地に広がっている。青森県白神山地の大然《おおしかり》、砂子瀬、岩手県の奥羽、早池峰《はやちね》山麓の沢内、川井、宮城県蔵王山麓の七ヶ宿、福島県の越後山脈、尾瀬北麓の田子倉《たごくら》、檜枝岐《ひのえまた》、新潟県の朝日連峰、三国山地、苗場山麓の三面、湯之谷、秋山郷、そして山形県では朝日連峰、飯豊《いいで》連峰の金目《かなめ》、長者原《ちょうじゃはら》などが知られているが、それはいずれも秋田の旅マタギの足跡でもある。

鈴木牧之の『秋山紀行』にも秋田マタギについての記述があるが、秋山郷では文政年間にこの地に入った秋田マタギによって猟師組が作られ、盛んに熊狩りが行なわれたようだ。因《ちな》みに秋田から秋山郷までは、山の峰伝いに歩いて、およそ百二十里あるといわれる。一日に三十キロを歩き続けても半月以上はかかる。並はずれた健脚と、孤独と恐怖に耐える胆力は驚嘆に価する。彼らは山に入れば、人間を超越した、文字通りの〝又鬼〟だった。

マタギは現在、阿仁町全体で約百人あまりに減り、かつて一番多かった根子部落では二、三人を数えるばかりになった。

日本の山に棲息する最大の野生動物は熊である。北海道では羆《ひぐま》、本州から四国、九州には月の輪熊がいる。羆は最大で三百キロ、月の輪熊は二百キロ近い大物が稀《まれ》にいる。

「マタギの狩り装束」
「サンカク」麻布や木綿布を三角に折る。
「鉄砲」
筒袖の麻の刺子にマエカケ(胸当て)
背当て(犬か羚羊の毛皮)
背負い袋(シナ皮)
羚羊の毛皮の手袋「テックリケヤシ」
「雪袴《ゆきばかま》」(木綿)
「ハバキ」
羚羊の毛皮の靴

熊は、大量の食肉を約束してくれるだけでなく、毛皮は防寒や敷物などに利用され、貴重な熊の胆《い》は万病に効く薬として古くから珍重されてきた。内臓も、脳ミソも、血も食べる。熊は、バラしてウンコ以外に捨てるところがない。熊は無駄なく人間の役に立つ、自然の神からの恵み物だった。

熊猟は、晩秋から冬、そして春先にかけて行なわれる。

熊は普通、山に降った雪が根雪になり、吹雪が足跡を隠すころに寝穴に入って冬眠する。早い熊は十一月にもなれば穴に入る。岩穴や木の洞《うろ》などで冬眠している熊を獲る猟を「穴熊狩り」といい、冬眠から覚めて寝穴から出た熊を獲る猟を「出熊狩り」という。出熊狩りは、一般に三月の春土用あたりから、山の雪が消える五月頃まで行なわれ、熊猟の最盛期に当たり、熊撃ちの猟師たちが残雪の山を駆け回る。

冬眠前のいわゆる秋熊も猟にかけることはあるが、数は獲れない。木が多く、柴木や笹などの下草が繁っていて、熊を発見するのが容易ではなく、仮に見つけても木の枝や下草が邪魔をして、鉄砲を撃てないことが多い。そのため、秋熊を狙うときには、鉄砲よりオトシ、あるいはヒラオトシと呼ばれる罠で獲った。

オトシで秋熊を狙う

オトシは、熊の通り道に仕掛けるもので、天井の棚板に重い岩や石をのせておく。熊が下を通ると仕掛けがはずれて、天井が落ちて圧《お》し潰《つぶ》す。マタギが扱うヒラオトシは、楢《なら》などの丸太を伐《き》り出してきて筏《いかだ》のように組む。これを二つ作り、重ねて一方を蔓《つる》などで縛る。もう一方に鉤木《かぎき》で支えをつけ、ちょうど本を半分に開いたような形になる。上に重石《おもし》を積み上げておく。熊が下の木を踏むと鉤木がはずれ、本が閉じるように潰れて熊が挟まって圧死する。オトシを切る（仕掛ける）場所や、罠の作り方などに熟練を必要とし、作るのに人手と労力がかかる。

因みに、オトシは山の尾根の狭い所を狙って仕掛ける。尾根の越え口や山中の岩場の、せり出した大岩の下でなければ通れないような場所や、山と山の下り尾根が出合う山の鞍部。この鞍部を南会津檜枝岐ではウダ、越後ではオダなどと呼ぶ。秋田マタギはオドといい、罠をかける場所をヒラ場という。

狸や鼬、兎などの小動物用のオトシは、小型で簡単に作れるが、大きい熊用ともなると、長さ八尺から九尺、幅六尺余、高さは三尺近くもある。材料も太くて丈夫な孟宗竹や丸太。太い木は割って組み、上にのせる重石は百貫から二百貫は必要になる。天井が低すぎたり、重石が足りないと、力の強い熊は背中に背負って逃げてしまう。また、オトシにかかった熊は必死に四肢をふんばり、何日も押し潰されている熊もある。この悲痛な咆哮《ほうこう》は人々の胸に沁みるという。

オトシには、フケどき（発情期）の雄熊がかかることが多い。普段は警戒心の強い熊も、雄は発情期になると、頭を下げて雌の匂いを嗅《か》ぎながら探し回るので、うっかり罠にかかる場合がある。

熊の発情期は冬眠前の秋の十月頃。雌は冬眠中、寝穴で出産する。山国の人たちは、俗に〝熊は秋の土用にさかって冬の土用に産む〟と言い伝えた。発情期の熊は雌を中心に雄が群がっていて、ときに雄同士の壮絶な闘いが見られる。

交尾をして、寝穴で出産する雌は年によって餌が少なくて仔《こ》を産んでも育てられないことを本能的に判断すると自分の意志で流産することがあるという。

また、仔熊を連れた親熊が穴にいるときに人間に襲われると仔熊を噛み殺して逃げることもあるという。

熊は過酷な自然環境の中で生存を維持するためには必死で、そこには壮絶な命のドラマが繰り広げられている。またかつては山間辺地で暮らす人間たちの暮らしも厳しかった。そこではやむを得ず敵対する者同士の心の交流がある。

秋の熊は冬眠にそなえて食い溜めをするので、丸々と肥えている。熊の好物は橅《ぶな》や楢《なら》の実。ほかに栗、栃《とち》の実、コクワやマタタビ、ブドウの実、サンショウ、ナナカマドの実、春先ならウドやコブシ、ギボシ、ミズバショウや蕗《ふき》などの植物から、蛇、蜂、蟻の巣、沢ガニ、ガマガエルや兎、狸などの動物の死骸まで何でも食べる。

とくに橅の実が好きで、木を折って採ったり、大きい木に登って、殻ごと食べる。熊

「熊」
日本の山に棲息する最大の野生動物。
羆は最大で三百キロ、月の輪熊は二百キロの大物がいる。
→
熊は肉だけでなく
毛皮、熊の胆
など、無駄なく
利用されて
きた。↙

は木に登ると太い枝に座って実の付いた枝を折って食べると尻の下に敷いていくので、宿り木のような熊棚ができる。橅の実は脂があっておいしい上、栄養価が高い。橅の実を大量に食った熊は肥って、肉にも脂肪分が多く、食肉にしても美味だが、胆《たん》のうにも脂が回ってしまう。脂が混じった胆のうは、干してもなかなか固く干し上がらず、融けやすくなる。

熊の胆の薬効

俗に熊の胆《い》と呼ばれる胆のうは、食べたものを消化する消化液が入っている。だから、食欲旺盛な時期には分泌が活発で、胆のうの中身がなく、小さい。逆に、冬眠中、何も食べないで穴の中で寝ている熊の胆は、中身がつまって大きい。

昔から熊の胆は、胃痛や胃痙攣《けいれん》、疲労、風邪など万病の薬として珍重されてきたが、高価で手に入りにくかった。〝熊の胆一匁《もんめ》は金一匁〟といった。肉や毛皮より高い。熊一頭獲っても、胆の大きさによって価値が大きく違ってくる。猟師が秋熊を熱心に追わない理由の一つがそこにもある。

因みに、一番いい胆は、楢の実をたくさん食べて冬眠した春の出熊の胆、色が真っ黒で、干し上げると固く、切り口が色艶よく黒光りしている。とくに苦味が強い。橅を食べた胆が二番目、コクワやブドウ、サツマイモなどを食べた熊の胆は甘味があって薬効が薄いといわれる。

熟練した猟師なら、熊の胆作りは自分でする。山で熊を仕留めると、その場で腹を裂き、胆のうを抜いてしまう。放っておくと胆汁が内臓に流れてしまう。胆のうは肝臓につながっている。その管の部分をしばって中身が漏《も》れないようにしてからナイフで切り離す。

大切に持ち帰った胆を胆干しする。破らないように和紙に包み、竹の簀《す》や板などに挟んで四隅を縛り、あるいは重石をかける。それを囲炉裏の火や、炬燵《こたつ》の中で乾燥させる。縮んだら締め直し、重石を変えて、圧力を加えながら干す。

出来上がるまでに約二十日かかる。熊の胆は干し上がると三分の一から四分の一くらいに縮む。生で三十匁あったものが八匁程度になる。熊の胆のうは、普通二十貫前後の熊で十五匁くらい。大型の三十貫以上の熊で二十五匁くらいといわれるが、まれに胆のうの大きな熊がおり、干し上がって十七、八匁、ときに二十匁になることもあるという。現在の値で熊の胆は一匁で五万円くらい。二十匁になれば百万円にもなる。

秋田マタギの流れを汲む新潟県下田《しただ》村の猟師は、かつては熊狩りに参加した男たちが持ち回りで胆のうを乾燥した。解体してとった熊の胆を直径三十センチくらいの竹籠《たけかご》の中に入れて、炭火で一週間ほど炙《あぶ》る。小さな穴がポツポツ開いてきたところで胆汁が全体に均等に行き渡るように二枚の板で挟み、さらに一週間ほど昼も夜も炙り続ける。これを仲間が交代であたる。昭和五年の資料によれば、解体したばかりの生の胆の重さが四十匁（百五十グラム）で乾燥後は九匁五分になり、大きさは四分の一ほどになった。出来上がった熊の胆は猟に参加した者の頭数で平等に分ける。専用の小さな天秤ばかりで計って均等に切り分ける。それでも計り直すと多少の誤差が出る。そのときは分配が多かった者が少なかった者にその差額を金で支払った。それを「出し」、「取り」といった。

分配はあくまでも平等に行なわれ親方も駆け出しも、熊を仕留めた者や勢子《せこ》も関係なく分け合った。山間の小さな集落における人間関係や、猟における仲間意識や結束を強めるという意味もあった。

山にドカ雪が降るころになると、里の猟師たちが色めきたち始める。本格的な熊狩りのシーズンは、熊が冬眠から覚めて寝穴から這い出る春熊狩りだが、それを待てない猟師たちは、冬眠中の熊を狙って〝穴熊狩り〟をかける。

穴熊狩りは、新潟の下田村では「穴見山」と呼んでいる。熊狩りはあくまで春の出熊狩りが主体で、出熊狩りが村全体に開放された猟なのに対して、冬眠中の穴熊狩り、穴見山は熊が冬ごもりをする寝穴を熟知していなければならず、集落の貴重な財産として決して口外しなかった。熊穴は山の地形を知りつくした猟師の頭の中に入っていて、地図には書きとめられない。その熊穴には「タテヒビ」「イブシコミ」「新七穴」「由蔵穴」

など、地名や穴の形状、見つけた人の名前などが付けられている。

穴見山ではこれらの穴をひとつひとつ見て回りながら泊り山で猟をした。一回の穴見山で三日から十日間かかった。

雪がまだ締まっていない初冬の山歩きは強靭な体力を必要とする。腰丈もある深い雪の中を漕ぐようにして歩く。常人ではとてもついていけない。ついていくだけで疲労困憊し、大汗をかく。休むと、その汗が冷えて猛烈な寒さにこごえる。

猟師の服装

現在の猟師は、ほとんど防寒用の長靴に、羽毛入りの、軽くて保温性に優れた服装をしているが、昭和二、三十年頃までの山の猟師は、もっと簡素な装備で山に入った。薄い綿入れの袷《あわせ》に、木綿の雪袴《ゆきばかま》（モンペ）、その下はシャツ一枚に股引《ももひ》きだけ。足回りは、素足に木綿の甲掛け。甲掛けは足の爪先から甲を保護するもので、端切れ布を合わせ、刺子がほどこされ、丈夫に作ってあった。甲掛けの足に短い藁沓《わらぐつ》を履き、雪山を歩く際にはその上に犬や羚羊《かもしか》の毛皮で作った靴を履いた。脛《すね》には帆布製のハバキをつける。羚羊の毛皮は防寒、防水に強く、靴のほかに帽子や背当て、手袋などにも利用された。また、藁沓は、水に濡《ぬ》らさなければ保温性が高く、柔らかくて歩きやすい。足がきいて、滑りにくい利点もある。

伝統的なマタギの服装は、素肌に木綿か麻の肌着をつけ、その上に筒袖の麻の刺子を着る。それにマエカケと呼ぶ麻の胸当てをつける。下は素肌の上に直《じか》に山袴をはく。手に手甲、脛にハバキをつけて保護し、頭には三角形に二つ折りした麻布を被《かぶ》る。俗に「サンカク」と呼ばれ、頬被りすると顔を寒風から保護し、首筋から雪が入るのを防ぐ。使いこんだ麻布は柔らかくて、耳元でガサガサ音がせず、耳がきく。雪山に猟に出ると、自然のちょっとした音の変化で危険を予知したり、獲物の気配を察知する。耳は大きな武器でもある。雪や防寒にはアマブタと呼ばれるマタギ笠を被り、背に犬や羚羊の毛皮を背負った。羚羊の毛皮で作った手袋をテックリケヤシといい、足袋をヌックルミとかケラソッカといった。

荷はリュックや、シナ皮で編んだ背負い袋に入れて背負った。中身はちょっとした着替えや弁当。泊り山で、数日山で寝泊りしながら猟をするときには飯盒《はんごう》や米、軽い干し菜や凍《し》み大根、調味料に味噌、塩などを入れていった。非常食として干し餅や豆を持っていくこともある。

雪の深い山や、凍って滑りやすい岩場に備えて、カンジキや鉄製のカネカンジキを持っていくこともある。鉄砲は背中に回し、手に、コネリ、あるいはコナギャー（コースキ）と呼ばれる木のシャベルを持ち、深い雪の中を舟でも漕ぐようにして山を歩く。全身を毛皮で包んだ猟師の一行が雪原を進む姿は、まるで尾根を縦走する羚羊の群れのよ

「サッテ」
スコップ代りに使うほか、
雪の斜面を登るときに、
突き刺して手がかりにする。
「コナギャー」(コースキ)
雪の急斜面を、ブレーキをかけて
滑り降りる。銃の台座にも使う。

うだった。

コナギャーは歩くときに雪をかいたり、寝穴を掘るときに使う。急斜面を登るときには雪に突き刺して杭《くい》のように使ったり、急坂を滑り降りるときに身体の横に構えて、ブレーキ代わりにして滑走したりする。またコナギャーの柄の先に切り込みがしてあって銃を撃つときに支えにする。

雪原には兎や狐などの、山の獣たちの足跡が点々とついている。ときには、まだ冬眠していない熊の足跡を発見することもある。雪が深いと、丸太でも曳いたような跡がつく。

山の木の実などが不作で、長い冬眠に備えて食い溜めができないでいる熊や、逆に好物の橅《ぶな》の実の当たり年に、食べたくてしかたがない熊がウロウロしている場合もある。そんなときは、足跡のほかに、雪の下に埋まっている実を掘り起こした跡があったりする。

冬の穴熊狩り

熊は、大木にできた洞や岩穴、土穴などに入って冬眠する。大きい穴は寒いので嫌う。穴口が小さく、中が狭い方が暖かい。熊は体が大きいが、穴に頭が入れば器用に中に潜り込む。一番好きなのが、幹の高いところに穴があり、中が洞になっている木だが、斜面に生えた木のミオモテ側(山側)にある穴は雪が吹き込むので入らない。アテ側(谷側)の穴を選んで入る。窮屈な穴は鋭い爪や歯で壁をはがして広げ、湿《し》けるような場所なら、木の枝などを折ってきて下に敷き、快適な寝穴を作り上げる。

寝穴に潜った熊は完全な睡眠状態にあるわけではない。トロトロと微睡《まどろ》むような状態。こうして、もっとも寒さが厳しく、食糧が乏しい季節をやり過ごそうとする。

やがて山は幾たびか吹雪き、大雪が降り積もる。全山、白銀に埋まり、寝穴の口を塞ぎ隠す。熊に雪解けまでの安眠を約束する。だが、知恵ある〝外敵〟が、雪の中を泳ぐようにして、秘《ひそ》かに迫っていることを熊は知らない。

熊撃ちの猟師は、熟練の推理で熊の寝穴を探し当てる。わずかな手がかりも見逃さない。丹念に立木の幹を見て回る。鋭い刃物で抉《えぐ》ったような疵痕《きずあと》が見つかる。熊の爪跡と歯跡だ。熊はきまって、寝穴に入る直前に近くの木の幹に歯や爪をたてて深い疵を残す習性がある。また、春に穴から出る際にもかじり疵をつけるといわれ、マタギの間では入るときのものを「入りカガリ」、出るときのものを「出カガリ」と呼んでいる。なぜそうするのかは、はっきりとは分からない。おそらく、ほかの熊に対する存在の誇示、一種の縄張り意識の表われではないかと考えられる。熊が穴に入るときは、穴に向かって進みながら疵をつけていく習性があるといわれ、熟練したマタギはそれを手がかりに寝穴を探し出す。熊にとって、生存のために身に備わった習性が、逆に命取りになる。

また、雪で埋まった寝穴の穴口にも、熊の所在を知らせるかすかな証拠が残されている。穴口に厚く積もった雪に小さな穴があいている。穴の中の熊が呼吸するための穴である。洞の熱と、熊が吐き出す呼吸《いき》の温度が、そこだけ雪を融かす。しかも、その見過ごしてしまいそうな小さな雪穴のまわりが、呼吸と一緒に吐き出される木屑や土埃《つちぼこり》などが付着して汚れている。熊が棲みついている動かぬ証拠である。

猟師たちは、無言のうちに狂喜乱舞する。そして、すぐに表情が緊張に変わる。銃をおろし、音をさせないようにして近づく。雪の上の呼吸孔に顔を寄せると、かすかに風が動いている。獣特有の匂いと口臭がする。鼾《いびき》が聞こえるときもあるが、敏感な熊は、すでに異変に気付いている。

木の洞や岩穴などに入っている熊は、たくみに外へ誘い出して仕留める。穴の中で鉄砲を撃つと、狙いをはずす可能性がある。手負いの熊は狂暴で危険である。また、仮に仕留められても、穴の中から熊を引き出すのが容易ではない。

高い木の穴口から入ったところを、一人が幹をガンガン叩き、熊が驚いて出てくるところを撃つ。探り穴をあけ、そこから棒を入れて突いたりして追い出すこともある。熊が穴から出てくるときの勢いはものすごいもので、事前に穴に岐《また》のついた枝などを差し込み、熊が木をはらいながら出てこようとするときに鉄砲を撃つ。肩が出たあたりで撃てば、熊は外へ転がり落ちる。

また、岩穴の場合は、棒で突いたり、焚き火の煙で燻《いぶ》し出したり、雁皮《がんぴ》や松脂《まつやに》の松明《たいまつ》を投げ入れておびき出すこともあるが、熟練した猟師は細心の注意をはらって事を運ぶ。

あらかじめ岐のついた木の枝を何本も切っておく。それを静かに穴の中に入れていく。熊は手前に引き込むだけで、外へ押しやることを知らない。引き入れた枝は、次々に自分の尻の方に回す。穴はだんだん浅くなり、熊は穴口の方に押し出される。穴口にも岐の木を差し入れ、その間から出ようとする熊を撃つ。

剛胆な猟師は、自分が穴に潜り込むことがあったといわれる。熊をおどかさないように静かに穴に入ると、熊は邪魔者の人間を引き寄せ、後ろへ回す。背中に回った人間は、今度は後ろから熊を前に押し出す。狭い穴の中は、熊も人間も身動きする余裕がない。熊の後ろに回れば、熊を穴口に押し出すことができるが、よほど度胸が据わった者でなければできない芸当だった。

越後の穴見山では、熊穴を見つけると橅などの堅い木を切って枝を上にして穴の中に差し込む。木は持ったままで二番手、三番手が木を差し込んでいく。木が穴いっぱいになり、熊が木を引っ張ってどうにもならなくなり、出るに出られなくなったところで仕留める。木の隙間から銃を撃ったり、穴にヒビ割れなどの隙間がない場合は煙で窒息死させる「いぶし込み」で仕留めたりした。穴が暗くて銃で狙いにくいときには、穴の脇に「すかし」の小さな穴をあけて撃つこともあった。

春の出熊狩り

春三月、山にはまだ雪が三尺も残っていても、山の動物たちは敏感に季節の移り変わりを感じ取る。木々は寒空に震えながら芽をふくらませ、雪の下では蕗《ふき》のとうやウド、ギボシが萌え出している。空腹に耐えながら長い冬眠を過ごしてきた熊は、嗅ぐに嗅げない新芽の匂いに誘われて寝穴から這い出してくる。春先はまだ食べ物が少なく、熊の胃を充分に満たすには足りないが、雪を掘って春草の新芽をむしり、秋に落ちて雪の下に敷くほどに埋まっている橅《ぶな》や楢《なら》の実を食べる。

また、雪崩《なだれ》などでやられた兎や羚羊、狸などの獣の死骸を毛皮ごと食べる。熊は冬眠明けに、必ず冬の間ためていた糞を全部出し、腹の中をきれいにしてから行動しはじめる習性がある。これを〝尻抜き〟という。尻抜きには、獣の毛を食べないと腹の中がきれいにならないといわれる。

春土用(彼岸中日)を過ぎる頃、寝穴から這い出た熊は三、四日の間、南斜面の陽溜まりに出て毛干《けぼ》しをし、餌をあさって体調を整えながら本格的な活動に入る。里の猟師たちもまた、これを待って出熊狩りに入る。

出熊狩りは普通、組織された集団で行なわれる。なかには集団に属さず、単独で猟をする者があり、ヒトリッコロバシと呼ばれた。しかし、残雪の山中を単独で徘徊し、熊を発見して仕留めることは並大抵の作業ではなく、効率が悪かった。また、仮に仕留めても百キロを超える熊を麓に運び出すのに容易ではなく、一旦、里に降りて人の手に頼むことになった。ヒトリッコロバシは一匹狼的な性格が強く、熟練した猟師でなければ務まらなかった。

集団で行なう猟を巻き狩りという。少人数でやる猟を「とも猟」、十人から二十人の大がかりの猟を「たつま猟」という地方もある。また、東北マタギの世界では、巻き狩りの方法を細かく分類し、地形やそのときの状況に即して使い分けた。熊の姿やトアト（足跡）を確認してから行なう巻き狩りを「デマキ」あるいは「ミヤマ」といい、確認をせず、おおよその見当をつけて行なう猟を「クロマキ」という。昔は、ムカイマッテという見張り役をおいて、常に熊の位置を確認して猟を行なったが、マタギが少なくなるにつれて「クロマキ」が多くなった。

「デマキ」の方法も場所によって異なる方法がとられる。射手が山の中腹あたりに潜んで待ち、熊を横に走らせる方法を「ヨコマキ」、熊を山頂から下に向かって追い込んでいくやり方を、「オロシマキ」、逆に下から上へ追い上げていくやり方を「ノボリマキ」と呼んでいる。

役割分担の徹底した組織

組織は、シカリ(親方)を頭にブチッパ、あるいはブッパ(射手)、セコ(勢子。獲物を追い込む役)で構成され、どんな大がかりの猟でも、シカリの指図で全員が縦横無尽に動く。

シカリは猟の経験が豊富で、技術や人格にも秀《すぐ》れ、仲間内の信望が厚い人間でなければ務まらない。ブッパは鉄砲の腕がいい人間が選ばれ、一のブッパ、二のブッパと呼ばれ、指示された位置について待つ。勢子は、熊をブッパの方向に追い込んでいく役で、コマタギと呼ばれる若い猟師が当たるが、勢子の追い方が悪いと獲物を仕留めることができないので、勢子頭《がしら》には経験の深い老練な猟師がつく。コマタギは勢子として参加しながら山や獣の習性を覚え、やがてブッパに成長していく。

越後の下田村のマタギは、秋田マタギの「シカリ」や「ブッパ」という呼び方はせず、親方を「下司」、銃の撃ち方を「本待ち」といった。ここでは武士が教えたという「鶴翼の陣」という猟法が伝わっていて、親方である下司が全員の配置を指示して熊がいる山の向かいの斜面に立つ。熊がいる山の斜面の上の方に銃を構えた本待ちが立ち、勢子は本待ちを基点にして、「ハ」の字形になるように配置につく。この陣形が鶴が翼を広げた形に似ていることから「鶴翼の陣」という名がついた。普通は十数人規模で行なうが人数が少ないときは「ハ」の字を小さくする。下司を除き、三人いれば「鶴翼の陣」が取れる。下司の指示で勢子が熊を本待ちの方に追い込んでいって仕留める。こうした鶴翼の陣は、秋田マタギの巻き狩りとほとんど同じで、戦場における武士の陣形と山の猟師の共通性が興味深い。

山中での生活

この仲間に入るには厳しい掟があり、親方に対する徹底的な服従が要求される。性格も吟味され、わがままで反抗心の強い人間は入らせない。山に対する信仰が厚い地方では、猟の前に必ず山の神に豊猟を祈願し、山に入ると里言葉を禁じて独得の山言葉を使う。猟の前や最中に口笛を吹いたり、歌を唄ったりすると猟が授からないといって嫌い、猿や夢の話もしてはならないといった。また、血や死の穢《けが》れを忌み、出産や葬式などがあれば山に入ることを避けた。妻の月経、あるいはめでたい祝言なども猟にさしさわりがあるといって休んだ。家の者が、鉄砲や荷物を跨《また》いだり、ご飯に汁をかけて食べることも禁物とされた。山では無駄口を慎み、酒やバクチを禁じる地方もあった。

熊ブチは〝日帰り山〟と〝泊り山〟があった。日帰り山は文字通り一日の猟で、早朝に山に入って、日暮れどきには麓に降りてくる。装備も軽装で、メンパに飯を詰めて弁当にし、予備に餅などを持っていく。

泊り山の場合は、数日から十数日と長期に及ぶことがあり、装備や食料もそれに応じて支度をした。因みに食料は、米に味噌、塩、ほかに干し菜や凍豆腐、凍み餅などの軽い副食品を持っていき、飯盒や鉄鍋で料理をした。

山では朝に飯を炊いて食べ、残りをメンパなどに詰めて昼食用に持っていく。昼食は一度に食べず、不測の事態にそなえて半分は残しておく。山歩きの途中で腹が減ると凍み餅などを食べた。凍み餅は雪に晒《さら》してあり、スカスカの煎餅《せんべい》のように軽い。持ち運びは楽で、歩きながらそのままサクサクと食え、腹持ちがいい。また、熊ブチでは途中でほかの動物を獲って食べることはしない。むやみに発砲すれば肝心の熊を逃がしてしまうし、実際にほかの動物にかまけているゆとりはなかった。熊はとくに神聖な動物で、山を血で穢すことを戒める意味もある。

泊り山の場合は、何カ所か狩小屋を設けておくこともあるが、小屋がなければ大木の根元や岩の窪《くぼ》みなどを利用して野宿をする。斜面の大きく根曲がりした木の下側は雪が少なく地面が出て、穴のようになっていて、身体を縮めて潜りこむと風雪が避けられる。岩は、中が洞穴のようになっていたり、上が庇《ひさし》のように突き出ている所を選ぶ。それを岩小屋といった。

岩小屋は、針葉樹の枝や笹を利用して、風や雪が吹き込まないように入口を塞ぎ、床には落ち葉を敷く。その上に筵《むしろ》を敷くこともあるが、なければそのまま寝る。真ん中に

雪山で野宿をする
ときは、斜面の太い木
の根元に身体を寄
せる。見通しがよく、
雪崩の危険が
少ない。

焚き火を燃やし、火の方に足をのばして囲むように車座に寝る。岩小屋の中はシンシンと底冷えがして寒い。焚き火は一晩中燃やし続けるが、それでも歯の根が合わないほどこごえる。だが我慢するのは一夜目だけで、二夜目からは岩が熱を吸収し、火を焚くと照り返しの熱でポカポカと暖かい。上衣を脱いでも寒くない。

雪や風を防げる岩穴がない場合は、比較的風がこない森の中で寝場所を定める。雪がたくさん積もっている場所では、槙《まき》などの針葉樹の枝を厚く敷いたり、丸太を筏のように並べた上に枝を敷いたりする。また、風防けに背中側に枝を立てることもある。下に敷く枝は一度、火に焙《あぶ》っておくと長い時間暖かい。

焚き火の技術

雪の中での露営には焚き火が欠かせない。あらかじめ生木を集めておいて、どんどん燃やす。生木は燃え出すと火力が強く、あとでオキが大量にできて、いつまでも暖かい。露営に馴れた猟師たちは、雪の中でもたやすく火を燃やす。山の中では焚き火法は最低限、身につけておかなければならない技術のひとつで、それによって寒さから身を守る以外に、雪を水に変え、煮炊きをすることができる。獲物の肉を干すのにも使う。

山で焚き火をするときは、二本の太い丸太を左右に置き、その間に火種を入れて燃やす。雪の上で焚き火をするときは、丸太を並べて敷き、その上で火を燃やした。猟師は火種用のホクチとしてダケカンバの樹皮を持ち歩くが、ほかに杉やシナ、ニレなどの樹皮、枯れたヤマブドウの蔓、松の枝、松ボックリ、松脂などを利用する。また枯れ枝を鉈《なた》で薄く削って代用する。多少濡れていても、マッチ一本、火打ち石でも火がつく。昔は、付木《つけぎ》を自分で作ることもした。付木は硫黄を空きカンの中で燃やして溶かし、そこへ薄く削った木片を入れ、乾かして作る。

焚き火は生木でも燃えるものを探してくる。秋田マタギはソネヌキ、ハナヌキ、ハビロラン、トリノキがいいといい、檜や杉、松などもよく燃える。秋田マタギは雪の中で焚き火するとき、杉などの立ち木についたまま枯れた、手で折れる枝を集めてきて、大きく二束に分けたものを葉が繁った方を重ねるようにして置き、真ん中から火をつける。脂を含んで密集した葉はバチバチと燃え上がり、太い枝に燃え移って大きな炎になる。真ん中が燃えてきたら、木を左右から送っていく。葉がついた細い枝が焚き付けになり、太い枝が薪になる。薪に火が移れば本格的な焚き火になる。

また、雨の中などで素早く焚き火をするときは、枯れ枝の細い枝先だけを折って集め、横に出た枝は折り除いて、一定方向に束ねる。スカスカで隙間があると火力が上がらず、火が広がっていかないので、きっちり束ねて地面に置く。ホクチは杉などの乾いた木を鉈で薄く削る、表面が雨で濡れていてもかまわない。薄く削ったものを束ね、下から火をつけたら、束ねておいた小枝の下に入れて火を移す。

火がついて炎が上がってきたら、徐々に太い薪を入れていく。最後に脂の強い生木を入れると、長く燃える。雪の上だと、雪が溶けて沈み、大きな穴ができていく。猟師は焚き火の火で一晩過ごし、猟に出て帰ってくると、まだ火種が残っていて、それを元に新たに火を燃やす。

熊を追う

猟師の集団は、こうして山で寝起きしながら、何日も熊を追っていく。熊を見つけるのに糞や足跡が手がかりになる。糞が新しければ熊がさほど遠くない。また、とくに冬眠前であれば、糞を下からほじって観察すると、食べた餌の種類や順序が分かる。山に生えている木の実の種類や地形がすっかり頭に入っている年季が入った猟師には、それで熊の行動や通り道の見切りができる。

熊の足跡は、前足は踵《かかと》がなく、足裏の腹の部分と五本の指、その先に鋭い爪跡があり、後足には踵がある。沢登りをしているときに、ときどき岩を掻《か》いた鋭い熊の爪跡に遭遇したり、柔らかい地面に新しい足跡を発見して緊張することがあるが、深い雪の中では、丸太を曳いたような跡でそれと分かる。

その深い穴の底をよく観察すると、確かに熊の足跡が残っている。

熊の足跡は前足と後足では形が違うといったが、実際には後足の足跡しか地面に残らない。熊は人間と同じように、互い違いに足を運びながら内股気味に歩くが、前足の跡を後足で踏んで歩くので、後足の足跡だけがつくことになる。

また、足跡を追っていくと、途中で忽然と痕跡が消えて面喰らうことがある。あの巨大な熊が、深い山中で突然、煙のごとく姿を消す。熊の生態に無知な人間や、経験の浅い猟師は、狐につままれたような驚愕と恐怖感を覚えるが、これは〝熊の後《あと》うっちゃり〟とか〝後隠し〟などと呼ばれる動作で、追っ手を逃れるための、熊の頭脳的な手段《テクニック》でもある。文字通り、途中から足跡を逆にたどって後戻りをし、木の根元や、柴のある所で、たくみに方向を変える。後隠しをやる動物は熊のほかに兎がいる。

だが、熟練した猟師なら、熊の習性や周辺の地形を読んで判断を下す。熊の居場所の見当をつけるわけだが、ほとんど狂わない。

熊はタルミと呼ばれる山の鞍部《あんぶ》を通り道にしている場合が多い。鞍部というのは、谷や沢とは異なる、山と山の下り尾根が接するV字形の峡谷のことで、熊は鞍部の繁みに身を隠すようにして行動する。

熊をタツ場に追いつめる勢子《せこ》

熊の居場所の見切りをすると、親方は配下の者を招集し、タツ場に立つ人間と勢子《せこ》役に回る人間を指名して配置につかせる。タツ場は、熊を待ち構えて鉄砲を撃つ場所で、地方によってマチメ、またはヤバともいう。タツ場に立つ人間は仲間内でも、とくに経験が深く、射撃の上手な者が選ばれる。

勢子は、熊をタツ場に追い出す役で、熊を遠巻きに囲うようにして配置につき、徐々にせばめながら射手が待ち伏せるタツ場に追い上げていく。

親方は、タツ場や勢子、熊の動き全体が見渡せる場所に立ち、状況を見ながら細かい指示を与える。現在はトランシーバーを通じて指示が伝えられるが、以前は竹笛や空薬《からやっ》莢《きょう》を使い、吹き方で右、左、中央それぞれの勢子の動きを操った。

タツ場は周囲の藪を刈って足場をよくし、銃を狙いやすいように矢道の枝をはらい、立木を背にして柴の陰に身を隠して待機する。勢子は指示通りに配置につく。すべての準備が整ったところで親方が「勢子なれ！　なれ！」と合図を出す。勢子が整然と行動を開始する。勢子は「ソーレァ！　ソーレァ！」と大声を張り上げたり、空砲を撃ったりしながら山を登る。

ときならぬ喚声と銃声が山峡に響き渡る。山に潜んでいる動物や鳥が一斉に騒ぎ出す。藪の一カ所がザワザワと波立ち、その間から大きな黒い塊が動くのが見える。熊は山の斜面を駆け登って逃れようとする。親方の指示で勢子の一人が上手に回る。熊は、雪庇《せっぴ》を崩しながら反対方向へ追いやられる、熊は追手の弱い方を狙って逃げ切ろうとする。勢子は雪の中を泳ぐようにして走り回り、熊の逃げ口を塞ぎ、タツ場に誘導する。親方のいるメダチからは、熊と勢子の動きと駆け引きが手に取るように眺められる。

勢子は強靭な体力と足腰がなければ務まらない。足場の悪い雪の急斜面を駆け回るうちに、大汗をかいたり、息が上がってしまうようでは、体力を消耗して数日に亘《わた》る猟にはついていけない。猟師は、極力体力の温存を図り、安全に細心の注意をはらいながら山を歩く。柴木がない斜面を横に歩くことはせず、遠回りで時間が余計にかかっても、一旦、尾根に登り、下ったらまた登って歩く。柴木がある場合も、必ず柴木の上側を歩く。柴木の外側は雪庇になっていることが多く、うっかり乗ると崩れて、雪崩《なだれ》に呑み込まれてしまう。また、夜間に凍りついた雪の上に、日中新たな雪が降り積ると表層雪崩が発生しやすい。斜面を横に歩くことはせず、危険を察知したら、大声を出したりして、雪崩を起こさせてから歩く場合もある。

熟練した猟師は、山の地形や天候や気温、時間などで雪崩を予測する。因みに雪崩は、明け方早くと、日が落ちる夕方の四時から五時頃。新雪が降り積もって、急に寒気が強くなったときに多い。また、熊や羚羊などの山の獣は、本能的な習性で雪崩の危険がある場所は避けて逃げるといい、動物の行動にも気を配る。若い猟師は勢子として猟に参加し、次第に経験と知識を深めていく。

一方、タツ場では、射手がジッと身を潜めて、底冷えのする寒さに耐えている。ここえるような寒気に震えながら、長時間身動きすることができない。火を燃やして暖をとることもできないし、気晴らしに煙草を吸うことも許されない。無駄口もきけない。小便も我慢する。冷えて足の感覚がなくなる。腰が痛くなる。半日、あるいは丸一日、指示があるまで同じ姿勢で待機し、緊張を持続しなければならない。勢子と射手、どちらも並はずれた体力と精神力を必要とする。

熊は次第にタツ場に追い上げられていく。射手は鉄砲を構えて待つ。持ち場が決まっている場合は、自分の持ち場に追い込まれたときにだけ射つ。熊の姿を見ても、不用意に撃つことはしない。確実に射程距離に入ってから引き金を引く。熊の急所は頭と心臓。正面からなら頭か月の輪を狙う。横や斜め方向からであれば肩から肋骨三枚目の間を狙って撃つ。これより下にはずすと、貴重な胆を破るおそれがある。また、手負いの熊は狂暴さを増し、死にもの狂いで人間を襲う危険がある。射手は確実に一発で仕留められる距離まで引き寄せてから撃つ。

槍を用いた猟法

鉄砲以前、槍による狩猟が行なわれていた時代には、数メートル手前まで引きつけ、不意に熊の前に飛び出して大声をあげ、驚いて立ち上がった瞬間に月の輪を一突きにした。また、猟師によっては熊が立ち上がってからでは遅いといい、立ち上がる直前に急所を狙って突く。正面からだと頭が邪魔になって急所をはずす危険があるので、熊の左脇へ跳んで前足の付け根から心臓へ突き抜く。突いたら、素早く引き抜いて横に跳び退く。おくれると熊に槍をはらわれ、立ち上がって、のしかかるように襲ってくる。鋭い爪で叩かれると頭や腹がそっくり抉り取られ、噛まれれば肉が喰いちぎられ、骨が噛み砕かれる。一般に、槍で熊を仕留めるには、突き刺した槍を引き抜かず、押し続けるというが、自分の足場や体勢を立て直すために一度突いてから素早く引き抜いて、次の攻撃に備えることもある。

間近に熊に対峙したときの威圧感は想像以上で、気の弱い人間はすくんで身体が硬直してしまう。その一瞬のひるみが命取りになる。実際に猟の最中に、わずかな失敗が元で熊に襲われ、命を落としたり重傷を負った猟師は多い。

槍という原始的な武器しか持てなかった時代の熊狩りは、猟師と熊が文字通り命を賭して五分五分にわたりあった壮絶な闘いだった。また、火縄銃が使われるようになっても、ときには弾丸の作り方が悪かったり、撃針やバネが折れたりして不発で、弾丸が出ないようなことがあった。そんな場合は、とっさに槍に持ちかえて、熊に立ち向かった。猟師は人一倍勇敢で、腹の据わった剛胆な人間でなければやれなかった。また、そうした命を張った捨身の生き様は男としての誇りであり、羨望の対象でもあった。

因みに、鉄砲は江戸時代にはすでに火縄銃があった。明治三十年代には単発の村田銃が出廻り、長く、昭和三十年代まで使われたが、貧しい山国の人たちには高価で、手に入れられる者は多くはなかった。そのため、槍による狩猟は、地方によっては昭和の戦前くらいまで行なわれていた。

村田銃が猟を変えた

狩猟の安全と効率を飛躍的に高めたのは、やはり鉄砲が広く使われるようになってからだ。とくに村田銃は扱いやすく、性能がよかった。それ以前の鉄砲は、旧式の火縄銃とウラ込め銃と呼ばれるもので、火縄銃は火縄に火をつけ、引き金を引くと火薬に移って弾丸が飛び出す。また、ウラ込め銃は、火縄の代わりに雷管という発火装置がついたものの、火薬も弾丸も筒先から入れなければならない不便さがあった。猟に出るときには、火薬入れと弾丸、それを押し込む棒を持っていく。装塡《そうてん》するには、まず火薬を量って入れ、火薬がこぼれないように紙などを丸めて詰め込み、弾丸を入れたら、また紙を押し込んで蓋《ふた》をする。銃身の基部に雷管を入れ、引き金を引くと撃鉄が落ちて火花が火薬に引火して爆発する。一発撃つのに手間がかかり、効率が悪かった。

村田銃になってからは薬莢がついた。薬莢には雷管がついているので、弾丸込めしたらすぐに撃てる。村田銃には、三十番、二十八番、二十四番、十六番、十二番と、口径の大きさが違うものがあった。

番数が小さくなるほど口径が大きくなる。普通、十六番、十二番は兎や山鳥などを撃つのに使われる。二十四番、二十八番は熊を含めた大型獣用、三十番は熊専用だった。

古くは、鉄砲の弾丸は鉛の丸玉が使われた。そのため、一ポンドの鉛から玉が何発作れるかで番数が決められる。三十番は一ポンドの鉛から三十発、十二番は十二発の玉が作れる。その丸めた鉛玉の直径が鉄砲の口径になる。十二番の鉄砲になると口径が大きく、威力も並はずれて大きい。小さい熊が吹っ飛ぶ。撃つとグワーンと大砲のような音がする。しかし、その分、衝撃が大きく、あおりで狙いが狂いやすく、扱える人間が限定された。通常、鉄砲は口径が小さい方があおりが少なく、狙いが正確で、弾丸の速度も速い。まれに大熊用に使われることがあるが、口径の大きい鉄砲は小動物用のバラ弾《だま》（散弾）に使われる。一般的に熊撃ちには二十番から三十番のひとつ弾鉄砲が使われた。

兎やバンドリなどの小動物にはバラ弾が使われるが、熊撃ち用にはひとつ弾が使われる。ひとつ弾はバラ弾と違って広がらないので命中率は落ちるが、殺傷力が強い。仔熊ならバラ弾でも仕留めることができるが、大型の熊はひとつ弾でないと通用しない。

年季の入った猟師なら鉄砲の弾丸を自分で作った。弾丸用の薬莢も、火薬も、鉛も市販されていた。鉛は溶かして鋳型に流し込んで丸める。その鋳型も売られていた。雷管をつけた薬莢に火薬を詰めておさえ、その上に鉛玉を入れて蓋をする。火薬の量が多ければ威力は強いが、爆発音が大きく反動も強く、狙いが狂いやすい。鉄砲も傷める。反対に火薬が少ないとあまり飛ばず、威力が弱くなる。鉄砲の大きさ、狙う獲物によって量を加減して作る。鉛玉は丸く作った方が正確に飛ぶが、熊用のB号、ザク弾というのもあった。ザク弾は丸い玉を四つ割りにしたもので、殺傷力が強い。

単発の鉄砲は、一発撃ったら、すぐに次の弾丸を装填して二発目を撃つ。熟練した鉄砲ブチは左手指の間に弾丸を挟んで持ち、三、四秒に二発、三発連続して撃つ。早撃ちの妙技を見せる者もあった。不発に備えて、素早く二の弾が撃てる技術を習得しておく必要があった。現在は高性能の二連銃、自動銃が主流で、そうした技も必要ではなくなった。

弾丸をくらった熊は、立木や岩に体当たりしながら阿修羅のごとく暴れ回る。続けざまに弾丸を撃ち込む。熊は「ウォォーッ」という断末魔の咆哮をあげながら倒れ、雪の斜面を転がり落ちる。その、最後の一声をサビゴエといい、胸に沁みるような哀調を漂わせて、荒くれの猟師たちの心を締めつける。

熊を殺すと雨が降る

「熊を殺すと雨が降る」という言い伝えが、現在でもマタギの間に生きている。〝山の神の血洗い〟と古老はいう。山の神が、清らかな山を血を汚したのを怒って、雨や雪を降らせて血を洗い流しているのだと説明されているが、一説では熊は天気が崩れる前に多量に餌を取る習性があり、このときに撃たれることが多いからともいわれる。

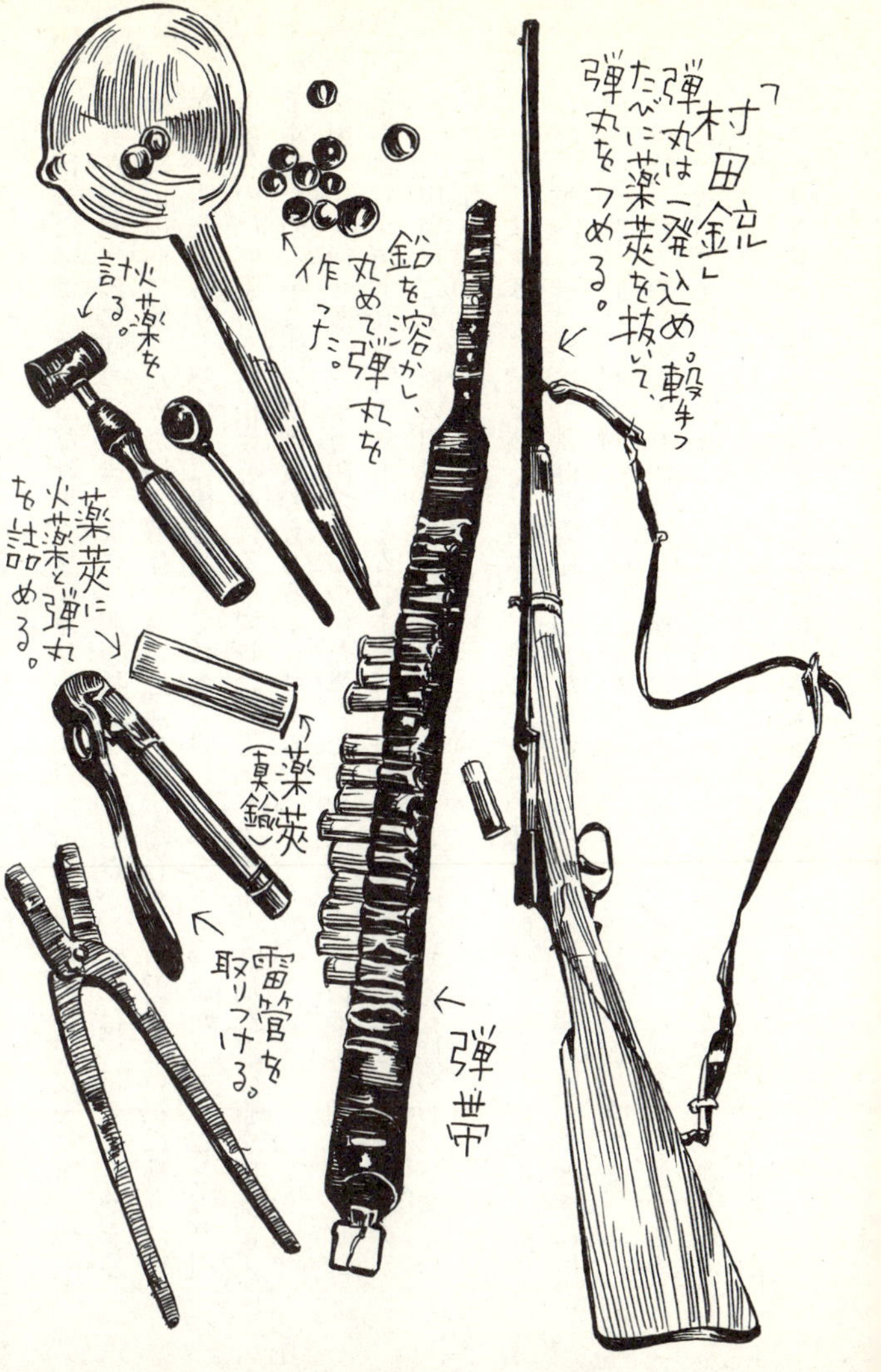
「村田銃」
弾丸は一発込め。撃つたびに薬莢を抜いて、弾丸をつめる。
鉛を溶かし、丸めて弾丸を作った。
火薬を計る。
薬莢に火薬と弾丸を詰める。
薬莢（真鍮）
雷管を取りつける。
弾帯

仕留めた熊は、できるだけ早く麓に運び降ろす。以前には、その場で皮を剝《は》ぎ、胆の中身が内臓や肉に回ってしまう前に、胆を抜くことをしたが、現在は、ほとんどがまるのまま山肉商に渡されるため、解体しないで運び出す場合が多い。背負い板に縛りつけたり、四肢を縛り、その間に棒を渡して数人で担いで山を下る。また、まるごと取り引きするのは、胆のうの損傷を避けると同時に、もっとも貴重で高価な熊の胆《い》を確実に入手するための業者側の防御策でもあるようである。

因みに大熊一頭、三十万円の値がついた場合の内訳は、毛皮と肉で十万円、ナスビほどの胆のうが十五万円の見当になる。また、小売り値段を調べてみると、熊肉は百グラム二百円前後だが、熊の胆は一匁（三・七五グラム）五万円もする。熊の胆は、まさに金より高価なのである。

かつては、ほとんどその場で解体し、麓に近い山で獲った熊は山神の社に運んで解体した。解体に際しては、独得の儀礼やしきたりがあった。マタギが熊を獲ったときには、熊の頭を北に向け、あお向けにする。鉄砲や槍など、使った道具は南側に立てる。

解体は親方であるシカリが行なう。解体にかかる前には、解体に使う刃物を熊の腹の上にのせ、塩を振って呪文を唱える。最初に皮剝ぎをするが、剝いだ皮を熊に被せ、小枝で熊の尻の方から頭の方へ三度なでて呪文を七回唱える。こうした儀礼や呪文は、山神の祟《たた》りを防ぎ、熊に引導をわたして成仏させるためだといわれる。

また、解体が終わると、クロモジの木で三本の串を作り、熊の心臓三切れ、背肉三切れ、肝臓三切れを切り取って串に刺し、焚き火で焼いて山神に供える。シカリをはじめ、猟に参加したマタギ全員にも分けられ、共に食べる。熊の魂を山神に返すと同時に、一緒に供物を食べさせることで山神と一体になり、罪や祟りをまぬがれるという考え方が根底にある。

もちろん現在でも、猟師が獲物の解体を行なうことはある。そうした場合、古くからの儀礼は次第に簡略化されてきてはいるが、マタギのなかには昔からのしきたりを守り継いでいる人たちもいる。

ナガサは万能の刃物

マタギはナガサと呼ばれる山刀や、コヨリという小刀で解体をする。とくにナガサは、マタギが猟に出るときに腰につけていく万能の刃物である。秋田マタギはナガサ、山形ではマキリ、ほかにサスガと呼ぶ地方もある。

マタギのナガサは普通刃渡りが七寸ある。出刃包丁と同じ片刃で、裏側のウラオシと呼ばれる部分が浅く抉られていて、鋭く刃が立てられている。片刃の刃物は、両刃と違って、振り降ろしたときに刃が一方に深く抉るように食い込んでいく。鉈としても、包丁としても、また武器としても、背筋がゾクッと寒くなるような迫力がある。

ナガサは、獲物の解体や料理に使う以外にいろいろな使い方をする。山歩きに邪魔になる木や枝を切ったり、アタリをつけるにも使う。アタリは、山中で自分の方向を見失わないためや、仲間に自分の行き先を知らせるための目印で、立木の幹に傷をつけたり、樹皮を剝いだりする。

また、冬山の凍った滑りやすい斜面を歩くときに、凍りついた硬い岩をナガサで砕いたり、削ったりして足場を確保する。足場の悪い急斜面を渡るときには、刃先を地面に突き刺し、ナガサの峰に足をかけて歩くこともある。硬い芯がある木や岩を相手に、容赦なく荒っぽい使い方をするナガサは、刃が欠けないように丹念に鍛造してある。地金も鋼《はがね》も繰り返し打ち鍛え、金属粒子を細かくしてあるのでネバリとシナリがあり、焼き入れの温度にも工夫が凝らされていて、刃こぼれはしても、大欠《が》けすることがない。

ナガサには、普通の鉈のように木の柄がついているものと、柄が刃と一体で、筒形に曲げてあるものの二種類がある。後者をフクロナガサといい、古くからマタギがある種のこだわりを持って使ってきた。フクロナガサの用途は、他の山刀と同じだが、一つだけ特殊な用途が隠されている。それは、熊と対峙して戦い、自分の身を守る武器としての用途である。

フクロナガサのフクロは筒形に曲げた柄を指す。このフクロに七尺ほどの長さの木の柄を差し込むと、山刀が長槍になる。柄はきつく打ち込めば抜けることはないが、万一

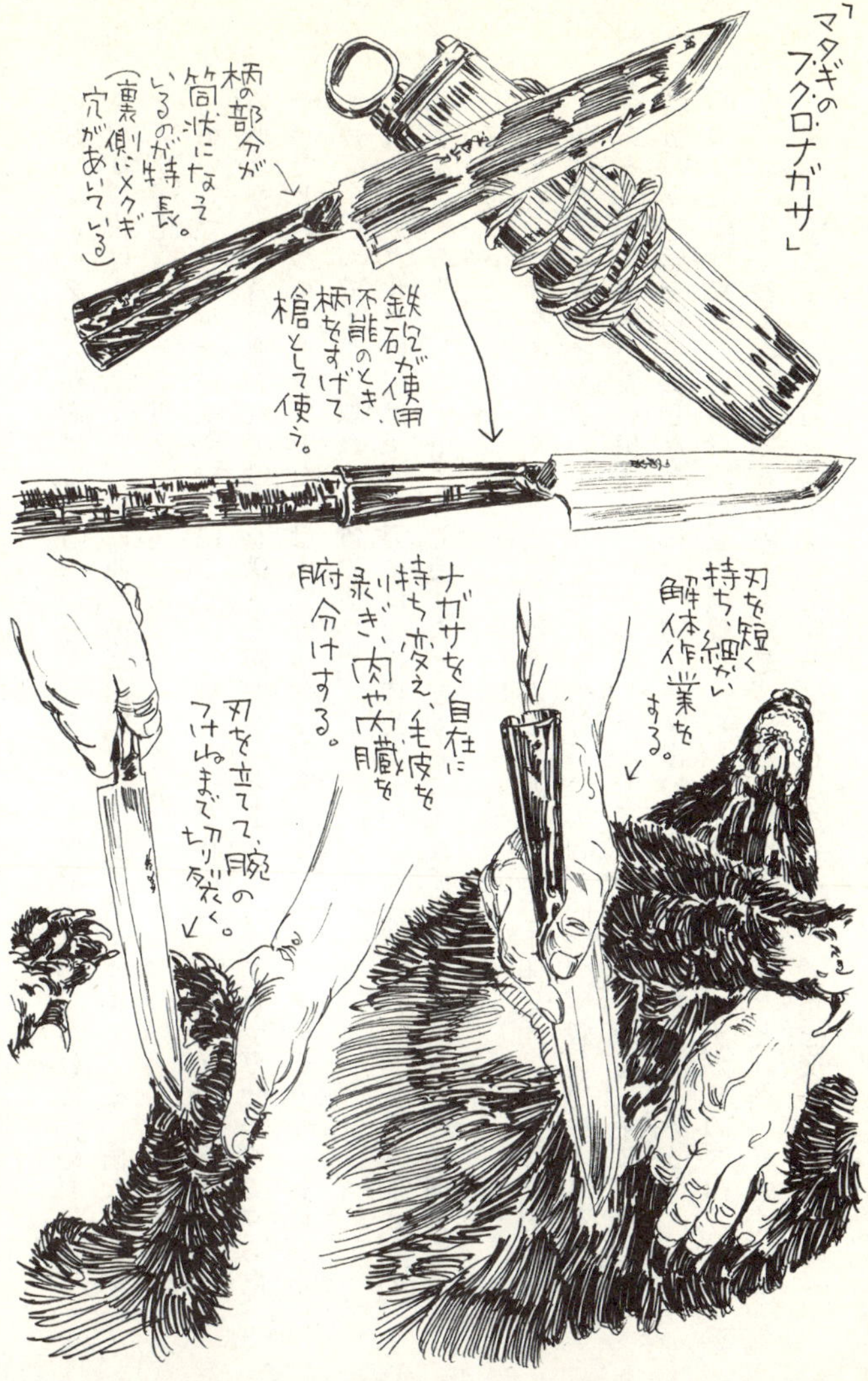
「マタギのフクロナガサ」
柄の部分が筒状になっているのが特長。（裏側にメクギ穴があいている）
鉄砲が使用不能のとき、柄をすげて槍として使う。
刃を短く持ち、細かい解体作業をする。
ナガサを自在に持ち変え、毛皮を剥ぎ、肉や内臓を腑分けする。
刃を立てて、腕のつけねまで切り裂く。

に備えて、メクギ穴があけてある。柄をすげたら、メクギを打っておけば、絶対にゆるんだり、抜けることがない。槍に使う柄は山に自生するイタヤカエデ、桑、楢などの木を切り、先端を削って使う。

かつてマタギが火縄銃や村田銃で熊狩りをしていた時代に、不発などで鉄砲が使えないときや、不意に襲われて鉄砲を構える隙がないときなど、フクロナガサの槍で立ち向かったといわれる。マタギたちは山で野宿するときには、必ずフクロナガサに長い柄をすげて、いつでも手に取れる位置に置いた。

フクロナガサには、ほかの山刀にはない特長が一つある。それは切っ先の峰側が斜めに落としてあることで、槍として使うことを考慮に入れて作られている。この部分を俗に、スベリドメといっている。

フクロナガサを槍にして突く場合、ほとんどの人間が刃を下側に向けて突く。刃を上に向けて突く人間は少ない。これはナイフや包丁の場合も同じで、殺傷力に大きな違いがある。とくに柄の長い槍として使う場合、どうしても切っ先が下がる。毛皮が硬く、脂肪の厚い熊を相手にしたときには、刃が下に滑って深く刺さらないことがある。致命的にならなければ、次の瞬間に熊の反撃をくらってしまう。フクロナガサのスベリドメは、槍の穂先のように立てるためのもので、突けば真っすぐに深々と刺さっていく。

因みにマタギは、普通、傷を負った熊の反撃を避けるために、槍を突いたら引き抜くことはせず、突きっぱなしにする。マタギの里、秋田阿仁地方には、フクロナガサを作る鍛冶が一人だけいる。三代に亘る鍛冶の技を守り継ぎ、「改良の手を加える部分は一点もない」と、職人の気骨を見せている。

解体(ケボカイ)の手順

獲物を解体することをマタギはケボカイという。別にホドクという言い方もある。熊の解体は毛皮を剝ぐことから始められる。マタギは「皮たち」という。皮たちは、たち方によって出来上がりの毛皮が大きくなったり、小さくなったり、見てくれに差がでてくる。売る場合の値にも違いがあるので、シカリか、仲間内でとくに熟練した者が行なう。

最近は、喉下から肛門まで無造作に切り裂いて、キモ(内臓)をはずしてしまうことが多いが、マタギは昔どおりの皮たちの作法を守っている。まず、熊をあお向けに寝かせ、四肢をおさえておいて作業にかかる。第一刀は顎下から胸元まで裂いて止める。次に左の前肢、右の前肢の順に切るが、それぞれ肢の首の部分に左右から刃を入れ、合わさった肢の内側の真ん中から腋《わき》の下、そして胸元の手前で止める。後肢も同じやり方で切って、股の部分を繫《つな》がずに切り残しておく。そのあと腹を縦に裂き、胸元と股の真ん中に切り残しておいた部分を切り離して毛皮を剝がす。毛皮は塩揉《しおも》みして巻いておき、皮ゲタと呼ばれる枠木に張ったら瀬戸物のカケラなどで脂肪をこそぎ取って乾燥させる。

皮たちがすんだら内臓をはずす。四肢を切り離し、頭、肉、アバラ骨とはずしていく。一番高価な胆は、肝臓にくっついているので、胆汁がこぼれ出さないように管の先端をひもで縛ってから切り離す。

さらに心臓、肝臓、腎臓、膵臓《すいぞう》、胃、大腸、小腸、食道や舌、陰のうや子宮などを丹念に切り分けていく。血は手や器で掬《すく》い出したり、最後に皮にためる。解体した熊を運び降ろすときは、頭つきの毛皮に内臓や肉などを包み、麻袋に入れて背負う。前肢、後肢も背負って運ぶ。

熊は〝バラしても捨てるところはクダ（腸）に詰まったウンコだけ〟といわれるように、すべての肉や臓物、血や骨まで無駄なく食べ、手を加えて薬にする。

肉は意外とおいしい

熊の肉は非常に美味である。赤身で美しく、家畜肉を食べなれた者には山獣特有の臭みが気になるかもしれないが、醤油や味噌仕立てで煮ると気にならない。山に暮らす人たちに言わせれば、「都方《まちかた》の人らは、化学飼料を食わされたクスリ漬けの、ストレスからくる病気持ちの家畜肉を食わされて気色悪くないかや。山で走り回り、自由に暮らしている獣の方がずっと健康で、安全な肉だ」ということになる。

熊の肉は煮ると歯ごたえがあり、嚙むほどに味が滲《にじ》んでくる。身体がポカポカと温まり、底冷えの季節でも汗が出てくる。「熊の肉を食ってりゃ、精力がついて病気なんかにならない」と山の人たちはいう。

熊肉の鍋や汁は、肉を骨ごと入れて煮る。熊汁をマタギはナガセ汁という。骨を入れると、骨の髄から旨みや地脂《じあぶら》が出て味に深みが出て格別に美味で、骨を入れれば肉は食べなくてもいいという者もいる。また、大根を入れると脂が染みて旨い。内臓などのザッパは塩味で煮ると旨い。オオブクロ（大腸）やコブクロ（小腸）、膵臓などはシコシコしておいしい。脳ミソは煮る以外に、生のまま塩で軽く揉んで食べる。鱒《ます》の白子のような味がする。

血の腸詰めの薬効

熊の血は、生血が温かいうちに飲んだり、握り飯につけて食べる。山で熊を解体する際に、猟師はオチョコ一杯くらいずつ分け合って生血を飲むが、身体が温まり、疲労がとれるという。一気に血圧が上昇するともいい、血圧の低い人や虚弱体質の人には効果があるが、飲みすぎるとかえって害がある。

また、血は腸に詰めて持ち帰り、乾燥して心臓病や貧血、胃などに薬効があるが、腸詰の血を煮て食べる地方もある。

血の腸詰は、熊を仕留め、解体したらその場で作る。熊の小腸は百尋《ひゃくひろ》あるといわれるほど長い。これを笹竹や枝などを裂いて腸を挟み、端から手前にこそぐようにして中のウンコを絞り出す。中身を出したら腸袋を裏返して水で洗う。水がない雪山なら、雪をまぶして洗う。きれいにした腸袋に血を入れる。袋を一尺くらいずつに切って片端を結び、血を入れたら一方も縛るやり方や、長いまま血を詰め、ところどころ縛るやり方がある。

血は半分くらいの量を詰める。血は煮ると膨張する。入れすぎると、煮たときにふくらんで腸袋が破裂することがある。血の腸詰は、家や狩小屋に戻ってから煮て、輪切りにし、塩をつけて食べる。臭みもなく美味。凝固した血の独特の風味がある。山を徘徊し、命を賭けて熊を狩る猟師と、それを陰から支える家族だけが味わえる山の味である。

熊の血の腸詰はまた、乾燥し、粉末にして薬として利用する。強壮、頭痛、疲労回復などに薬効があるという。ほかに、熊の胆は胃腸や毒消しなどの妙薬として知られ、サヨと呼ばれる舌は、乾燥し、粉末にして飲むと解熱や傷薬として効く。肝臓や膵臓、喉《のど》や食道、陰茎や子宮なども粉末にする。肝臓は急性肝炎に、喉や食道はそのまま喉の薬になる。陰茎や子宮は精力剤や性病の薬にする。骨は焼いて粉末にすると血圧や頭痛、虚弱体質に効き、粉末を酢や酒で練ったものを打撲の湿布薬にする。

熊は一頭丸ごと、無駄なく食用に供されると同時に、薬として利用され、山間辺地に

「熊の毛皮」枠木に張って鞣す。鞣し方で、値が違ってくる。

「兎の毛皮」裏返したまま、納屋などに吊して干す。

暮らす人たちの健康に寄与してきた。そこには、決して諦めではなく、ひたむきに、そして逞しく生き抜く人たちの知恵と工夫がこめられている。

彼らは過酷な生活環境に生まれた境遇を恨まない。明るく力強い。常に自然に対して畏怖と畏敬を忘れず、恩恵を感謝し、あますところなく利用する真摯な生き様が、豊かな自然を守り、巡り巡って自分たちの生活を保証してくれることを彼らは悟っていた。その思慮の深さとしたたかさに、現代人が学ぶべきことは多い。

猪狩り

日本列島に棲息する山獣のうちで、熊に次いで二番目に大きいのが猪である。猪は、比較的温暖な山地の、栗や椎、樫《かし》、栃《とち》などの木の実や、自然薯《じねんじょ》、竹の子の多い場所に棲んでいる。いまより気候が暖かかった縄文時代には、北から南まで全域に棲息していたが、現在は紀伊半島や中国山地、九州全域から沖縄、八重山諸島、西表島に多く、東北地方、阿武隈山地南端あたりが北限とされている。

猪の棲息分布が変わり、数が少なくなっている原因は、気候の変化以外に、食料となる木の実がなる木が伐採され、植林による杉や檜《ひのき》の森が多くなったこともあげられる。猪は、焼畑の時代から作物を食い荒らす害獣でありながら、一方では、狩猟という生業と娯楽を人間にもたらし、貴重な食料、栄養源になってきた。

かつて、山深い里に住む人々の暮らしは、山間に墾《ひら》いたわずかばかりの耕地を、山獣から守るための戦いだった。

猪は、闇に乗じて人家近くまで下ってきては田畑を荒らす。大喰いの猪は、一頭で三十キロものサツマイモ、陸稲、豆類を食いつくしてしまう。とくにサツマイモが好物で、土中のイモだけをスコップ代わりの鼻先で上手に掘って食べ、地上の葉や茎は生きているように、そのまま残す。荒らされるのは決まって、そろそろ収穫をしようかという時期で、畑に行ってみると、まさに根こそぎやられているということがしばしば起きる。

イモ類が実を肥《ふと》らせる前には、山地の稲田が荒らされる。それも、稲籾《いなもみ》がふくらみ始め、潰《つぶ》すと甘味のある白い乳状のものが出る頃に、柔らかい籾ごとこそぎ取って食べてしまう。さらに、食べるだけでなく、稲田でヌタウチをして、めちゃめちゃにしてしまう。群れに出られると、一夜にして一反歩の水田が壊滅状態になった。

ヌタウチは「のたうちまわる」の語源といわれる。ヌタウチは、体についているダニで体がほてるために、稲田や湿地に入ってゴロゴロして冷やすためにやるもので、山中の獣道のあちこちにも必ずヌタ場を作る。猪のほかに鹿もヌタ場を作る。

山獣との知恵比べ

山間の傾斜地に作ったわずかばかりの農地にしがみつくようにして生きる人々にとって、山獣との闘いは死活問題だった。作物を荒らすのは猪だけではない。鹿も猿も荒らした。山の暮らしは、そうした山獣たちとの知恵比べの歴史でもあった。

人々は丹精して耕した畑を守るために、さまざまな対抗手段を駆使した。畑の周囲に柵をめぐらせても効果が薄いために、鳴子板をかけたり、昼夜交代で番をして、一晩中大声を上げたり、見つけると鉄砲で撃って猪追いをした。

いろんな罠《わな》を仕掛けることもあった。山中の稲田の畔道《あぜみち》などには「落とし罠」を作った。いわゆる落とし穴で、深さは二メートルほどもあり、落とし口は小さく、底を広く作って、落ちた猪が登れないように工夫してある。また、手のこんだ罠は、穴の壁面に玉石を積み、土を掘り崩せないようにしておいた。また、穴の底に竹槍を立てておき、落ちると刺さるようにしてあるものもあった。ほかに、仕掛けに触れると重石《おもし》をのせた屋根が落ちて、獲物を圧殺する方法も行なわれたが、人間がかかる危険があるためにいずれも禁止になった。

また、わざわざ猪の通り道に十坪ほどの囲いを作り、その中で畑を作って好物のサツマイモを植えて猪をおびき寄せる、手のこんだ罠もあった。これは棚罠と呼ばれるもので、猪が入ってワイヤーに触れると、仕掛けがはずれ、締戸《しめど》が落ちて生捕りにする。実際に効果があったが、大がかりで手間と費用がかかるのが難点だった。

猪猟でもっとも効率がいいのが、銃による狩猟か、ワイヤーを使った仕掛け罠だった。これらは主に、狩猟を生業とする猟師によって行なわれた。彼ら猟師は、〝鉄砲ぶち〟と呼ばれ、山里にあってもある種の畏敬と、また若干の軽侮の入り混じった目で見られる、特異な存在だった。

猪猟の解禁は、十一月十五日から翌年二月十五日までの三カ月間と決められている。この間に腕のいい鉄砲ぶちは、四、五十頭の猪を仕留め、罠猟では百頭近い獲物を獲《と》った。多い年には百五十頭から二百頭近くを獲る〝名人〟もいた。

鉄砲による猪猟にはいくつかの方法がある。信州、遠山谷あたりでは、猟師が単身で猪の出没する場所に幾晩も身を潜めて仕留める猟を「ねらい」といい、犬を使う猟を「犬がけ」、射手、勢子《せこ》、犬からなる集団で行なう猟を「たつま」と呼ぶ。また、仕掛け罠には「わさ」と呼ばれるものと、「はね罠」式のものとがある。「わさ」はワイヤーで輪を作り、木に結びつけるだけの簡単なもので、猪がかかると、前に逃れようとすればするほど自分の力で胴を締め上げる。「はね罠」は、丈夫で弾力のある立木をバネに利用して仕掛け、猪が輪に触れると仕掛けがはずれて、足や胴を締める。足にかかる罠を「シキワナ」、胴にかかる罠を「ワサシキ」などと呼んでいる。

銃を使う場合でも、罠を仕掛ける場合でも、猪の行動や習性を熟知し、的確な状況判断と熟練した技を必要とし、さらに険しい山を身軽に踏破するだけの強靭な体力と、山の霊気をものともしない胆力が要求される。

猪が通った道を探す

猟の基本は、猪の通り道と、潜んでいる寝屋《ねや》を探すことから始まる。猪が通る獣道《けものみち》は

「ウジ」または「ウツ」と呼ばれ、足場の悪い傾斜面や、目立たない藪《やぶ》の中に作ってある。猪の行動範囲は約一里四方、餌の少ない時期には十数キロ先まで足をのばすが、ウジは山から山へ縦横無尽に張りめぐらしてあり、必ずどこかで繋《つな》がっている。動物が作る獣道は、思いのほかきれいに作られている。邪魔になる木は鋭い牙で切ってあり、ゴミ一つ落ちていない。

　猟師は禁猟が解けるのを待って山へ入る。地面に残っている足跡や糞、ヌタウチをするヌタ場や、餌を掘り返したりした跡などが手がかりになる。猪の足跡は二股に分かれた楕円形をしている。その大きさや、ぬかり具合で猪の大きさと、足跡が古いものか、新しいものかを判断する。糞があればほぐして注意深く観察する。何を食べているかが分かれば行動を推理する手だてになる。

　猪は雑食性で、何でも食べる。竹の子は地上に出る前に掘って食べるし、固い地面に深くのびる自然薯も鼻先で掘り出して食べる。笹やカズラ、葛《くず》、ワラビなど木の根、草の根も食べる。秋にはドングリや栗、柿などの実も食べる。落ちるのを待つのではなく、木に体当たりをくらわせて落として食べる。渋くてもかまわず食べるが、あとで芹《せり》やレンゲの根などを食べて、腹の中で中和させる知恵を持っている。植物だけでなく、蟹《かに》、昆虫、蛇、蝮《まむし》、兎や猿まで食べる。また、狸や狐は食わないが、死骸に湧いたウジは食う。

「猿は丸ごと食ってしまうが、兎は頭と尻の固い骨を残して食う。糞の中に猿の毛が混じっていることがあるし、蝮の歯が残っていることもある。蝮の歯はまだ毒が残っている。うっかり触って刺されると腫れる。死ぬようなことはないが痛い」

猪が餌を採食した食跡《はみあと》は、鍬《くわ》で掘り返したようになっている。

猪が通った跡は、草や落ち葉が一定方向に流れている。また、ヌタウチをしたあとの体を木にこすりつけてダニを落とすので、立木についた泥でそれと分かる。ゴシゴシと体をすりつけて掻《か》くので樹皮が擦り減ったり、毛がついていることもある。さらに、猪が通ったあとには特有の体臭が残っているので、熟練した猟師は見逃さない。

俗に猪は〝ひと山ひと群れ〟といわれ、ひと家族単位で、決まった範囲を行動する。ひと家族は、雄一頭が四、五頭の雌を連れ、雌は、それぞれ七、八頭の仔《こ》を産むので、群れは二、三十頭にもなることがある。

雌の発情期は年の暮れ頃からで、この時期になると雄は雌を追うように尾根筋に登っていく。雄同士が出くわすと、「ヴォホッ、ヴォホッ」と山が鳴るような激しい奇声を発しながら、壮絶な闘いを演じる。この争奪戦に勝利した雄は、日当たりのいい場所に草を敷いて褥《しとね》を作り、雌と交尾する。出産は五月、別名〝瓜ン坊〟などと呼ばれるように、真桑瓜《まくわうり》に似た縞《しま》模様のある仔を産む。地方によって「甜瓜猪《まくわしし》」「シマゴ」などという呼び方もある。

「猪猟」
猪は皮下脂肪が厚く、毛皮は泥や松ヤニをこすりつけて、鉄板のように固い。肋骨も頑強。前足のすぐ後ろの心臓を狙って撃つ。
「猪の牙」ハサミのように噛み合わせて切る。剃刀のように切れる。
「タツマ猟」では射手はタツ場で待ち構えて猪を撃つ。

猪は夜行性で、主に夜に行動するが、目が悪い。色彩感覚がなく、白黒でしか見えないといわれる。とくに遠くや、高いところが見えにくいといわれるのは、小回りのきかない愚鈍そうな顔の、鼻面の上に寄り目伏についている目のためだが、その代わり、耳と鼻はいい。敏感な鼻は一、二キロ先の匂いを嗅《か》ぎ分けるといわれ、その鼻で食物を探し当て、人間の気配や危険な匂いを素早く察知して身を隠す。

猪狩り猟の心構え

猟師は山へ入るときには、髪の毛のポマードや香水はもとより、煙草《たばこ》、酒、石鹸《せっけん》の匂いにまで気を配る。罠をかける場合も、ワイヤーが新しいうちは油の匂いがするし、手に煙草の匂いがついているだけでも、警戒して近づかない。

猪狩りの猟師は、猟に出かける日は前日から酒を断ち、匂いの強い食べ物を避ける。山に入ったら煙草を吸わない。山の気流は、山峡に渦を巻いているため、反対側の山の尾根でも敏感な猪は匂いを嗅ぎ分ける。必要なこと以外は無駄口をきかず、大声を上げない。鼻唄、口笛も禁じられる。黙々と山の急斜面を登り、崖や谷に簡単な橋を渡して、道なき道を分け入っていく。ふくら脛《はぎ》が痛くなり、冬でも大汗をかく。

雪の少ない地方では、できるだけ軽装で山歩きをする。足元は履き馴れた地下足袋か、スパイク付きの長靴に、脛《すね》にハバキをつける。猪や鹿の獣道にはダニがうじゃうじゃしているため、襟や袖口を絞った長袖シャツや上着が欠かせない。枝や藪をはらう腰鉈、腰鋸をつけ、荷は背中に背負う。鉄砲も肩にかけて、両手を自由にしておく。手が自由であれば、足場の悪い山道を歩くときや、万一足を滑らせた際に、素早く手を出して枝などを摑《つか》める。

「崖を滑って落ちたら、手を広げて草でも何でも摑む。素人は恐いと体がすくんで縮めてしまうから、助かるモンも助からない」

また、山に迷わないためには、常に遠くの山を見て地形を頭に叩き込み、自分の位置を確かめる沈着さが不可欠だ。因《ちな》みに、山に迷った場合は、いたずらに沢筋に下ることは避ける。沢は必ずしも、麓に下る近道ではない。複雑な山の峡谷を血脈のように這い、思わぬ方向に流れていくことがある。深い山に入り込んで、途中で途切れてしまうこともある。

また、尾根が広い山は逆に峡谷が険しく深い。反対に尾根が切り立って狭いと、峡谷は広い場合が多い。迷ったら沢に降りず、尾根に登って地形を見ることが安全確保に繋がる。

単独の「犬がけ」猟

熟練した猟師は、猪の食跡や糞、ヌタ場やウジの状態などを総合して、獲物がそう遠くない場所にいることを判断する。犬を連れている場合は、犬が優れた嗅覚で、素早く察知する。訓練された猟犬は、興奮状態にはなるが吠えたてることはしない。

単独の「犬がけ」で猟をする場合は、近くに猪がいると判断すると犬を放す。放された犬は、匂いをたぐりながら猪が潜んでいる寝屋を追って、勢いよく駆け出す。寝屋は、地方によって「カモ」「カリマ」「ネガマ」「ネグラ」などと呼ばれる。寝屋は、大抵、山の八合目あたりの藪の中に作ってある。茅や柴木、笹などを牙で切り集めてきて、口と鼻で厚く積み重ねて作る。その下はトンネル状になっていて、鼻だけ出して潜り込んでいる。用心深い猪は、一日も同じ寝屋に入ることがなく、山のあちこちに二十カ所近い寝屋を作るといわれる。

犬は寝屋を見つけると激しく吠えたてて、猪を逃がさないようにする。岩場とか、大木の下などに追いつめ、主である猟師が来るまで見張りをする。これを「はなどめ」という。

猪は必死の形相で毛を逆立て、犬を牙にかけようとする。猪の牙は、さっと撫《な》でただけで鋭い傷ができる。深手を負って死ぬ犬もある。犬も、歯をむき、猪の背後に回り、後肢や尻に噛みついて動きを止めようとする。静寂な山稜に、ときならぬ壮絶な修羅場が展開する。犬は眠っていた野生を甦《よみがえ》らせて、自分より大きな猪に向かっていく。

しかし、猟師が少しでも怯《おび》えたり、ひるんだ態度を見せると、犬は敏感に読み取って弱腰になる。主に見切りをつけた犬は、以後、猟犬の役をなさなくなる。猟師は、恐ろしくても、毅然とした態度で犬をけしかけ、猪に嚙みつかせようとする。

犬が猪と闘って動きを止めることを「ほんどめ」という。この間に猟師は銃を構えて様子を見る。そして、猪の動きが鈍った隙を見はからって犬を引かせ、銃で撃つ。鉄砲は現在は自動銃だが、古くは単発の銃だった。また、それ以前には槍で突いて獲った。

狙うのは心臓。前足のすぐ後ろあたりにある。急所をはずすと、一発では倒せない。大きい猪は蓑《みの》を着ているように太くて固い毛に覆われている。猪はヌタウチをして全身に泥をつけるだけでなく、松の木に体をこすって松ヤニをつけるので、毛皮が鉄板のように固い。また、「イタショイ」と呼ばれる、五臓を包む皮下脂肪は非常に厚く、板のように固い。鉄砲の弾丸を通さない。このイタショイは年をとるほど固くなる。十二本ある肋骨も頑強にできていて、弾丸が当たると一度は倒れるが、すぐに起き上がって駆け出す。

手負いの猪は一層狂暴さを増し、脇目もふらず猪突猛進して猟師に向かってくる。ひるんで背中を見せると逆にやられる。間合いをはかって、ちょっと脇によけると猪はそのまま走り過ぎてしまう。しかし、うまく逃れたと思って油断すると、猪は途中で急停止し、反転して再び突進してくる。経験の浅い猟師は、これでやられることが多い。ただ、猪はどうしてもかなわないと判断すると、踵《きびす》をかえして一直線に逃げ去る。単独の猟では、それ以上は追いきれない。

集団で行う「たつま」猟

集団で行なう「たつま」は、周囲より少し低い山の鞍部あたりのウジに射手を一人ずつ、四カ所くらいに配置しておき、勢子は犬を連れて遠巻きに猪の背後に回って追い出す。猪は追い出されると、必ず自分の歩きなれた道を逃げる。その道筋には射手が待機している。第一の射手が撃ち損じても、第二、第三の射手のところで仕留めることができる。

猪は猛烈な速さで走る。人間が石を投げるよりも速い。二十メートル近い崖も跳び越える。銃で撃ち取るには熟練した腕を必要とする。戦後の、単発銃の時代には、年季の入った猟師は、左手の指の間に弾丸を挟んで銃を構え、一発撃つとすぐに次の弾丸を装塡して、獲物が二間走り抜ける間に二発撃つという早撃ちの技を見せた。

猛スピードで走る猪を撃つには、その速度と弾速を計算に入れて、猪の前方を狙う。猟師はこれを「狙い腰」と呼ぶ。また、猪が跳躍して肢がのびきったときに撃っても当たる確率が低い。そのあと肢が地面に着地する一瞬を狙い撃ちする。これを「イレシロ」といっている。

谷間に銃声がこだまする。猪が山の急斜面を、バリバリと枝をなぎ倒しながら駆け降りていく。興奮で上気した顔の猟師たちは追うように駆け下っていく。張りつめた緊張の呪縛が解けて、安堵と歓声にわく。

仕留めた猪は、その場で裂いて内臓を抜く。そのまま麓へ持ち帰る場合にも、息の根を止めてから一時間以内に内臓を抜かないと食肉として売れない。大きな猪ほど腐りが早く、死んで二日もたったものは内臓の腐りが肉に及んで食べられない。抜いた内臓のうち、胆のひとつかみを山に向かって投げる。山の神に対して、獲物を授かったお礼だ。地方によっては、マルトウ（心臓）を十文字に切って、二片をその場の岩の上や木の根に供えたり、肝臓を切り分け、竹串に刺して祀《まつ》る山の儀礼が残っている。

猪の解体は、まず体の毛を火で焼いてから台にのせる。毛がないと豚とほとんど見分けがつかない。血はすくって洗面器などにあけて犬に与える。昔は人間も飲んだ。栄養価が高く、身体がポカポカと温まる。

内臓をきれいに抜いたあと、首を落とし、肉を切り分ける。肉は猟に参加した人間と犬とで均等に分ける。犬も一人前である。猪の肉は非常に美味である。とくに背骨のまわりの肉は特上のロースに勝る味がある。キロ七、八千円の値がつく。なかでも赤毛の五十キロ前後の猪がおいしいといわれる。また、年末までは雄猪の肉がいいが、暮れから年明けにかけて発情期に入った雌の肉は味が増すともいわれる。夏場の猪はやせていて肉もまずい。

猪は蝮や蟹、カエルなどを食べるので、体にジストマ（寄生虫）がいる。生肉では食べられず、味噌味の鍋で煮て食べる。とくに臓腑は生で食べることはいけないといわれているが、九州宮崎あたりでは、血のしたたるような臓腑を少し酢をつけただけで食べる習慣があるという。とろけるように旨いというが、ちょっと勇気がいる。

山村の厳しい掟

奥椎葉の山村では、昔から焼畑と狩猟で生きてきた。山の斜面を野焼きにして稗《ひえ》や粟《あわ》を作り、男は、熊や猪、鹿などの山獣を追って険しい山を駆け回った。奥椎葉の山は、そこだけ磁場が乱れたように急峻な山が複雑に入り組んでいる。人跡を拒む原生林が広がり、谷が多い。獲物を追っての山駆けは常人の体力では成し得なかった。立っているだけでふくら脛《はぎ》が痛くなるような斜面を焼いて、僅《わず》かばかりの作物を収穫するのは、諦めにも似た辛い労働を強いた。誰にも頼れない。行きようと死のうと誰のせいにもできない。自分で生きていくしかなかった。

ヤワな人間は山では生きられない。山に暮らすには、逆境を逆手に取ってねじ伏せる図太い性根と、山河の恵みに対する感謝と慎みが要求される。そこに一切の虚飾を削ぎ落とした素朴な生の営みと喜びがあった。暮らしの中で磨かれた知恵や技術は、単に生きる手段だけではなく、自然の成り立ちを深く知り、命の価値を確認していく作業でもあった。

山には、村ごとに決められた「カクラ」（猟場）があった。カクラは、狩猟を行なう山中の場所で、中世の頃には領主や武士が騎馬の軍事訓練場として一般の立ち入りを禁止した山野を指した。山には、オバネ（尾根）や谷筋の傾斜地などに猪や鹿が棲息するカクラがあった。山入りの前には呪文を唱える。

「ただいま、上のコウザキにヤタテを撃ってあげもうす。ただいま、下のコウザキにヤタテを撃ってあげもうす。火の車に乗ってお上がりなさってたもれ」

「ヤタテ」は空砲のことで、「火の車」は銃口から出る火を指し、その火に乗って獲物が授かる。また、「コウザキ」は九州各地で信仰される狩猟神で、三宝荒神ともいわれる。山の神とは別の神だとされるが、渾然としている部分もある。一説では、猟犬の死霊が昇華したものだともいわれる。尾前集落には上のコウザキ、下のコウザキを代々祀る家がある。家の裏手の山に石を積んだ小さな祠《ほこら》があり、猪の頭蓋骨や御幣が供えられていた。

猟師は猟に出る前に必ず暦を見る。暦で猟に出られる方角を見る。椎葉には「サカメグリ」という厳格な掟があり、方角によってその日に猟をしていい場所と、してはいけない場所が決められている。方角は暦の干支で占い、十二日間ずつ回る。「サカメグリ」では、甲乙《きのえきのと》に続く十二支の方角は、山の神が守っているから猟はできない。獣が逃げ込む場所で、甲子の次は乙丑と続くが、子（北）から丑（北東）の間は猟ができない。次は甲戌、乙亥から始まるので、戌から亥（北西）の方角は行けない。暦の進み方とは逆回りに入山禁止の方角が替わっていく。サカメグリは「逆巡り」だ。

猟には必ず犬を連れていく。小型の雑種犬だが、主人に従順で気が強く、自分より二、三倍も体が大きい猪に果敢に向かっていく。猟師は単独で出かけることもあるが、数人が組む場合は「セコ」と「マブシ」に分かれ、セコが犬を連れて獲物を追い出し、見通しのいい場所で待ち伏せしているマブシが撃つ。単独の場合は、犬が獲物を追い詰めて攻撃をしかけ、足止めしている間に猟師が追いついて銃で仕留める。

山に入ると獲物の足跡を探る「トギリ」をしながら追跡する。猪の足跡は小さいが、地面にめり込んだ足跡の距離が長いと大きい猪。足跡が大きくても浅いと痩《や》せた猪だ。手負いの猪の血が笹や柴木に付着するのを「ヌリ」といった。猟師はヌリを見て傷の状態を判断する。アバラの内部の血は猪が逃げるときに噴き出して飛ぶ。ヌリが、撒《ま》き散らしたような血痕は傷が浅い。血に泡が混じっていたら口のあたりか器官に傷を受けている。急所に損傷を受けている血は黒味を帯びて、脂肪が混じっている。猟師は気を配りながら猪のあとを追う。

猪は、追われると必ず「ニタ」（湿地）に行く。走って体温が上昇すると水に浸って体を冷やそうとする。また、泥を体にこすりつけてダニや虱《しらみ》を取ったりする。

ニタに罠を仕掛けることもある。餌でおびき寄せて罠を仕掛けたり、昔は丸太や石で押し潰《つぶ》す猟法もあった。猪は追い詰められると、反撃に打って出る。歯をカチカチ鳴らして威嚇してくる。猪は口をあまり開けない。牙で引っ掛けてから噛む。牙は剃刀《かみそり》のように鋭い。触れるとザックリ切り裂かれる。犬は猪を恐れずに向かっていく。足に噛みついて動きを止めようとする。牙でやられ、血だらけになりながら攻撃をやめない。一度猪にやられた犬のほうが、いい猟犬に育つという。猪を獲ると、犬の首に猪の血を塗ってやる。犬はそれを誇りにして、一層勇猛な猟犬に成長する。

狩猟の作法と祭祀

犬が猪の牙で深手を負って致命傷になることもある。助からないときは犬を背負って山を下り、家の近くに埋めて手厚く葬った。そうした犬の霊がコウザキ様になって猟師を守護する。獲った猪は、山から運び降ろすと四肢を縛って玄関先に吊り下げる。「シシカリ」といって、頭を北向きにしてシシの霊を慰める。

猪を解体するときには「シシマツリ」の儀式をする。肉を切り分けたら、獲物の「マル」（心臓）と「アカフク」（肺）、「クロフク」（肝臓）を七切れにして、二股の枝に刺して山の神やコウザキ様に、赤紙と白紙の御幣を一緒に供える。いまは榊《さかき》の皮で赤く染めるが、昔は血染めの御幣だった。さらに古代においては、猪の心臓（マル）の血を白地の紙に丸く塗りつけた。九州山地の村では、猪の首を紙の上に置いて印をつけた。白地にマルの血の印。これが「日の丸」の起源だという説がある。日本人のルーツは、海を渡って九州に上陸した古代の狩猟の民かもしれない。

狩猟の作法や祭祀は、修験山伏と深く関わっている。修験道は呪術者である陰陽師と繋がりがある。修験者は、宗教者の表の顔と、鉱山師の裏の顔があった。修行と称して全国の山を自在に駆け回りながら、金や銀、水銀などの金属を探した。水脈や鉱脈を探し当てる呪法は、彼らだけが持つ最新の科学技術でもあった。金属を掌握する者は国を制する力を手にする。

修験は中世の頃から台頭し、戦国時代には各地の権力と結びついた。戦国期には合戦などの重要な政策決定の最終手段に、修験の御籤《みくじ》に頼った。一見、非科学的な御籤は修験の立願の呪法として重んじられた。合戦の成否や日取りや方角、軍の陣形、敵軍を呪《じゅ》詛《そ》、祈禱するなど修験が重要な役割を担っていた。彼ら修験集団は、日本を縦断する独自の山の行動ルートと、広い情報のネットワークを持ち、その情報を集約して御籤という呪法に信憑性を与えた。行動ルートは本州中部から九州まで繋がる「中央構造線」上にあった。

山を自在に移動する修験は、同じ「歩き筋」を利用する山師（鉱山師）や、猟師、サンカ、木地師《きじし》、たたら師、鍛冶屋、石工などの漂泊の民とも深く結びついていた。

修験は、山地に暮らす人たちに、コバ（焼畑）に虫がつくと虫追いの時期や方法を教えた。猟師に獲物のいる方角を占って教えたり、山の神の祭祀儀礼や禁忌を教えた。獲物祈願の祈禱作法や呪文、暦法による方角の占い、神楽の神事などに陰陽師の呪法や修験の密教の流れが混在している。

椎葉には、猪や鹿を奉納する神楽がある。神楽を舞う場所の「コウミヤ」（御神屋）は、注連《しめ》で結界した狭いスペースの天井に獲物の生肉を吊り下げ、血が滴り落ちる下で神楽が舞われる。殺生の罪や穢れを祓《はら》い、獲物の鎮魂の儀礼が演じられ、それによって犠牲になった動物の魂は成仏して天に上り、来世は人間に生まれ変わる。

「昔から猟師は獲物を千頭獲ったら祟りがあると言いよると。俺もそろそろ鉄砲を置くことを考えんといかんとよ」

今まで八百頭の猪を獲ったという猟師が愛用の銃を撫でながら苦笑いを洩《も》らした。後ろの座敷の鴨居に「カマゲタ」と呼ぶ、射止めた獲物の頭蓋骨がずらりと並んでいる。

罠にかかった猪は凄まじい

ワイヤーの仕掛け罠は、ひと山に二、三十カ所仕掛ける。ワイヤーは罠猟専用に売られている。直径約五ミリで国産と輸入品がある。昔は麻縄を柿渋で染めて使ったが、戦後間もない頃は飛行機の操縦桿と翼を繋ぐワイヤーを使ったりした。

仕掛け罠には、猪の足にかける式のものと、胴にかける式のものとがある。足にかける罠は、ワイヤーで小さな輪を作り、地面に敷くように仕掛ける。ワイヤーの端は近くの木に結わえておく。猪が輪に足をかけ、逃げようとして引っ張るほど輪がきつく締まる。

胴にかける罠には「ワサ」と呼ばれるものと「はね罠」式がある。「ワサ」は、足にかける罠と同じで、ワイヤーで輪を作り、木に結びつけるだけの簡単なもの。猪がワサに体を突っ込み、後ろへ引くことを知らない猪が、前へ前へと逃れようとして自分の力で胴を締め上げる。猪の通る道が狭くなったあたりに仕掛ける。

一方、「はね罠」は丈夫で弾力のある木を弓状に曲げたはね木にワイヤーを結び、直径五十センチ程度の輪を作って、地面と垂直に仕掛ける。はね木は椿《つばき》や榊などの木がいい。折れたり、裂ける木はむかない。また樫《かし》の木は丈夫だが、仕掛けたまま一カ月もすると、曲がり癖がついてバネの役を果たさなくなる。

猪が罠に気付かずに輪に体を突っ込むと、仕掛けがはずれ、はね木が元に戻る力でワイヤーが胴を締め上げる。輪に触れるとはずれる仕掛け部分を「コワナ」などと呼び、地方や猟師によって独得の工夫がある。

罠をかける猟師は、四、五百本ものワイヤーの仕掛けをかついで山に入り、一本ずつかけていく。重量は数十キロにもなる。並の体力ではすぐに音を上げる。仕掛ける場所は、猪が往き来しているミチで、何本ものミチが交差するところや、鞍部の崖になったような、せばまった場所を選ぶ。仕掛けた当初は、ワイヤーの匂いや、人間の匂いが残っていて猪が近づかない。匂いが完全に消えるまでには半月近くかかる。途中で強い雨が降ったりすると、かかりが早くなる。

猟師は罠をかけると、三日に一度くらいの割合で山の見回りに行く。獲物がかかっている場合、生きているうちに見つける必要がある。せっかく罠にかけても、死んで時間が経過してしまったら、獲物が無駄になる。

罠にかかった猪は凄《すさ》まじい。いきりたって、周辺の木に牙を立て、地崩れがしたように地面を抉《えぐ》り返す。細木などはワイヤーがからまって根から抜けてしまう。人間が近づくと一層狂暴に荒れ狂う。全身の毛を逆立て、牙をむいて襲いかかろうとする。その、阿修羅のごとき形相と勢いは、馴れた猟師でさえ恐怖心を抱く。とくに、罠が後足にかかっている場合が危険で、飛びかかった勢いでワイヤーが切れて、襲われることがある。

現在は、罠にかかった猪は銃で撃ち殺すが、昔は大きな石を投げつけたり、丸太でなぐり倒した。剛胆な男は、猟刀を手に猪の背に馬乗りになって心臓を一突きに仕留めることもあったという。獲った猪は、前足を縄で縛り上げ、子どもでもおんぶするように背中に乗せて運び降ろす。

猪は、最近では六十キロ前後が普通だが、ときに百キロを超す大物もいる。かつては、さらに大型の猪がざらにいた。猪猟は、まさに命がけの猟だった。

鹿狩り

猪用の「はね罠」には鹿や、鼬《いたち》などの小動物もかかった。鼬は肉が臭くて食えず、毛皮も売れない。罠をかけ直す手間がかかるだけで、猟師の嫌われ者だった。鹿は、肉は猪の三分の一程度にしかならないが、毛皮が高く売れた。とくに昭和二十三、四年の皮革ブームの頃には貫あたり八百円から千円の高値で皮革業者が買っていった。鹿はまた、頭や角も飾り物や刀掛けなどに珍重された。百キロ近い大鹿になると、一頭丸ごとで二十万円前後の大金が稼げた時代もあった。

鹿は罠で獲《と》ることは稀《まれ》で、主に鉄砲で獲った。猟法は、熊や猪と同じ「巻き狩り」で行なわれる。本州鹿、北海道のエゾ鹿と、昭和初期頃までは、猟師が単独で猟をすることもできたが、その後は集団で組んで行なう巻き狩りでなければ獲れなくなった。自然破壊と乱獲で、鹿の数は一時期めっきり減ったが、最近は再び増えてきている。

現在、狩猟が許されているのは十一月十五日から、一月十五日までの二カ月間のみ。害獣駆除が名目となっている。

大雪は鹿狩り日和

鹿猟は、山に大雪が降った朝に、もっとも成果が期待できる。雪が降れば、足跡が見つけやすく、追跡しやすい。鹿は敏捷で、行動半径が広い。一夜でいくつも尾根を越えて移動する。山越えしたかどうかが雪面に残っている足跡で分かる。足跡を蹴散らした雪の状態、糞や、木の皮をかじって食べた跡などが、鹿の行動を推理する手がかりになる。

また、降雪量が多いほど猟師に有利になる。大雪は鹿の活動を鈍らせ、行動範囲を狭める。明治十二年頃、北海道各地が記録的な大雪に見舞われ、雪に活動をはばまれた鹿が大量に餓死、凍死するという事件が相次いだ。その数は、日高鵡川《むかわ》地区だけでも七万五千頭に及んだ。

その死体の腐敗のため、利別川流域に居候する人々は、数年間に亘《わた》って川水を飲用することができなかったといわれる。雪は、鹿にとって銃を持つ猟師よりも難敵であり、猟師にとっては逆に天の恵みとなる。

巻き狩りはたつま猟と同じもので、猟全体を指揮する親方を中心にマチコ（射手）と勢子《せこ》に分かれて行なわれる。勢子は若手や健脚の持ち主があたり、マチコは射撃に熟練した者が選ばれる。

勢子は鹿を遠巻きにしながら、山の鞍部の崖の方へと追い込んでいく。マチコは一定の間隔をおいて配置され、物陰に潜んで待機している。一時間、二時間、半日、一日でも息を殺して動かない。

機を見て勢子がセコダマ（威嚇射撃）をかけると、鹿が一直線に疾走し、崖を滑り降りる。標的に向かって一斉に銃が発射される。鹿が跳躍しながら走る。急所は心臓、首、脊髄だが、命中しても一発ではなかなか倒れない。稀に、内臓を引きずったまま、山を越えて逃げる鹿もある。また、仕留めても、死にきれずに、哀訴の表情で泣き叫んで哀れみを誘う鹿もいる。

獲った鹿は、その場で腹を裂いて内臓を抜く。雪国では、そのあと腹に雪をつめ、血を染ませて出す。汚れのない白銀の大地に、生々しい鮮血が拡がっていく。鹿肉は非常に美味である。刺身も旨いし、焼いても、燻製にしても旨い。内臓も捨てるところがない。

また生血は腸袋に詰めて持ち帰り、熱湯で煮えたら薄切りにして食べる。塩をつけて食うが、天下の珍味である。血が凝固した特有の味は、力ずくで獲物を仕留めた勝者の本能をわき立たせる野生の味がする。

人間と山獣の勢いは二十年を周期に交替するといわれる。人間が強いときには獣の数が減少し、獣害はみられないという。現在は、人間が過去の無軌道な開発と自然破壊の反省から、多少の歯止めがかかり、鹿や猿などの山の動物の数がふえ、勢いをもり返している。このままいくと、次の周期の変わり目は早まりそうな気配である。この数年、すでに鹿による被害が出始めている。

わらだ猟

雪は、山深い里に暮らす人々に諦めと忍従を強いてきたが、その代償として山の恵みを与えてきた。普段は山の隠者のごとく、秘《ひそ》かに行動し、滅多に姿を見せることがない山獣たちが、降り積もる雪に、その痕跡をあらわにし、狩猟を容易にした。熊、猪、鹿、兎《うさぎ》などの山の動物の肉は、海から遠い山国の、冬の貴重な食料となり、動物性蛋白源でもあった。また、半年近くも労働の手だてを奪われた人々に残された現金収入の道にもなった。

山の猟でもっとも盛んだったのが野兎狩りだった。熊や猪狩りを主にやってきたという猟師でさえ、一番多く捕獲したのが野兎だった。それだけ野兎の棲息数が多かった。また、野兎は、しばしば身辺に出没して畑の作物を荒らしたり、果樹や杉、桐、桜などの新芽を食べるやっかい者でもあった。

野兎は俗に〝ウサギの一匹食い〟といわれる。肉から骨、内臓、皮、ときには目玉まで、あますところなく食用にされ、柔らかくて暖かい毛皮は防寒具や、小物入れなどに加工された。兎は、山国で一番身近な山の動物だった。

野兎を捕獲する手段は、罠を仕掛ける方法や銃による方法、藁《わら》や木の枝で作った輪を投げて生捕りにする「わらだ猟」や、鷹を使って捕る方法など、独得の猟法がある。

兎用の罠は俗に「ヒッククリ」と呼ばれるもので、二十番程度の針金で輪を作って、兎の通り道に仕掛ける。輪の直径は十センチから十五センチ。針金の端を立木や杭に結び、地面より十センチから二十センチの高さに設置する。兎が輪の中をくぐって通ろうとすると輪が締まる。野兎をはじめ山の動物は、罠にかかると、後退してはずすことを知らない。前に前に逃げようとして、輪が締まり、自分の首を締める。罠は通り道に三十から四十カ所も仕掛けておき、あとから取りに行く。簡単な方法だが、山の畑の周辺に仕掛けておくと、よく掛かった。子どもでもできる猟で、山の子は大人の所作を真似て、野兎の足跡や草の踏まれ方などを覚えながら、一人前の山の人間に成長していく。

鉄砲による兎狩りは、単独の猟と、集団による巻き狩りがある。単独の猟は、猟師が鉄砲を持って単身山へ入り、雪上に残されている足跡を追って野兎が潜んでいる穴に忍び寄っていって撃つ。巻き狩りは、熊や猪、鹿などと方法は同じである。

こうした猟は、もちろん鉄砲が普及してからの猟で、それ以前には別の方法で猟が行なわれていた。村田銃が一般に普及しはじめたのは昭和二十年以降のことで、その前に火縄銃があるにはあったが、所持している者が少なく、性能もよくなかった。動きが敏

「わらだ」
藁を鍋敷きのように編む。
（直径45センチ）
わらだの飛ぶ音と影を鷹や鳶と間違えて穴に逃げ込む。
「柄」長さ60センチ。竹、ナラの枝などで作る。
「わらだ猟」新雪が降り積った朝に行なわれる。
柄を持って、回転させるように投げる。

捷で、雪穴に伏している小さな兎を鉄砲で撃ち取ることは、誰にでもできる芸当ではなかった。

しかし、性能のよい鉄砲が一般に普及するより以前にも、人々は兎を獲った。素朴な知恵を働かせ、習練による技を駆使して、鉄砲より効率よく兎を獲ってきた。「わらだ猟」、そして「鷹匠」がそれである。

伝承される幻の猟

「わらだ猟」は、秋田、山形、岩手など東北地方各地から、信越一帯の雪深い山間地に古くから伝わる猟法で、狩猟の主流が鉄砲に変わった現在でも、わずかながらその技を伝承する人々がいる。

「わらだ」は、地方によって「わだら」「ワッカ」「ワナゲ」「マル」などと呼ばれる。「わらだ」とは藁で編んだ〝鍋敷きに似た輪〟の中心に、細木を差し渡して固定したもので、これを宙に飛ばすと鳶《とび》や鷹の羽音に似た音を発し、雪上に影が映る。それに怯《おび》えた野兎が雪穴に逃げ込んだところを生捕りにするのが「わらだ猟」である。

一般に、俵の両端に当てる藁製の丸い蓋《ふた》を称して〝さんだら〟、あるいは桟俵《さんだわら》と呼ぶが、それに形状が似ているところから〝わらだ〟の名がついたといわれる。実際に、桟俵をそのまま使うこともあった。ほかに楢《なら》や朴《ほお》、イタヤなどの枝を輪にして使ったり、とっさの場合は、足につけている輪カンジキを脱いで飛ばしたり、手拭いに雪玉を包んだり、ただの棒切れを投げたりしたこともあったらしい。要は、鷹などの襲来を擬装して、羽音らしき音と、雪上に飛ぶ影が映ればよかった。

本式に猟に使われるわらだは、直径四十から五十センチ、厚さが十センチ以上あった。大きくて重い方が遠くまで飛ばせる。わらだは自分で作る。鍋敷きやちぐらと同じ編み方で二十分もあれば作り上げる。中心の棒は先を駒形に削った枝を使うが、なかには節を抜いた竹を使って、投げると笛のように鳴る工夫をする者もあった。

わらだ猟は冬の猟である。雪が猟師を助け、この猟を可能にする。一番いいのが、固く締まった根雪の上に新雪が降り積もった状態。一晩に二十センチも積雪があれば、かなりの距離、足跡が追跡できる。

しかし、降り方にもよる。野兎は夜行性で夜にフセアナから出て活発に行動する。そのため、新雪が降っても、夜半早く降り止《や》んでしまうと、人間が活動できる朝まで時間がありすぎる。足跡が多すぎたり、見にくくなって、どれが新しい足跡なのか判断が難しくなる。雪は、午前三時頃から夜明け近くに降り止んでくれるのがもっともいい。足跡がまだ新しく、フセアナ近くまで追跡でき、野兎の所在を見つけるのが容易になる。

これは、鉄砲による猟でも同じことがいえる。

また、雪が、都合よく止んでも、強風が吹いたりすると、吹き溜まりの雪や新雪を巻き上げて、足跡を消してしまうことがある。新雪が降り止んだあとは、無風あるいは微風状態であることが好条件となる。野兎の足跡は前足を縦にそろえるようにしてつき、跳び箱のように後ろ足を前に出して着地するので独得の跡が残り、すぐに分かる。

猟師は、明け方に雪の状態を見て、早朝の山に入る。頭に菅笠《すげがさ》、全身を蓑《みの》で包み、ハバキをつけた足にカンジキを履く。手にコースキを持つ。コースキは秋山郷で使われる木のシャベルのことで、軽くて持ちやすく、杖代わりにもなる。東北地方では単に雪べらと呼んでいる。鉄砲ぶちは、遠い獲物を狙うときに、雪べらを立てその上に鉄砲をのせ、安定させて射つこともある。わらだは四、五枚、ときに六、七枚持っていく。

見通しがきく尾根筋を遠巻きに登りながら注意深く雪原を探って歩く。白一色の雪原に、保護色をまとった野兎の姿を発見することは至難の技である。雪の上に残された足跡や、木の皮をかじった跡を探し出して行動を推理する。

突然、足跡がなくなることがある。野兎は天敵である貂《てん》や狐から身を保護するために、進行方向をまぎらわすように行き来したり、途中で来た道を後戻りしたり、横に大跳びして姿を隠す。これを「アトカクシ」などと呼んでいる。後戻りは、ときに三十メートルも続くことがあり、軽く六尺以上も一跳びする。それも二、三度と跳躍し、その間に柴などがあり、根元に穴があると、そこへ跳ぶ。そこからまた、少し歩いたところの柴の根元の雪穴に潜って寝ている。不慣れな者はまごついて野兎の所在をつかむのが容易

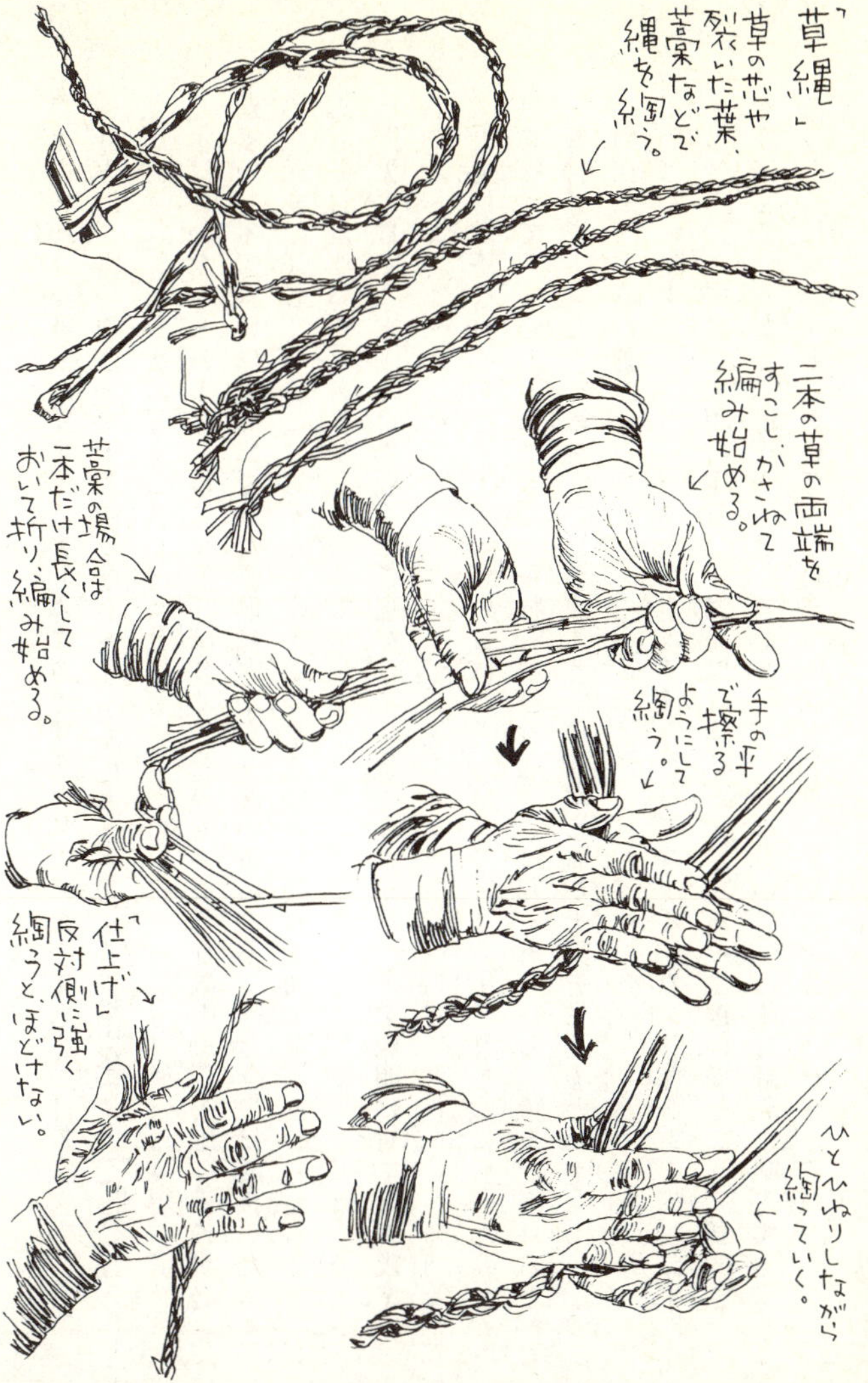
「草縄」
草の芯や裂いた葉、藁などで縄を綯う。
二本の草の両端をすこしかさねて編み始める。
藁の場合は一本だけ長くしておいて折り、編み始める。
手の平で擦るようにして綯う。
「仕上げ」反対側に強く綯うと、ほどけない。
ひとひねりしながら綯っていく。

ではないが、熟練した猟師は、アトカクシの状態を見て雪穴の見当をつける。

野兎は、雪に埋まった木の根元にできる雪洞に潜んでいる。秋山郷では「いばね」、秋田では「フセアナ」「ネドコ」などといっている。

木は幹の太いものより、俗に柴と呼ばれる、せいぜい直径が数センチの細い木の場合が多い。木の根元に自然にできた雪洞は、かなり深いものがあり、ときには隣接した木の根元まで通じていることもある。うっかりすると、抜け穴を通って、別の穴から逃げられてしまう場合もある。

野兎は日中、雪洞の口の近くで昼寝をしている。しかし、たえず周囲に対する警戒をおこたらない。

「野兎は敏感な動物らぞ。天気のいい日には、いばねの縁まで出て耳を頭にべったりつけて眠っているろも、ちょっとした物音にすぐ起きる。匂いも分かる。天気が崩れると、一層神経を尖《とが》らせて、耳を立てて警戒するぞ。昔から兎が天気を教えるといった」

秋山郷のわらだ猟師が言った。

いばねの見当をつけると、風上を避けて風下から接近する。カンジキが雪を踏むわずかな音や、かすかな人間の体臭で、野兎は危険を察知して素早く逃げてしまう。風向きが安定しているときは風下から近づけばいいが、谷に巻いている風は野兎に味方する。こうした原始的狩猟においては、自然は人間と動物に公平にチャンスを与える。

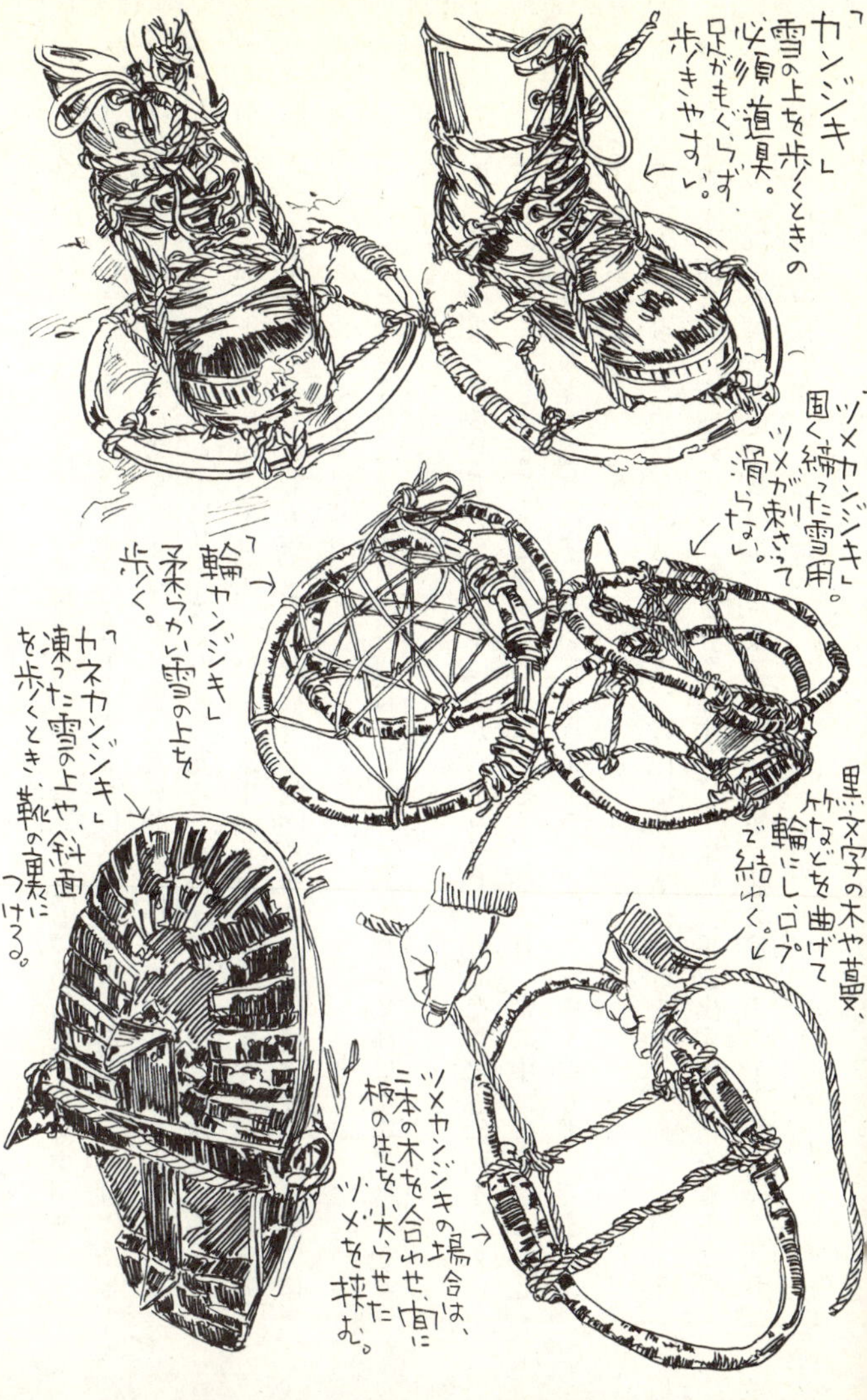
「カンジキ」雪の上を歩くときの必須道具。足がもぐらず歩きやすい。
「ツメカンジキ」固く締った雪用。ツメが刺さって滑らない。
「輪カンジキ」柔らかい雪の上を歩く。
「カネカンジキ」凍った雪の上や、斜面を歩くとき、靴の裏につける。
黒文字の木や蔓、竹などを曲げて輪にし、ロープで結わく。
ツメカンジキの場合は、二本の木を合わせ、間に板の先を尖らせたツメを挟む。

猟師は、風下からわらだの射程距離内まで静かに忍び寄る。わらだを飛ばす距離は、普通二十から三十メートル。なかには五十メートル以上飛ばす者があるが、投げたあと、獲物が逃げ込んだ雪穴に素早く駆けつける脚力との兼ねあいを考慮する必要がある。

わらだは、藁の輪の真ん中に差し渡した柄の元の方を持って投げる。身体を低くし、横投げで、回転を与えながら飛ばす。一投目は空中高く飛ばす。かすかな風切り音を発しながら宙に舞い上がる。野兎がいる。一投目で危険を察知した野兎は、逃げる体勢に入る。このときに足で雪を掻《か》く。

一歩、二歩と進みながら、二投目、三投目を投げる。わらだの軌跡は次第に低くなり、四投目には地面スレスレに飛ばす。

野兎は鷹の襲来と錯覚して、雪穴の中に頭から潜り込む。猟師は雪の急斜面を一気に駆け下り、素早く雪を崩して穴を埋めてしまう。そうして一旦、雪の中に野兎をとじ込めておいて、コースキで掘り出す。賢い野兎はモグラのように雪中を掘り進んで逃げようとする。素早く掘る。

雪穴を広げたら、上半身を潜り込ませる。野兎は頭を奥に向けてジッと動かない。それを素手で捕える。窮地の兎は狂暴さを発揮する。不用意に手を出すと、指を嚙みちぎられる。尻尾《しっぽ》を摑《つか》むと毛が抜けて、毛皮の値が下がる。腹の底からそっと手を差し入れ、指の間に両足を挟むようにして捕る。

「わらだは、高価な鉄砲を持たんでも猟ができるぞ。それに兎さえ見つければ鉄砲より確実に捕える。一日に四匹、五匹捕れることもあった。鉄砲で撃った兎は血だらけで、毛皮にも傷ができる。わらだで捕った兎は無傷できれいだすけ、値もよかった」

昭和十五、六年頃には、兎の毛皮は一枚五十銭。石油一斗缶が七十五銭だった。

わらだによる猟は、一等鑑札が必要だった。鉄砲の場合は一般鑑札、一級下だった。また、現在の狩猟法では甲種が罠類で、乙種が銃、丙種が空気銃と細かく規制されているが、わらだ猟は規制外、つまり、いまでは存在しない幻の猟になっている。

鷹狩り

鷹を使って野兎《のうさぎ》や狸《たぬき》、貂《てん》などを獲《と》る猟法は古く、文字発生以前から中央アジア周辺の遊牧民の間で、すでに行なわれていたといわれる。日本でも日本書紀にあらわれ、明治時代までは皇族や時の権力者の庇護を受けていたが、それとは別に、山間農民の間には生活を賭した厳しい鷹狩りが行なわれてきた。

南北に縦走する出羽山地に囲まれた山峡の地、秋田県檜山村は古くから鷹匠《たかじょう》の村として知られている。現在、戸数わずか十六戸、冬には豪雪に埋まる寒村である。雪深い山村の暮らしは過酷で、糧を得る手だては炭焼きか狩りしかなかった。

檜山には、かつて十人近い鷹使いがいた。鉄砲で狩りをする猟師もいたが、当時の村田銃は性能が悪かった。鷹使いが一冬に二百から三百匹の野兎を捕るのに対して、鉄砲では百匹捕るのが精一杯だった。

しかし、鷹匠は誰にでもやれるものではなかった。鷹を雛から飼育、調教し、猟ができるようにするのに忍耐と長い経験が必要になる。一人立ちするには最低十年かかるといわれる。

鷹を仕込むには、気性の荒い雌のクマタカがいいとされる。クマタカ科に属し、日本ではイヌワシと並ぶ最強の猛禽《もうきん》である。体長七十、八十センチ、体重二、三キロ、翼を広げると一・五メートルにもなる。十五キロ四方を縄張りとし、四・五キロ先の獲物を見つける視力と、時速二百キロの飛翔力を有する。ヤマドリやサギなどの鳥類から、野兎、狐、狸などの小動物まで襲う空の王者である。

クマタカは現在、保護鳥になっていて、環境庁の許可を受けなければ捕獲することができないが、昔は自由に捕獲できた。鷹一羽が米一俵分の値で売買された時代もある。

クマタカを捕獲することは至難の技である。一人前に成長してから捕えた鷹を「出鷹」という、出鷹はすでに成鳥として狩りの技術を身につけているが、野生であるために、人間に慣れさせ、飼育、調教するのに苦労と根気がいる。

捕獲法は、山中の見通しのきく場所に高さ一・五メートル、長さ二十メートルほどの網を三方に張りめぐらせ、鶏を囮《おとり》に入れる。獲物を狙ってくる鷹の習性を利用して捕獲する。チドリを囮にして、トリモチで獲ることもあった。山中の〝鷹待ち小屋〟に何日も泊り込んで猟をした。

また、巣でかえったばかりの雛を「巣子」という。本来、巣から生後間もない雛を捕えて育て上げるのが一番いい。クマタカは夏、深山の切り立つ崖の上の針葉樹に巣を造る。崖を這い、木に登って接近するのに骨が折れる。親鷹は人間が近づくと逃げるが、ときには雛を守るために襲いかかってくることがある。そのため、頭から分厚い綿入れなどをかぶり、必死の覚悟で木に登って捕った。巣を見つけると、木の根元で焚き火をし、盛んに煙をあげると親鷹が驚いて巣を離れる。その隙を狙って木に登って巣子を捕る方法もある。

まだ目があくかあかないかの巣子は、人に慣れやすく、飼育がしやすいが、獲物の捕り方を教え込むのに苦労する。初めての冬の猟からどんどん獲物を捕る鷹もいれば、いくら教えても捕らない鷹もいて、当たりはずれがある。

鷹使いの本領は鷹の調教にある。鷹と人間が一心同体にならなければ猟は成り立たない。鷹を手に入れると、暗い部屋に入れ、昼も夜もそばを離れずに面倒をみる。とくに出鷹の場合は、捕えられたショックから、餌を口にしない。小屋に寝起きし、鷹の体をさすってやったりして徐々に慣らしていく。

仔鷹のうちは食えるだけ餌を与える。食えば食うほど、食わずにいられなくなる。餌を見れば我慢できずに襲いかかる野生の本能を引き出すと同時に、飼主に従うようにさせる。

夏の間、餌を食って太ったクマタカは猟期にそなえて十月の初旬から十一月下旬、そして猟に出る十二月から三月まで絶食状態にさせる。十日に一回、茶碗に一杯程度の肉

「鷹匠《たかじょう》」

クマタカ
鷹を調教して、野兎を捕る。

「犬の毛皮」風を通さず、暖かい。

「モリコ」獲物をくくりつけて背負う。

「ヘラ」雪ベラ
「カンジキ」

追い出した野兎を鷹が襲う。

しか与えず、もう四、五日絶食させたら死んでしまうという極限状態まで持っていく。鷹は、満腹時の記憶と飢えることによって、獲物に対する獰猛《どうもう》な攻撃力を研ぎ澄ましていく。鷹は腹が満たされているときは、白いペンキ状の糞を一〜五メートルも飛ばすが、空腹になるにつれて飛距離が短くなり、二、三センチくらいになったときが、もっとも狩りに適しているといわれる。鷹はガリガリに痩《や》せ、鋭い目をギラギラさせて、鼓膜が裂けるほどの鋭い声を発して鳴く。

消えゆく伝統猟

鷹使いは「ハダコ」と呼ぶ麻の着物に股引《ももひ》きをつけ、肩から背に「ケラ」という犬の毛皮をまとう。犬の毛皮は風を通さず、薄くて暖かい。背には獲物を背負う「モリコ」という道具をつける。左手には「カケ」という綿入れの手袋をはめ、ここに鷹をとまらせる。右手には長さ七、八十センチの木の雪べらを持ち、カンジキを履いて猟に出る。昔から変わらぬ鷹狩りの装束である。

鷹は暗くなると目が見えない。そのため、野宿することは滅多にない。自宅から半径二十キロから四十キロの山を狩り場として猟をする。健脚と強靭な体力が不可欠である。雪上にカンジキと杖がわりの雪べらの刻印を残しながら、尾根づたいに沢の斜面を見ながら歩く。視力も欠かせない条件のひとつだ。鷹使いは、野兎の足跡や糞、そして小便の跡を探す。野兎の小便は真っ赤で、雪上では遠くから判別できる。また雪の降り始めは、雪が深くなく、兎の毛がまだ白くなっていないので見つけやすい。とくに初雪があった日は豊猟が約束された。

近くに野兎が潜んでいると見当をつけると、雪べらで立木を叩《たた》き、「ホイ、ホーイ」と奇声を発して、雪穴から追い出そうとする。鷹はすでに本能的に獲物の所在を察知している。鋭い眼光が一層険しくなり、白一色の斜面を射すくめる。体を引き締め、腕を摑《つか》む足に力がこもる。その圧力が綿入れの手袋を通して鷹使いの腕に伝わってくる。鷹が獲物を見つけ、出撃体勢に入っている。しかし、鷹の足には「アシカ」と呼ばれる縄がかけられ、鷹使いの手に握られている。

充分に引きつけておいて、アシカが放たれる。鷹は満を持して飛翔する、バサバサと風をおこして飛び、野兎に向かって一直線に急降下する。野兎は魅入られたように体が硬直して動きが鈍い。鷹の鋭い爪は一撃で野兎の首をつらぬき、肉を破って心臓深く食い込む。したたる血が純白の雪に染みていく。

鷹使いは、あとを追って一気に斜面を駆け下り、鷹が摑んだままの野兎の心臓を圧《お》して息の根をとめる。そして、腰の山刀を抜き、獲物の前足を切り落として鷹に与える。

鷹狩りは、猟師と鷹が習練によって絶妙な呼吸《いき》を合わせて行なわれる優れた猟である。こうした伝統的な狩猟法も、その後の鉄砲の発達によって、消滅しようとしている。

第三章

山の漁法

魚釣り

山で暮らす人々にとって、魚を捕るということは、単に道楽というより、生きるための手段でもあった。

捕った魚は日々の食卓にのせられ、数が多いときは火棚に吊るしたり、藁《わら》で編んだべンケイに串刺しにし、囲炉裏端で燻製にされた。燻製の魚は冬の間の貴重な保存食、蛋白源になった。また、夏の間にたくさん捕った岩魚《いわな》や山女《やまめ》、鱒《ます》などの魚は、栃《とち》の葉で包んで縄を巻いてアラマキにし、冷たい沢の水につけておき、雪の降る頃に上げてきて軒下に吊るしたりもした。岩魚や山女は塩漬けや、粟飯を腹に詰め、熟《な》れ鮨《ずし》にして保存することもあった。こうして、捕った魚は少しの無駄もなく利用されるだけでなく、鮮度を落とさずに町方に持っていけば、馴染みの店や客が喜んで買ってくれる。ちょっとした現金収入にもなった。

そのため、山間の村の男衆にとって魚捕りは、植林や伐採、炭焼きや木地作りなど諸々の山仕事同様に、習得していなければならない技術でもあった。男の子は六、七歳にもなると父親や兄たちについて川や沢に入って釣りを覚え、年長の子に率いられて川で遊び、ドウ（筌《うけ》）を仕掛けたり、潜ってヤスで突いたりしながら魚の習性を学んだ。十二、三歳にもなれば、いっぱしの釣り師を気取って大人と釣果を競い合った。

魚を捕る方法は〝釣り〟に限らなかった。釣りは優れた漁法には違いないが、季節や天候、川の状態などで万能《オールマイティ》ではない。かつて山村が、外界とは隔絶され、現金収入の道が限られて貧困を強いられた時代には、彼らは生き継ぐために魚を捕った。捕るには、確実で効率のよい漁法を編み出す必要があった。どうしても魚が欲しいときは沢の岩をはがし、水を抜いて淵を干したり、ときに、毒流しをしても捕った。

だが、必要以上に川を荒らすことはしなかったし、魚も捕らなかった。一つの淵に三匹の魚がいれば、一匹は必ず残した。また、魚影の少ない沢や、魚が遡上できない堰《せき》の上の沢に、捕った魚を放してふやすことも、人知れずにやった。

川が涸渇し、魚を根絶やしにしてしまったら、そこに暮らす人間たちも生きてはいけない。

魚が釣れなくなった川に見切りをつけ、ほかの川へ気軽に移っていける〝道楽モノ〟の釣り師とは、そこが異なる。生活の身近にある川を殺さず、上手に守り継いでいくことは、自然がもたらす恩恵に浴して生きてきた山人としての戒めであり、秘《ひそ》かな信仰でもあった。同時に、したたかな打算でもあった。

餌釣り

川や渓流の釣りには餌釣りとテンカラ釣りがあった。餌釣りは川虫やカブ玉（カジカなどの魚の卵）、あるいはドバミミズなどのキジを餌にして釣り、テンカラは毛鉤《けばり》で釣る。

餌の川虫は主にキンパクやガヤ虫（黒川虫）といったカワゲラ類の幼虫を使う。餌は、魚が平生に捕食しているものがもっとも効果的なので、釣りに出かけたら、まず、その川で川虫捕りをする。それはまた、川底の石の苔や川虫の付き具合などから、魚の棲息状態を推理する手がかりにもなる。

カワゲラの幼虫は、清流の岩や石の下に多く見られ、川中の酸素を呼吸しているが、藻など植物性のものを餌にしている種と、カゲロウやユスリカの幼虫を捕食している肉食性の種がある。

因《ちな》みにカワゲラの起源は古い。祖先型は二億五千万年前の化石にも見られるほどの原始生物で、日本では約百五十種が確認されている。

またトビゲラの幼虫は、川底の小石や砂粒などで巣室を作り、その前に口から細い糸を出して蜘蛛《くも》の巣のような網を張って、そこに引っかかってくる藻類やユスリカの幼虫などを捕食して成長する。

カワゲラやトビゲラの幼虫は姿はオケラに似て醜悪《グロテスク》で、獰猛《どうもう》である。川瀬の石をひっくり返し、指でつまみ上げると暴れ、ときには大顎《あご》で噛みつくことがある。

だが、夏の終わりに羽化が始まり、幼虫からは想像できないほど、はかなくも優美な姿に変身する。日の光を翅《はね》に受け、透明な肢体をかすかな黄金色に輝かせて、水面を舐《な》めるように飛び交う様は幻想的ですらある。

かつて、川は生きていた。暮らしの身近に水量豊かで美しい川があり、太陽の光が水中の藻や苔を育てた。その藻や苔をカゲロウやトビゲラの幼虫が食べ、それらをカワゲラの幼虫が捕食する。カワゲラは鱒や鯎《うぐい》などの渓流魚の餌になり、その魚をカワセミなどの鳥類が狙う。自然の食物連鎖が歴然としてあった。当然、人間も例外ではあり得ない。あるがままの美しい川を守り継いでいくことへの見返りとして、その恩恵に浴してきた。

川虫を捕るには、その用途、利用のしかたで方法が異なる。つまり、釣り餌にするのか、食用にするのかによって捕獲法が違ってくる。「あの醜悪な風体の川虫を食べるゲテモノ食いがいるのか」と訝《いぶか》る読者があるかもしれないが、川虫はかつて、山深い辺地では貴重な食料、蛋白源だった。現在《いま》でも信州伊那では、食用として川虫を捕る漁があり、漁獲が激減した近年では、缶詰に加工されたものが一缶数千円という高値がつけられるほどの〝高級珍味〟になっている。

現在でも伊那の人々は川虫を佃煮にしたり、天ぷらにして食す習慣がある。ご飯に炊き込んだり、茶漬けにもする。また、粋人は生きた川虫をにぎり鮨にのせたり、炊きたてのご飯に混ぜて食べたりもする。見た目は醜悪《グロテスク》で、二の足を踏む人が多いが、食べて美味で、ほのかな苦みとカリカリとした独得の風味があとを引く。動物性蛋白質が高く、食べすぎると、たちまち肥える。病人の体力回復、子どもの癇《かん》や引きつけにも効用があるという。

伊那地方では川虫をザザ虫と呼称する。ザザは石の多い川の浅瀬をさす。流れが石を洗う音からきている。ザザ虫はザザの石の下に棲息している。食用にするザザ虫は本来はカワゲラの幼虫に限られていたが、カワゲラの幼虫が少なくなった現在は、孫太郎虫（ヘビトンボの幼虫）やアオムシ（ヒゲナガカワトビゲラ）など、トビゲラの幼虫が混じるようになっている。

ザザ虫捕りは厳寒の真冬に行なわれる。漁期は十二月一日から二月末までの三カ月間に限定されている。特殊漁業であるザザ虫捕りは、漁業組合の鑑札のほかに「虫踏許可証」がいる。厳寒の川に浸っての過酷な漁なので、専業の漁師は十指に満たない。

伊那のザザ虫は四つ手網で捕る。流れを背にして川に入り、四つ手網を浅瀬に沈め、足で川底の石をかき回す。現在はゴム長靴の上に、鉄製のカナグツを履いているが、昭和二十四、二十五年までは木綿足袋に草鞋《わらじ》履きで漁をした。水が氷のように冷たく、草

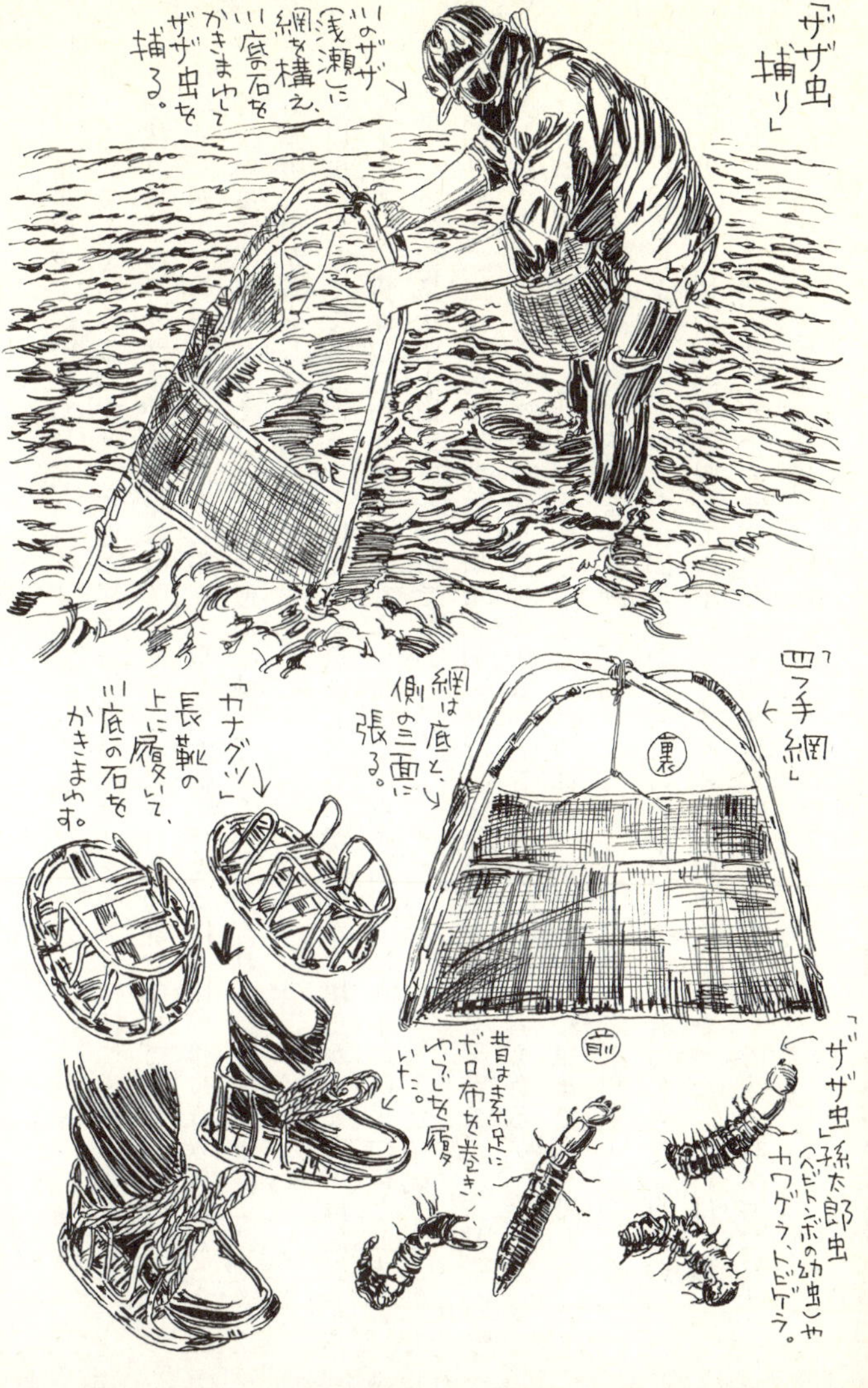
「ザザ虫捕り」

川のザザ浅瀬に網を構え、川底の石をかきまわしてザザ虫を捕る。

「四つ手網」

網は底と、側の三面に張る。

裏
前
「カナグツ」

長靴の上に履いて、川底の石をかきまわす。

昔は素足にボロ布を巻き、わらじを履いた。

「ザザ虫」孫太郎虫（ヘビトンボの幼虫）やカワゲラ、トビケラ。

鞋や足袋がすぐに破れた。

川底の石を踏み荒らすと、水面が泥や水垢で煙立つごとく濁り、四つ手網の細かい目を抜けていき、ザザ虫が網の中に残る。それを腰につけた魚籠《びく》に集めていく。一日で平均三、四キロの漁がある。因みに現在の取り引き価格はキロ四千円前後。収入は安定してはいるが、高値がつくほど年々漁獲が激減している現実を忘れてはならない。ここでも確実に川が荒廃している。

川虫が少なくなれば、それを捕食する魚にも当然影響が及ぶ。川虫がいない川は魚影もまた薄い。熟練した釣り師が、釣りに先だって川虫を捕るのは、単に餌集めにとどまらず、魚の棲息状態を推察するためでもある。

釣り餌用に川虫を捕る場合は、川虫を弱らせないように気を配る必要がある。未熟な釣り師のなかには、網を川に突っ込んで川底の石をかき回して捕る者も有るが、それでは川虫が傷みやすいし、川が荒れる。また、目の細かい網だと小さな虫まで入ってしまう。年季の入った〝良心的〟な釣り師は、釣り餌として適当な大きさの川虫を、必要な量だけ捕る。とくに、かつての山間辺地の暮らしは自然に大きく依存していた。自然の復元力、可逆性の範囲を逸脱して破壊に手を染めることは決してなかった。それは、環境としての自然の変化がそのまま自分たちの生活に繫《つな》がっていることを人々は骨身に沁みて、知っていたからである。

「川虫《かわむし》捕り」
ヘチマ
半分に切ったヘチマで、川の石の表面をそっとなでる。
「川虫入れ」竹を切って作る。
ヘチマの繊維に川虫がひっかかってくる。
川虫が傷まないように、口で吸い取って、川虫入れに移す。
「川虫」キンパク、ガヤムシ(黒川虫)など。釣りの餌にする。

川虫を傷めないように選って捕る方法は、人によって独得の工夫が凝らされる。ある人は川に半身浸りながら、水をかぶる岩を這う川虫を一匹一匹素手で捕る。ピンセットで柔らかく挟んで捕る人もある。爪を二本だけ長くのばしてつまむ人もある。さっと流れに落としておいて素早く手のひらで掬《すく》う人もある。

また、浴室用の糸瓜《へちま》を使って捕るという〝新手〟を編み出した人もある。これは糸瓜を縦半分に切ったものを手に持ち、水中の岩の表面を軽く洗い撫《な》でるようにすると、糸瓜の繊維に川虫が引っかかってくる。川虫も弱らず、効率がいい。さらに繊維の目に引っかかっている川虫をピンセットや指でつまみ出すことをせず、口をつけて吸い出し、それを餌箱に吐き出すという〝究極の芸〟にこだわる名人もある。その餌箱は、竹を利用した手作りで、底にきれいな粉砂が敷いてある。砂には川虫が死なないように適当な湿りを含ませてある。水分が多くて底にたまるようだと川虫が腐りやすいので、餌箱の底に小さな穴を開けてある。

竹を利用した餌箱は左右にひもをつけ、蓋《ふた》に通して首にかけて胸元に下げる。釣りをやりながら、餌の川虫をすぐに取り出して鈎につけられる。丸い竹だと、胸元でコロコロ動くので楕円形に削ったりする。また、凝る者はまだ出始めの柔らかい竹に楕円形の型をはめて餌箱にすることもある。

釣り餌はその川に棲息する川虫に優《まさ》るものはないが、といって年間を通して有効ではない。川虫を餌にするのは主として冬から春先までで、初夏が近い季節になると魚が上を向いて水面の虫を捕食するようになるので、川虫を食わなくなる。つまり、幼虫時代を終えた川虫が羽化していく時期にあたる。この頃になるとカブ玉（カジカなどの魚の卵）やキジ（ミミズ）に変えたり、テンカラ釣りに移行していく。

テンカラ釣り

テンカラ釣りは、毛鉤を使って釣る方法をいい、毛鉤は川虫が羽化したカゲロウやトビゲラなどの姿を模して作る。材料は地鶏の首回りの毛や鴨の毛、雉子《きじ》の羽根、プリモウスのミノ毛などのほかに、モグラの尻尾《しっぽ》で山女用の毛鉤を作ったりする。柔らかい毛を木綿糸で逆さに巻いて虫の姿に似せ、鉤を結わくが、その作り方に個人個人、独得の工夫がある。いずれにしても、普段から川に棲息する昆虫類に関する観察眼が大きくモノをいう。形、色、バランスや重さなど、微妙な部分で釣果に影響する。

毛鉤のほかに、竿、釣り糸《テグス》、ミチイト、鉤にいたるまで、かつては身近なものを利用して作った。

普通、川釣りのテンカラ釣り用の竿は、矢竹や篠竹、布袋竹などの天然竹を利用して作る。竿にする竹は手元まで弓なりに曲げて折れない強さとしなりがなければならず、山地の竹より、河原の砂地に自生する竹がいいとされる。山地の竹は節の間隔が長く、穂先が間のびする。また、重い竹は扱いがやっかいで長時間の釣りでは手が疲れてしまう。そのため春先にのびた竹を寒の時期に切る、いわゆる一年物の竹がいい。それを乾燥させ、火に炙《あぶ》って脂を抜き、クセを直して竿にする。仕上げに漆を塗った。

釣り糸は、戦後になってナイロン製のテグスが出回る以前は絹糸が使われた。絹糸は養蚕が盛んな地方では自家製で手に入ったが、山国ではクスサンという蛾の幼虫からも釣り糸を取った。山国では単にテングスムシといっていた。

クスサンという蛾は大きくて美麗。薄茶色の翅にくっきりとした目玉のような模様がある。その幼虫である毛虫は青白くて大きく、櫟《くぬぎ》や胡桃《くるみ》、栃《とち》、樟《くすのき》などにつく。樟蚕《くすさん》という名の所以《ゆえん》もそこにある。

クスサンの毛虫から釣り糸を取る方法は、この毛虫を集めてきて腹を裂き、体内から絹糸線を取り出して酢に浸しながら糸をのばしていく。丈夫で美しい絹糸ができる。釣り糸にする場合は、細い絹糸を何十本も縒《よ》って太い糸にする。細い絹糸を四十本ほど縒った糸が、現在でいう〇・八号くらいのテグスになる。

また、ミチイトなどは絹糸の他に、馬の尻尾を使ったりもした。昔はテンカラ釣りの釣り糸は馬の尻尾を編み込んだ「馬素」が使われた。馬の尻尾を指先で縒って、二、三本編み込むと丈夫なテグスになる。コシがあって竿を振ると狙ったポイントに真っすぐに落とせる。水に強く切れにくい。

「毛鉤」
地鶏やプリモウスの首回りの毛を逆さに巻いて木綿糸で止めて作る。
テンカラ釣りは、魚が上を向いて水面の虫を食っている時期に、餌釣りにかわって行う。毛鉤を上流に打って流す。

ナイロン製のテグスが普及するようになると馬素や絹糸の釣り糸は使わなくなったが、ナイロン・テグスの場合も、ベタついて水切れが悪く、クセが出やすい欠点を補うために、茶渋に染めることもした。茶渋で染めたテグスはシャキッとして水切れがよく、風の影響も少なく、流れに逆らわないという優れた特性がある。

染め方は、大きめのヤカンや鍋に水と番茶を入れ、棒に巻いたテグスをヤカンに触れないようにガーゼなどで包んで入れる。鍋の場合は縁に棒をのせ、ガーゼで包んだテグスをひもで吊るしてもいい。準備が整ったら、火にかけ、水から沸かし、ひどく沸騰させないようにして三十分ほど煮る。このとき玉ネギの皮を入れる人もある。玉ネギの皮を入れると硬さが増すという。煮たテグスは、そのまま自然に冷やし、一日置いて取り出して一晩水に漬けてから、日中は吊るして陽《ひ》に干す。これを何度か繰り返すとテグスがだんだんと硬くなってくる。茶渋染めは水に強く、腐りにくいので、テグス以外に、タモ網の網や麻縄なども染めた。

魚を鉤で釣り上げるというのは優れた漁法である。獲物に近づかず、遠くから鉤を飛ばして一匹一匹水中から引き抜くので、場を荒らさない。魚に警戒心を起こさせないので、魚が散らず釣果を望める。魚との知恵比べ、かけひき、技を競い合う面白さがある。

かつて全国各地の、豊潤な川を有する山村では、釣り一本で生業を立てる〝職漁師〟が大勢いた。とくに、長良川と吉田川が流れを混じり合わせる岐阜県の郡上八幡周辺では、いまも現役の職漁師が健在である。

釣りは一見簡単のようでいて、奥が深い。一朝一夕では成らない年季を必要とする。天候、気温、水温、川の状態や流れを読み、魚の棲息状況を洞察する知識と経験が釣果に直接影響する。熟練した釣り師が、その場で釣り上げた魚の腹を裂くのは、単に腐りやすい内臓を取り除くためではなく、魚が食っている餌を確認するためでもある。それによっては餌の虫や毛鉤の色を変える場合も出てくる。

テンカラの毛鉤は、その川に棲息する川虫を模して作る。魚が好んで捕食する虫に似せて作る。川底の川虫も成長する。石の下の幼虫を餌にしていた魚は、川虫が羽化し、川面を飛ぶようになれば、それを追う。そのときに幼虫に似せた毛鉤では釣れない。また、川虫の棲息状況は地方によって異なる。川という川で違う。同じ毛鉤では釣れない場合がある。川の数だけ、毛鉤の種類があるといってもいい。地方に旅したときに、土地土地の毛鉤を見ることも楽しみの一つである。

また、魚はいつでも餌や毛鉤に食いつくとは限らない。冬の半冬眠状態にあるときは一切餌を捕食しないし、季節や天候によっても、どんなに空腹でも餌を追わないこともある。いくらたくみに目の前に餌を泳がせても、見向きもしないことがよくある。魚は空腹状態にあるときは、逆に活発に餌を追わない習性がある。春になって、川虫などの身近な餌をボチボチ捕食するようになり、活発に動き出すようになると、釣り師が投じた餌や毛鉤にも獰猛に食らいつくようになる。そういう意味で、釣りは決して万能ではない。

川漁の儀礼

釣りに関して、非常に興味深い伝承習俗がある。それは「魚止め」「竿止め」と呼ばれる呪術が秘かに存在することだ。これは主に、山深い辺地で行なわれてきた。この魚止め、竿止めは、紅葉が散る晩秋の頃に術をかけて谷を閉じて魚を釣れなくするもので、春の雪解けの頃に魚止めの術を解いて川を開ける。

こうした術は、法印と呼ばれる、村の呪術師が行ない、特殊な呪文と儀礼があったらしい。また、法印以外に個人でも術を有する者があったようだが、代々長男にしか伝えない厳しい掟のようなものがあり、〝一子相伝〟の呪術で、他人に教えると術がきかなくなるといった。

山には地域ごとにそれぞれの持ち領分があるように、川にも川の領分というものがあった。魚止め、竿止めの術は、他所者《よそもの》がその領分に踏み入ってきても魚が釣れないように術をかけておく目的と同時に、狩猟における山開け、山じまいの儀礼と同様に、共同体としての川漁の期間を確認する儀礼でもあったようだが、実際に術のかかった川では魚がまったく鉤を追わなかったと証言する人も多い。

だが、当然、魚止め、竿止めの術があれば、それを破る術も存在する。これもまた極秘の術で、余人の知るところではない。ただ、ある地方では、白と赤と青い紙を魚形に切って竹に挟んで立て、秘密の呪文を唱え印を結ぶと谷が開くといい、このことを他人に暴かれると命をなくすと口伝されてきた。

ここでは禁を破るのは命がけ、一生に一度の術といわれ、自分たちの領分を死守して生き継ごうとする人々と、命を賭してまで他所の領分を侵さざるを得ない山間辺地の厳しい暮らしや、人々の生き様がうかがえる。魚止め、竿止めの術を破る術は一生に一度の禁破りとして黙認されるのは、山で暮らす人間が本当に窮乏に陥ったときに掟を犯すのを許す救済の意味合いがこめられている。

自然に依存するしか生きる手だてを持たない宿命的な重さがある。

手《て》摑《づか》み漁

古く、交通が不便で、外地との流通が極端に悪かった山間の村では、自給自足の生活手段をとらざるを得なかった。どれほど山が険しく、土地が貧土であっても、そこで産するものを頼りに生きるしか手だてがなかった。自分たちを取り巻く自然の法則に従い、折り合いをつけながら、積極的に自然を生活の中に取り込んでいく強さや、知恵や工夫が不可欠だった。それは、ある意味においては諦めであったかもしれないが、辛酸な暮らしの中にも自然の恵みを享受し、自分の力で生きているという確かな手応えと喜びがあった。

魚を捕ることにおいても、彼らは数限りない漁法を編み出し、後世に伝え残してきた。そこには、季節や天候に関係なく、いかに効率よく魚を捕るかという生産性や実利的な目的以外に、楽しく日々を生きようとする〝娯楽〟としての知恵や工夫が込められてもいる。

山の子どもたちは、五、六歳にでもなると、夏には年長の子に混じって冷たい川で泳ぐことを覚える。唇を紫色にし、水を飲みながら、見よう見真似で水中に潜るようになる。潜って遊ぶうちに、川の淵にある岩魚《いわな》や山女《やまめ》の棲む穴を発見する。魚が水の落ち込みの渦を巻くところや、澱《よど》みにもつく習性があることを覚えていく。それは将来、釣りや、ほかの漁にも役立ったが、子どもが最初に覚える漁法はヤス突きだった。

ヤスは安価な市販品もあったが、古自転車のスポークを削って自分でも作った。地元の鍛冶屋に作ってもらうこともあった。鱒《ます》を突くヤスは三本ヤス、岩魚は五本ヤスだった。岩魚や山女の産卵期になると、夜中にカーバイドランプをたいて沢の奥に入ってヤスで突いたりした。

ヤス突きは、覚えたては真っすぐ飛ばなかったり、水の抵抗があってうまく刺さらない。また、水中だと魚が大きく見え、距離感が狂ってはずすことが多いが、馴れてコツをつかむと、見つければ必ず仕留められるようになってくる。ただ、山間の渓流や川は水が冷たく、元気な子どもでも長くは潜っていられない。いずれにしても、ヤス突きは夏場のごく短い間の、限られた漁である。

魚が潜んでいる淵や落ち込みが読めるようになると、ヤスを持って水中に潜らなくても魚を捕えることができる。しかも、道具を使わず、素手で手摑みにすることも可能である。こうした技術は、やはり熟練が必要ではあるが、山間に暮らす子どもたちは、遊びの延長として自然に技を身につける。

また、岩魚や山女などの渓流魚が餌を追わない時期でも、確実に漁果が見込める漁法として、現在でも行なわれている。しかも、手摑みで捕えた魚は傷みがなく、生かしておくこともできる。魚の大きさを選って捕り、小さい魚は放せるので根絶やしにすることがない。それはまた、沢のそれぞれの淵に何匹の魚が棲息しているかを把握することに役立つ。名人級になると、周辺の沢をほとんど踏破して、棲息している魚の種類や数、そして成長の度合いまで、ほぼ的確に頭に入っている。

実際に、私自身が民俗調査に十数年通いつめている秩父、中津川にも手摑み漁の名人がいる。何度か一緒に沢を遡り、漁の手ほどきを受けたが、名人は淵ごとに言い当てた数だけ魚を確実に捕えてみせる。しかも、指先に触れたかすかな感触だけで魚の種類まで言い当てるだけでなく、「あの淵に岩魚を放して（捕らずに）おいたで、いまは尺（三十センチ）近くなってるべえ」と、こともなげに言ってのけ、事実、目の前でその通りの魚を手摑みしてみせる。

岩魚、山女を手摑みで捕るには、淵の岩の下や隙間に静かに手を差し込んで探っていく。指先に触れるとピクピクッと魚が動く。馴れないと反射的に手を引いてしまって魚を捕り逃がすことがある。岩の隙間にゴンズイやヤマノカミ、ウツボ、ウミヘビ、ウニなど、毒や鋭いトゲを持つ危険な生物が潜んでいる海の磯と違い、沢の水中は安全だが、目に見えないところでの感触に馴れるまで時間がかかる。また初心者は、慌てて摑もう

静かに手の平で包むようにして掴み捕る。
淵の岩の下を手で探り潜んでいる岩魚や山女を掴み出す。
「鮎の手掴み」
夏場、川の淵の窪みに潜り、片手で追いながら、一方の手の指の間に頭を突っ込んでくる鮎を挟む。

として場を荒らしてしまい、結局は逃がしてしまうことも多い。

魚を驚かさないように、手のひらを上にしてそっと手を入れていくのがコツ。そうすると魚は岩の下や、隙間の奥に入っていく。小さい岩の下に潜った場合は、両端から手を入れて岩ごと掴むが、大きい岩の場合はどんどん奥に追い込んでいく。指先を下に向け、静かに手を入れ、魚に触れたら、掴み捕るというより、岩の下に押しつけるようにして捕る。穴は意外に深く、肩口まで突っ込んでも、まだ届かないこともある。指先が魚の腹に触れているのに掴めないときは、そのままじっと待つ以外にない。

夏でも沢の水は冷たい。次第に指の感覚がなくなっていく。指先の体温が失われ、岩や水と同化していく。すると魚の警戒心が薄れ、かすかに動く。手のひらに乗ってくることもある。そこを掌《たなごころ》でそっと包むようにして掴む。鰓《えら》下あたりを強くおさえると暴れることは少ないが、岩魚と山女では山女の方が抵抗する力が強い。

また、山女の方がヌメリが強く、掴みづらい。体表がザラザラしている鮠《はや》は掴みやすい。ときには両手からはみ出すような尺物の魚がいるかと思えば、岩だと思って乗ったら大山女で、滑って転んだなどという沢の主のような魚もいる。

比較的水量の少ない沢は道具を使わず、素手だけで手掴みにできるが、水量が多い場合には補助的な道具が必要になることがある。道具といっても特別なものではない。山仕事で伐採した原木を曳《ひ》き出すときに用いる鳶口《とびぐち》や、板を剝《は》がすときのバリなど、身近な道具を利用する。

鳶口やバリは岩を動かしたり、剥がしたりするのに威力を発揮する。なぜ、岩を動かし、剥がす必要があるか。沢の流れを変え、淵の水を抜くためである。淵が深いと中に入れないので水を抜いて淵を干す。大きくて深い淵は魚影が濃く、大物がついていることが多い。

淵の水を抜くには、沢の流れを読む洞察力が要求される。淵に流れ込む上流側の大岩を鳶口やバリで動かして本流をほかに逸《そ》らし、岩の隙間には水苔を詰めて水を止め、下流側も岩を動かして淵の水を落とす。魚が通れない程度の隙間をあける。魚がくぐって逃げそうな岩の隙間は棒切れや苔で塞《ふさ》ぐ。水嵩《みずかさ》はみるみる下がる。膝《ひざ》あたりまで水が減れば、淵に入って簡単に魚を手摑みで捕ることができる。

一見、乱暴で原始的な漁だが、小さい魚は逃がし、根こそぎ捕ってしまうこともしない。また、漁が終われば岩を元に戻し、詰めた水苔も抜いて淵をもとの状態に返すことを忘れない。

山に暮らす人々の自然がもたらす恩恵に対する感謝や戒めの念は、信仰にも近いものがある。それは、ある意味で、生活実感の希薄な都市生活では、到底理解できないものだ。

それはさておき、手摑みで捕る魚は岩魚、山女、鱒、鮠、鯉《こい》、鮎《あゆ》など多岐におよぶ。

そのどれについても釣りや投網、あるいは刺し網などさまざまな漁法があるが、一見、原始的かつ粗暴に思える手摑み漁がそれらの漁法を凌駕する場合もある。もちろん、季節や川の状態も影響するが、漁は、人間と魚の間に道具が介在するほど捕れなくなるということも、また真理である。

たとえば、餌を捕食しない時期に、餌釣りや毛鉤では魚は釣れない。また、魚が淵の岩の下に潜っているときには投網を打っても徒労に終わるのがオチである。刺し網もまた、魚が動かない時期には藻や落葉など、ゴミ集めの道具にしかならない。どんなに優れた漁法でも万能ではない。季節や自然の状況に即して、はじめて効力を発揮する。

その顕著な例を鮎漁に見ることができる。一般に鮎は友釣りや投網、刺し網、あるいは秋の落ち鮎の時期には簗《やな》を川に仕掛けて捕る。

よく知られている通り、友釣りは囮《おとり》の鮎を使って、縄張り意識の強い鮎の習性を利用した釣りであり、投網は産卵に群れる鮎を一網打尽にする。刺し網は追い込み漁の一種。どれもツボにはまれば大漁が期待できる。

だが、それらの漁法がまったく通用しない状況もある。たとえば夏場の水量の少ない川。水量が少ないと、夏の強い日差しを受けて水温が上がる。鮎は水温が低い淵の奥に身を隠して動かない。水温が高くて明るい瀬には出てこない。鮎に限らず、魚はすべて同じ習性がある。餌を投げても食わないし、網を打っても掛からない。

そこで手摑み名人の出番となる。私の知っている名人は房総の山中にいる。毎年、十万匹放流される鮎のうち二万匹を一人で手摑みで捕ってしまう〝超人〟である。なにせ、一度潜ると、両手十指の間に一匹ずつ鮎を挟み、それでもたりずに口にも鮎を加えて上がってくるという、信じられないような技を披露してみせる。しかし、それほどの超技を磨かなくても、鮎を手摑みで捕ることは少し訓練すればできるようになる。

鮎は、夏の暑い日中は、日の射さない淵の下にじっとしている。また、水面を棒などで打って荒らすと、一斉に淵の下に逃げ潜む。水中眼鏡をつけて潜ってみると、暗い淵の窪《くぼ》みに銀白色の姿態が列を作るように群れになっている。無闇に脅かさないように静かに近づき、群れの前方に手のひらを広げてそっと構え、片手で魚の後方から水を揺すようにして軽く追う。すると鮎はスーッと泳いで前方の手の中に勝手に入っていく。指の間に頭を突っ込んで様子を窺うような仕草をする魚もいる。そのまま指を閉めれば鮎は動けない。さらに息の続く限り潜って、同じようにするうちに指という指の間が鮎で埋まるという按配。肝心なのは場を荒らして鮎を散らしてしまわないこと。

また、くだんの名人に尋ねたところ、鮎を摑む技術以外に、身に備わった、ある体質でこの漁が可能かどうかが決まるという。

「冷たい水の中に長く手を浸していて、手が土左衛門のようにふやけて白くなる人間と、逆に赤味が増す人間とがある。白くなる手には鮎はつかない」

専門的にデータを取ったわけではないが、ほぼ間違いがないと断言する。鮎もまた、冷える水中にあって人肌のぬくもりが欲しいのだろうか。いずれにしても、人間が道具を使わず、文字通り身体を張って魚を摑み捕る手摑み漁は、習練を積んだ人間だけに可能な漁である。そして、投網や刺し網のように稚魚や小魚まで根こそぎ捕ることがなく、漁も限られているので、川の生態系に影響をおよぼすことは少ない。

川の生態系を破壊する漁というと、すぐに「毒流し漁」を思い浮かべる。毒流し漁は、魚を根こそぎ殺すということで、公然とは許されなかったが、かつて山中の沢などで稀《まれ》に行なわれた。ときに、一種の娯楽や行事として村中総出で行なわれることもあった。秋田の山村ではナメナガシ、アメナガシと呼び、焼き畑の一回目の山焼きをする前の七月初めに行なったといい、昭和初期までやられていた。

一般に毒流し漁に使われる毒は、化学薬品の毒ではなく、山椒《さんしょう》の木の根や実、胡桃《くるみ》の根など、山の植物から毒汁を抽出して使った。また、沖縄や奄美諸島ではユーゴと呼ばれる里イモに似た野生の植物の根を潰《つぶ》して毒流しに使った。

山椒や胡桃の根から毒を作る方法は、根を掘り出してきたら皮を剝ぎ、臼で搗《つ》き潰す。あるいは山椒の皮をアク汁で煮て、筵《むしろ》に包んで足で踏んづけた。丹念に潰すうちに白い汁が滲《にじ》み出てくる。これが毒汁である。搗けば搗くほど強い毒が得られるという。この汁を容器にためて持っていくこともあるが、汁を再び根に染み込ませて缶に集めて沢へ

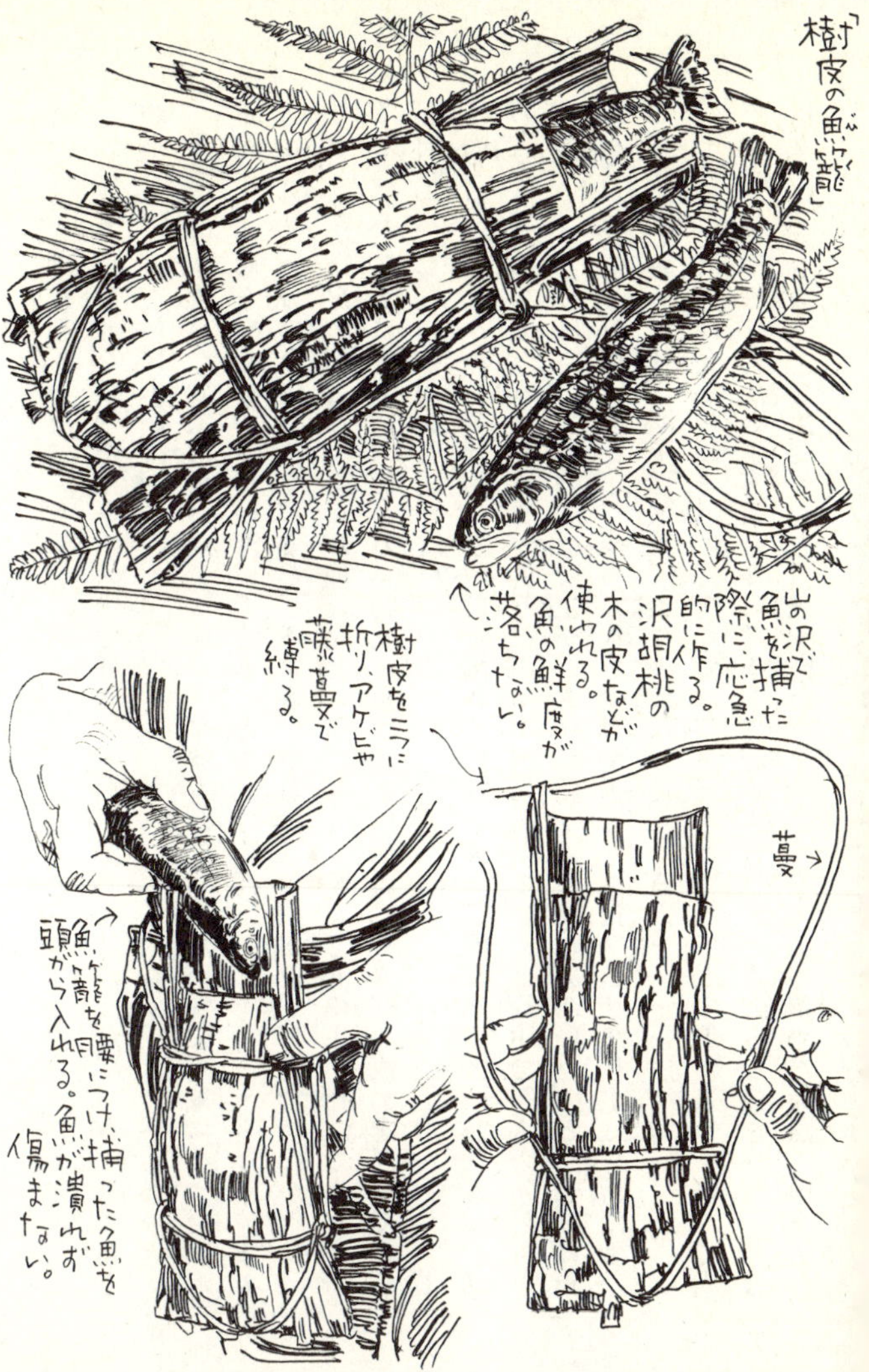

「樹皮の魚籠《びく》」

山の沢で魚を捕った際に、応急的に作る。沢胡桃の木の皮などが使われる。魚の鮮度が落ちない。

樹皮を二つに折り、アケビや藤蔓で縛る。

蔓→

魚籠を腰につけ、捕った魚を頭から入れる。魚が潰れず傷まない。

持っていく場合もあった。

沢に行き、毒汁を吸った根を水の中で揉《も》むと、白く濁った汁が流れていき、そのあとが不思議なくらいに水が澄む。

毒流しは、すぐに効果は現われてこない。半時もして、全員が疑心暗鬼になった頃、下流で白い腹を見せながら魚が浮いてくる。毒の効く範囲はおよそ百メートル下流まで、あとは自然の力で浄化される。また、不思議に小魚には効果が薄く、大物だけが上がった。なかには尺を超える大岩魚が捕れたという。毒流しをして沢の主が死んで祟《たた》りがあるという、各地に古くから伝わる「物食う魚」などの伝説は、人間の戒めを説いていると同時に、実証的な側面も語り継いでいる。

因《ちな》みに「物食う魚」の昔話、伝説は全国各地に数十種の類例があるといわれるが、話の大本《おおもと》は共通している。ある男が釣りに山奥の沢に入っていくと途中で一人の子どもと出逢う。子どもは「この奥の淵には主《ぬし》がいるから釣りはやめた方がいい」としきりに止める。しばらく一緒に過ごし、持ってきた弁当を子どもに食べさせたりする。話によって握り飯であったり、団子、強飯《こわめし》、粟《あわ》や稗飯《ひえめし》だったりする。

そのあと、男は今さら帰る気にもなれずに、子どもと別れて沢の奥に入っていって淵で毒流しをする。釣りをする話も多い。そして淵の主と思われる大きな魚を捕る。魚は山女の場合もあり、岩魚だったり、鰻《うなぎ》や鮭《さけ》だったりする。男は仕留めた大魚の腹を裂いて腹わたを出そうとするが、中から先刻子どもに与えた弁当が出てくる。その子どもは魚の化身だったと知って驚愕し、罪業を悔い、以後、毒流しは行なわなくなった。

こういう昔話、伝説は、日本特有の山への畏怖と畏敬に根ざした信仰、自然観をよく表わしている。ただ、古い時代に山間の村々で行なわれた毒流し漁は、実際には喧伝されるほど影響は大きくはなかったし、流域の生物すべてを死滅させるほどのものではなかった。川の復元力、浄化能力の範囲で行なわれた。むしろ、毒流しは本来、個人で行なうことは少なく、神事など、村の共同体としての特別の日にのみ許された儀礼的な意味合いの方が強かったようである。

青酸カリなどの化学薬品の毒を使った毒流しなどによる大規模な密猟が目に触れるようになったのは、むしろ後年のことで、自然の恩恵に対する感謝を忘れ、心が荒廃してしまった時代の人間にこそ戒めと警告が行なわれるべきであろう。なぜなら、現在、美しく豊饒であった各地の山河は、まさに瀕死の状態にあるからである。「物食う魚」の伝説は、そうした状況を見通した〝神〟の啓示であったかもしれない。

筌《うけ》漁

全国に共通した漁法、漁具のひとつに筌《うけ》がある。筌は地方によってドウ、デイ、ウツボ、モンドリなど、さまざまな呼び方がされ、岩魚《いわな》、山女《やまめ》、鱒《ます》、山椒魚《さんしょううお》、鰍《かじか》などの魚から鰻《うなぎ》、泥鰌《どじょう》、穴子、藻屑蟹《もくずがに》など、雑多な魚種を対象とする。それぞれの対象、目的によって胴や口の作り方や大きさに若干の違いがあるが、本質的な仕組みは共通している。

筌の材料は主に竹である。稀《まれ》に茅《かや》や萩《はぎ》の枝、マタタビ、アケビ蔓で作られたものがあるが、竹は身近にあって手に入りやすく、丈夫で水に強いので漁具の材料にむいている。筌の形、大きさは対象とする魚や、仕掛ける川の水量などによって地域差があるが、平均的なもので口の直径が三十から五十センチ、長さは一メートルから一・二メートルある。

一般的な筌は、細く割り裂いた竹を簀《す》に編み、それに内、外から二、三カ所、桶《おけ》の箍《たが》状の竹の輪を入れて筒形にしてある。円筒の端の一方が口で、反対側の端が魚の取り出し口になる。取り出し口は、川に仕掛ける際には、ひもを結んだ小さな箍をはめて絞っておく。

口の方は内側にかえしが取り付けられている。かえしは、割竹の一方を尖《とが》らせてあり、口径に合わせて円錐形に編んで口に固定されている。入った魚が内側からは容易に出られない仕組みになっている。穴子や蟹用の筌の場合は両側に口があり、取り出し口が胴の真ん中についているものもある。

筌は、中に餌を入れて魚を引き寄せたり、淵や石の下などに隠れようとする魚の習性を利用して捕るやり方と、川の流れを人為的に変えて魚を筌に誘い込む方法がある。いずれの場合も、対象とする魚の習性を熟知していることと、水の流れに対する〝水の飲み具合〟と〝吐き具合〟を計算して仕掛けることが大切である。

一般に筌は、かえしがついた口を下流側に向けて仕掛けるのが普通だ。俗にノボリドウという。川の流れが早く、狭まった場所を選んで筌を仕掛け、流されないように柴木などで杭を打ち、周囲に石を組み、重石《おもし》をのせておく。筵などを被《かぶ》せてカモフラージュしておくと、一層効果がある。岩魚、山女、鱒などが入る。

また、川の浅瀬を直径二、三メートル、深さ一メートルくらい掘って周囲を石で囲み、流れが入り込むように作る。反対側に吐き口を作って、水が流れるようにしておく。一旦掘ったタマリにところどころ川石を積み、隙間を作って、上に柴や筵などをかけておく。筌はその中に仕掛ける。秋の収穫が終わり、そろそろ冬支度に掛かる時分に仕掛け、魚が冬ごもりに潜るのを待って引き上げる。山国の冬の娯楽のひとつであり、貴重な蛋白源になった。

ノボリドウに対して、サカサドウというやり方もある。サカサドウは筌の口を上流側に向けて仕掛ける。主に秋口に下流に下る落ち鮎が入るが、雨で水流が速くなると岩魚や山女、また藻屑蟹が入ることがある。サカサドウを仕掛ける場合は、川に石を積んで流れを岸側に引き込み、筌を通って再び本流に戻るように作る。筌の手前に石を並べて人工のオトシを作ったり、簀を設置して小ぶりの簗《やな》を作ったりもする。

また、山梨県の富士川下流で古くから行なわれてきた「モジリ漁」に使われるモジリ（筌）は茅を材料に作られ、口の直径が二メートル、胴の長さが六メートル余もある巨大なもので、漏斗《じょうご》型の先端に尻ビクと呼ばれる大きい魚籠《びく》が取り付けてある。ここが魚倉になり、魚を取り出すときは尻ビクをはずす仕組みになっていて、モジリの名の由来もそこにある。

これほど巨大で重量のあるモジリは到底、人力では仕掛けられないため、川岸からツッパリと呼ばれる丸太の支柱を支えにして、ワイヤーを操作して急流に固定する。ワイヤーがない時代には、竹を細く裂いて編んだ竹縄が使われた。急流の芯をとらえ、モジリが水圧で浮いたり、転がったりしないように仕掛けるのに熟練した技術を要し、夜間の漁であることもあって危険が伴う。上流に雨が降って増水すると大漁に恵まれ、体長

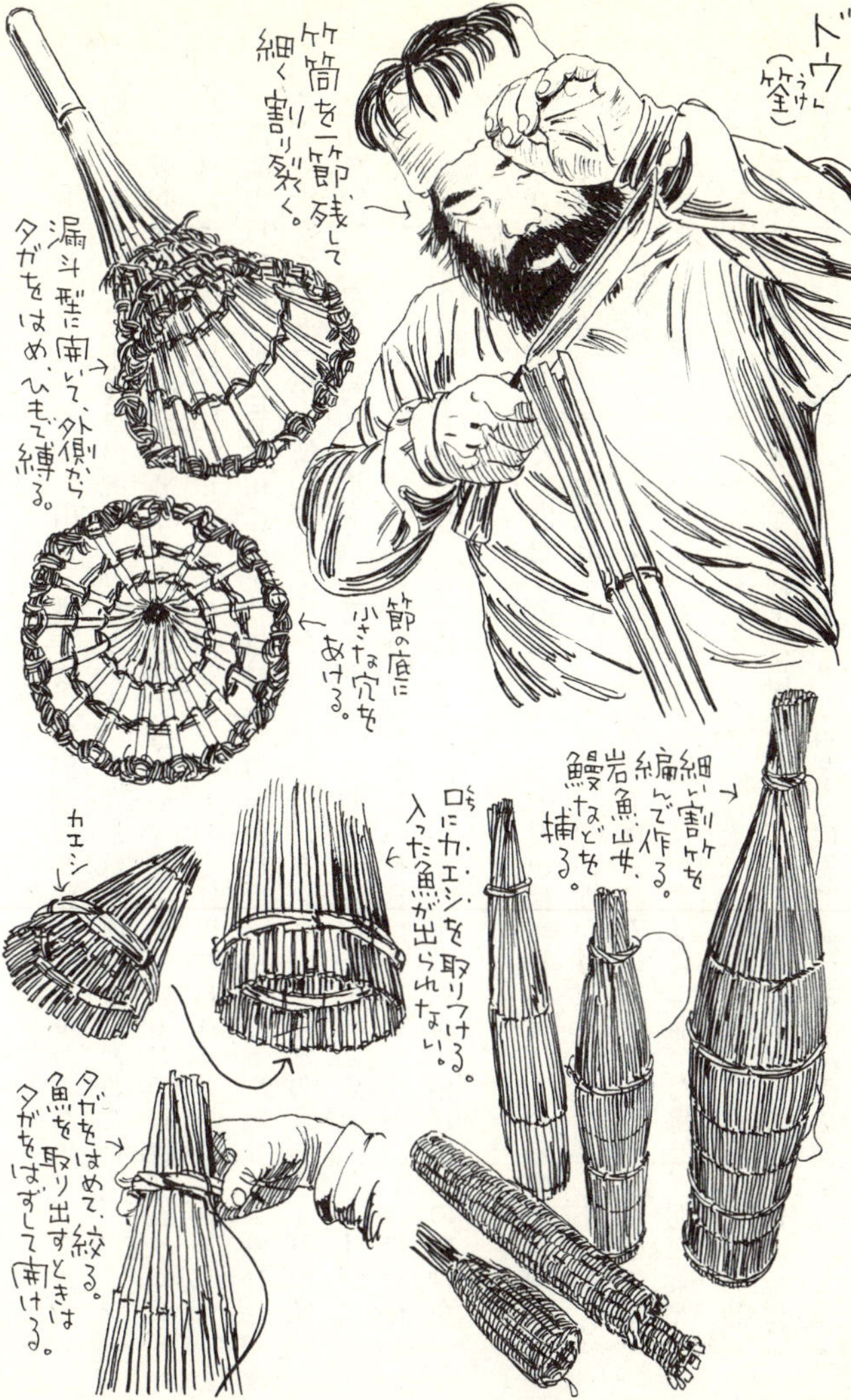

ドウ
(筌《うけん》)
竹筒を一節残して細く割り裂く。
漏斗型に開いて、外側からタガをはめ、ひもで縛る。
節の底に小さな穴をあける。
細い割竹を編んで作る。岩魚、山女、鰻などを捕る。
カエシ
口《ち》にカエシを取りつける。入った魚が出られない。
タガをはめて、絞る。魚を取り出すときはタガをはずして開ける。

一メートルを超す大鰻や鮎、山女、鯉《こい》、鮒《ふな》、藻屑蟹など雑多な魚種が入り、かつては一回で二十キロ、三十キロの漁があったという。現在も数カ所で行なわれている。一般的な筌漁は、モジリ漁ほど大がかりではない。筌も大きいもので口径が三十から四十センチ、胴の長さは百五十センチ程度で、一人でも仕掛けられる。

山間の村では、秋に岩魚用に筌を仕掛けた。筌を仕掛ける場所をドウ場などと呼び、各家で決まったドウ場を持っていて、お互い侵し合わないという暗黙のうちの了解が成立していた。だが、村内で群を抜いて魚が入るドウ場は、村の共有とされ、毎年十二月に行なわれる山の神の祭事に、順番に祭りのまかないを負担する家に、そのドウ場が提供されるという習わしもあった。ここにも共同体としての連帯意識、相互扶助の精神が生きていた。

また、数人の仲間が組んで漁をする場合も、捕った魚は平等に分けられるのが原則で、一人で四本以上捕った者には報奨として一本余分に分け前が与えられることもあった。

こうして秋に捕った岩魚や山女、鱒は燻製や、干物、あるいは米や麴《こうじ》を混ぜた桶に漬けた熟《な》れ鮨《ずし》として、長い冬の貴重な食料になった。ほかに夏場に捕った鱒は、栃の葉で包み、藁《わら》縄で巻いてアラマキにし、冷たい水の湧くところに浸けておく。そして冬を前にして上げてきて冷たい風の通る軒下に吊るしたり、囲炉裏端に吊るして保存食にした。

また、岩魚や山女は腹を裂いた中にイタドリの葉を揉《も》んで詰めたり、葉で何重にも包んで保存した。イタドリは酸味があり、防腐効果がある。塩が貴重な時代には、笹とともに手軽な保存方法のひとつとして利用された。

山椒魚と藻屑蟹

筌は山椒魚や藻屑蟹をとるにも効果的だった。山椒魚用の筌は会津檜枝岐《ひのえまた》ではズー、モジリ、またはサンショウウオツボと呼ばれ、大きさが三十から四十センチの小ぶりで漏斗形をしている。スズダケをねじるようにしながら、末端が尻すぼみになって束ねられていた。つまり、奥にいくほど編み目がつんで、逃げられない工夫がしてある。また、魚用の筌のような、かえしがない。

山椒魚は昼間はなかなか姿を見せない。筌は夜間仕掛けておき、早朝引き上げる。筌は小沢の落ち口に仕掛ける。流されないように二股の枝などで固定しておく。上流に向けた口から水が螺旋《らせん》状を描くように流れ込み、筌の底に落ちた山椒魚はその水圧で身動きがとれない。また竹が丸いので、滑って登ってこれない。筌はひとつの沢に多いときには百から二百仕掛ける。漁の時期は六月。産卵期の短い期間に限られる。両生類の山椒魚は、天然記念物として捕獲が禁止されているオオサンショウウオや、ハコネサンショウウオなど十種類ほどいるといわれている。

山椒魚の漁期は遅い雪解けの五月初旬から約二カ月間で、山椒魚の産卵期にあたる。

山椒魚は普段、陸上に棲み、木にも登るといわれるが生殖は体外受精で、産卵期に水に入って沢床の底石に寒天状の卵を産み付け、再び山へ帰る。だが、それはあくまで定説で、産卵現場を見た人は少ない。竹ザサの中で山椒魚の卵を発見したという話や、山椒魚はベトベトした体に付着した木の葉や土砂を洗い落とすために沢に入るという説もある。山椒魚の生態はいまだ神秘的で謎が多い。

しかし、いずれにしても産卵の時期に沢に下りてくることは確かで、沢に仕掛けたモジリに入る。また、漁の初めには何故か雄が多く、徐々に雄と雌が混ざり合い、終わり頃は雌ばかりになる。これも不可解な謎である。

山椒魚は体長約十五センチ。イモリに似て頭は小さく平べったい。口先が尖《とが》り、眼球が突き出て、腹は重く垂れ下がっている。ヌメヌメと黒光りした姿態に褐色の斑《まだら》模様が浮き、体の内側には退化した嬰児《えいじ》の手足のような四肢がある。手でつかむとキュッキュと赤児のような声で鳴く。スーッと鼻に抜ける山椒のような匂いがする。

山椒魚は陸では動きが鈍い。そのため、自衛手段として皮膚腺から粘液を分泌する。この匂いが山椒の香りに似ていることからその名がついた。また古い文献によれば、山に生じる魚なので「山生魚」と名付けられたとある。山椒魚は驚くほど生が強い魚で、体を半分に裂いても生きていることから、俗に「ハンザキ」とも呼ばれる。

山に住む人たちは、捕った山椒魚を燻製にして保存する。黒焼きや燻製は昔から強壮剤や、胃腸、肺病、小児の疳《かん》の虫の妙薬として珍重されてきた。

山椒魚は、餌を与えずに何日おいても生きている。煙で燻《いぶ》しても山椒魚同士で絡み合って、怨念にも似た生への執着を見せる。火で焼き料理をしても腸が動くという。また体長一メートルを超えるオオサンショウウオは、雷が鳴ると激しく暴れ、雄は雷鳴に興奮して精液を垂れ流すことがあるという。北海道のアイヌ人たちは、オオサンショウウオをオチウ・チェプ（交尾する魚）、バウチ・チェプ（淫魔の魚）と呼び、人間を色情狂にする魔物として忌み嫌う。

だが、その一方で、かつて半年近くも豪雪に埋まり、山奥に幽閉されてきた人たちにとって、山椒魚は自然の恵みであると同時に、単に生きる糧という概念を超越した存在だった。そこには、雪解けと共に地から湧くように現われ、沢の清流を下って産卵し、また忽然と姿を消す山椒魚の神秘的な霊力、生命力にあやかりたいとする切なる願望がある。山椒魚は、山棲みの人々が、自然がもつ霊的エネルギーを得るための秘薬でもあった。それゆえ、山の漁師たちは、この時期、芽吹きはじめる山菜や、禁が解けた岩魚や山女にも背を向けて、過酷な山椒魚捕りに熱中する。

藻屑蟹用の筌は岩魚や鮎、鰻用のものを流用してもいいが、専用の蟹籠もある。笊《ざる》と同じで、竹を六ツ目編みで編み、胴が長い。口にはかえしがついている。大がかりでやるときは箱形のものや、大きな籠に金編みを張ったものなどがある。

藻屑蟹は、日本各地に広く分布している。主に川の中流域から河口近くに棲み、ときには上流まで遡ることがある。普通、一年ごとに脱皮して成長し、晩秋のころに産卵のために海に下るが、稀に川に棲みついて越冬するものもいる。甲羅は川底の石に似て、やや丸みを帯びた魚形、色は薄汚れた暗緑色をしていて、水苔や泥をつけているので、一層判別が難しい。さらに左右の大きくて頑固そうなはさみ足は川藻のような淡褐色の毛に覆われている。名前の由来もそこからきている。ほかに地方によってツガニ、モクタ、ズガニ、モッカニ、モッカンなど、さまざまな呼び名がある。

この藻屑蟹は獰猛そうで見てくれもよくないが、食べて肉が多く、美味。茹《ゆ》でて食べるほか、生きたままご飯に炊き込んでカニ飯にしたり、殻ごと臼で潰して取っただしを味噌仕立ての汁にして食べる。

とくに夏から産卵に下る中秋の名月の頃が一番味がよく、この時期に捕った蟹を料理する以外に、飼っておいて食べることもある。餌にかぼちゃをやると、カニミソが黄色くなり、一層味がいいという。ただ、この蟹は肺ジストマの中間宿主といわれ、生食は避ける必要があり、料理をする際にも神経を配る。

夜行性で日中は石の間などに潜っているので、夕方、魚のアラなどの餌を入れた筌を川に仕掛けると入る。また、日が暮れてからカーバイドを燃やして、川を歩くと手摑みでも捕れる。昼間なら、砂を吐き出している石の間に、竿の先にスルメなどを結んで差

「カニ篭」
夜の川でモクズガニを捕る。
篭の口を上流に向け、石で囲って仕掛ける。魚の切身などを餌にする。

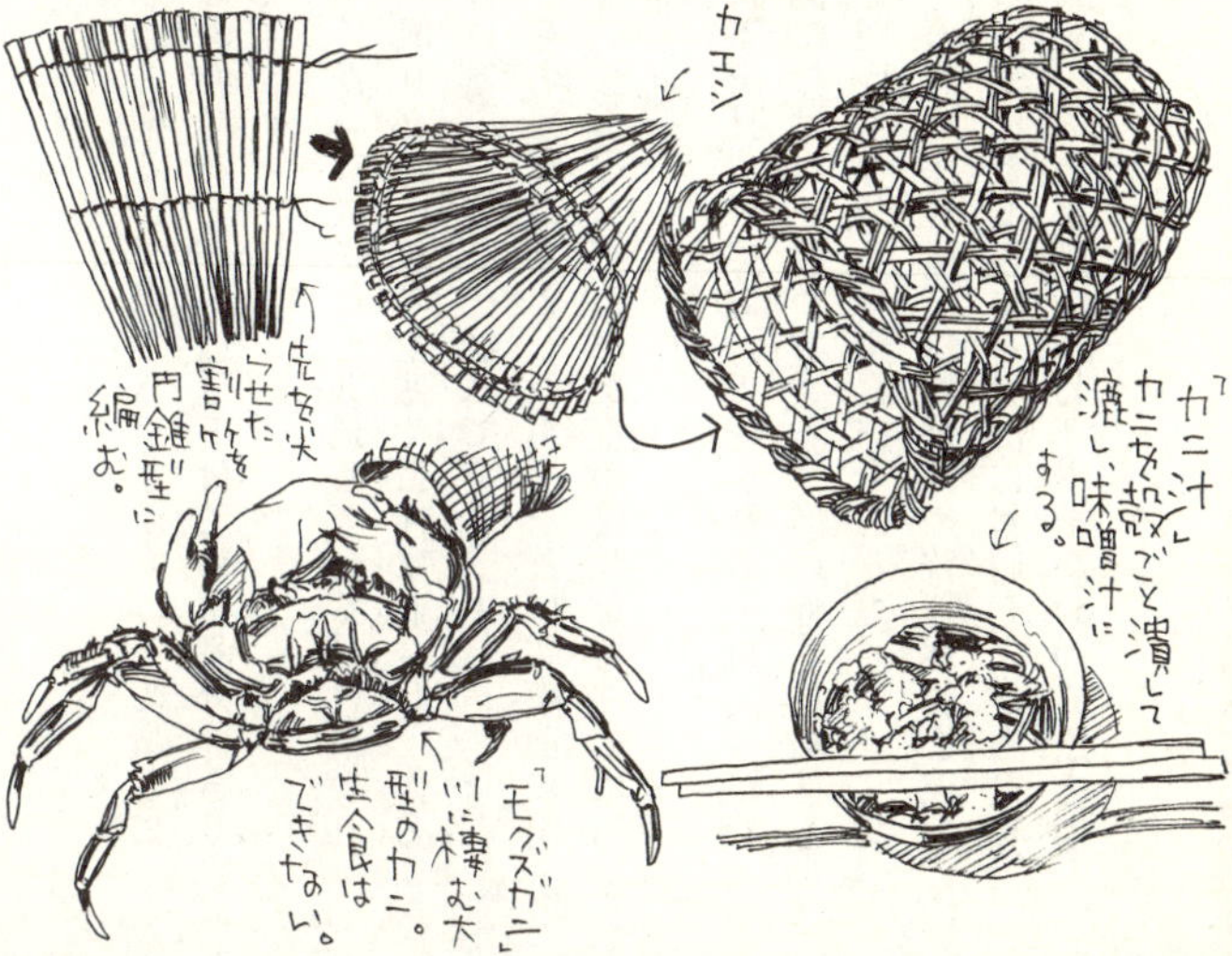
カエシ
先を尖らせた割竹を円錐型に編む。

「カニ汁」

カニを殻ごと潰して漉し、味噌汁にする。

「モクズガニ」

川に棲む大型のカニ。生食はできない。

し入れて釣ったりもする。

藻屑蟹は、大人も子どもも遊びと娯楽を兼ねて捕ることができ、しかも、そのあとには美味が味わえる。自然豊かな山里ならではの漁であるが、最近ではこの蟹もめっきり減った。

全国各地に伝わる川漁のうちで、筌ほど早くから完成され、共通して長く受け継がれてきた漁法は類を見ない。川という自然物の成り立ちや魚の生態や習性に適合し、作るに容易で、扱いやすく、応用がきく。機能性に富んだ漁具、漁法である。

その、万能に近い、優れた漁法の〝欠点〟をあえて探すとしたら、それは、事前に川に仕掛けて待つという〝消極的〟な点だろう。もちろん、それが筌の優れた特性ではある。

あらかじめ見定めをつけておいたドウ場に筌を仕掛けておいて時《とき》を待つのは、無駄な労力をかけずにすむ。その時間をほかの労働にむけることができる。漁に伴う危険性も少ない。極めて合理的な手段である。漁獲を期待する楽しみや喜びもある。

だが、自らの手で獲物を仕留めるという、人間の深層に潜む攻撃性や狩猟本能を充分には満たしてくれない。自然の中に身を晒《さら》し、刻々と変化する状況に対応しながら獲物に対峙する実感に乏しい。夏の炎天に汗を流し、冬の寒風に震え、水をかぶって魚を捕る緊迫感が希薄である。

その点でいえば、むしろ釣りや、モリ突きや手摑み漁などの方が積極的で、攻撃性に富んでいる。漁法が原始的で、単純であっても、人間の本能をくすぐるものの方が遊びの要素があって楽しいし、面白い。

原始漁法

ブッテ漁

秩父の山間の村に「ブッテ」という原始的伝承漁法、漁具が伝わっている。ブッテは、四つ手網、叉手網《さで》に類似した漁具で、これを持って川に入り、岩の下に潜む魚をおびき出し、川底の石を剝《は》がして掬《すく》い捕る。中流域では鰍《かじか》や鱒《ます》、鯈《はや》、川蟹などが捕れ、上流域では岩魚《いわな》や山女《やまめ》が掬える。川の中を駆け回って魚を追う、遊びの妙味を味わえる。

ブッテは竹を編んで作る。前述の四つ手、叉手網は、骨組みは手近な細竹を利用できても、既製《できあい》の網が必要だが、ブッテは真竹の四節分もあれば間に合う。熟練者は、河原で竹を切ってきて、一休みしている間に作り上げてしまう。仕掛け、構造そのものは簡単で粗野だが、実に合理的で機能性に優れ、うまく考えられている漁具である。

ブッテを作るには、竹割り用の鉈《なた》があればいい。ほかに割竹を簀《す》に編むための細ひも、針金がいるが、山で即席に作る場合は、手近な草や蔓の皮を裂き、縒《よ》って代用する。石

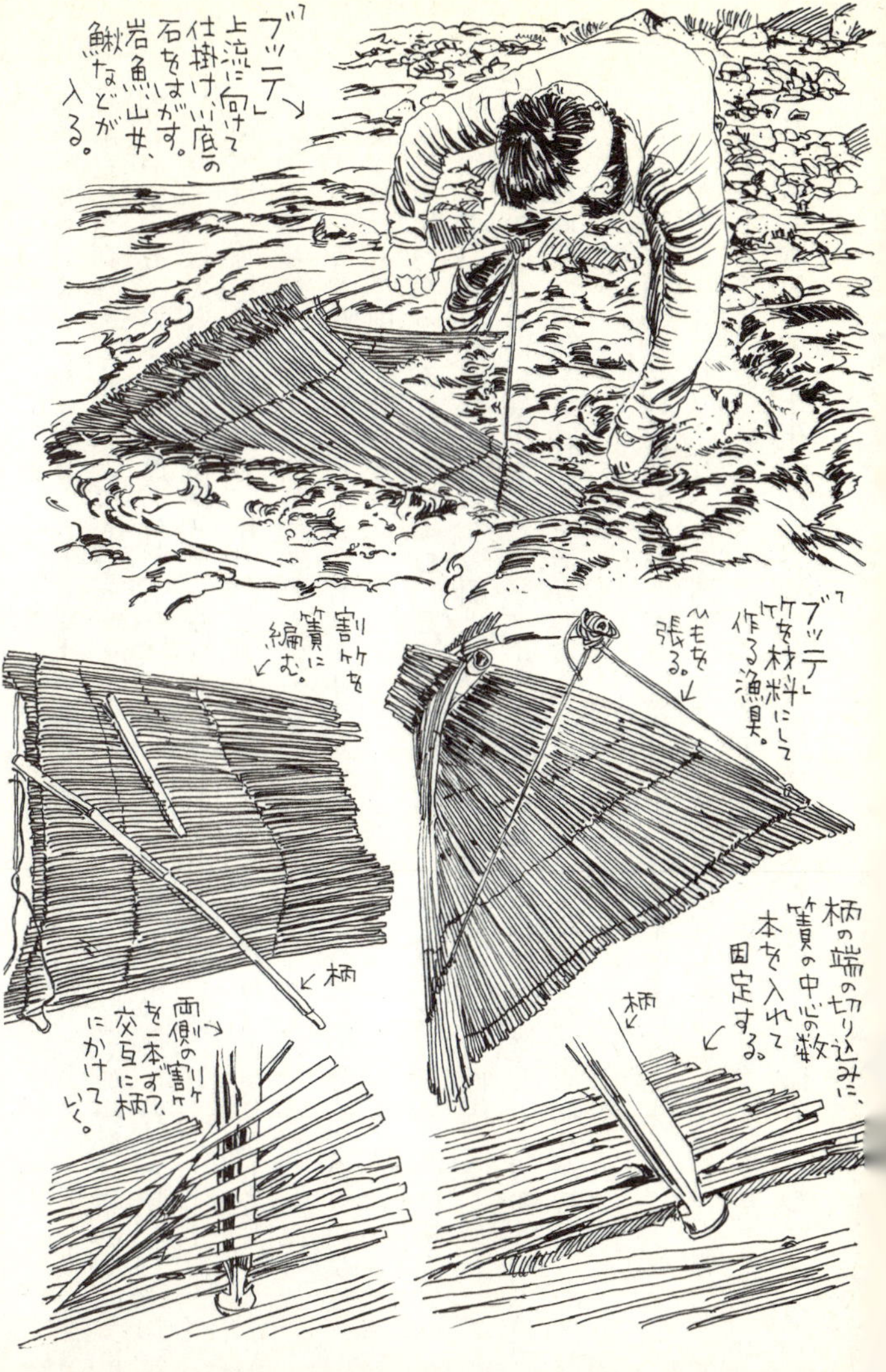
「ブッテ」
上流に向けて
仕掛け川底の
石をはがす。
岩魚、山女、
鰍などが
入る。
「ブッテ」
竹を材料にして
作る漁具。
ひもを
張る。
割竹を
簀に
編む。
柄
柄の端の切り込みに、
簀の中心の数
本を入れて
固定する。
柄
両側の割竹
を一本ずつ、
交互に柄
にかけて
いく。

に擦《す》れて切れやすい針金より、むしろ丈夫である。

用意した真竹を二節分（六、七十センチ）ほどに切り、鉈で縦に細く割り裂いていく。割竹の幅は五、六ミリ、肉厚の竹であれば、皮とウチミの部分を鉈で割り裂いて薄くする。使うのは丈夫な皮の方。ブッテ一個分で、約七十本の割竹が必要。

因《ちな》みに、竹を裂く鉈は両刃。片刃だと刃が一方に流れて平均の幅や厚さに割れない。また両刃の場合でも、刃の角度で割れが深くなったり浅くなったりする。そうした微妙な鉈の扱いが身につくまでに、ある程度の年季がいる。割った竹は魚が擦れて傷つかないようにカドを削っておくといい。

割竹が揃ったら、それを簀に編む。三、四カ所、編んでいくが、後方三分の一は編まずに残しておく。また、先端になる側は端近くに編み、編み終わったら両端に長くひもを残しておく。簀が出来上がったら一メートルほどの長さの細竹を用意し、一方の端の節の上に両側から鉈を入れて窓をあけておく。これが柄になる。これで段取りが終了。組立てにかかる。

簀を広げ、後方の端の両側から同じ本数を数え、中心の数本を束ねるようにして、柄にあけた窓にきっちりと差し込んで固定したら、柄を前方に倒し気味にしながら、両側の竹を一本ずつ交互に、交差させるように柄にかけていく。そうすると、簀の後方がどんどん積み重なって立体化されていく。全部かけ終わったら、柄を強く前倒しにしながら、簀の先端の両端に残しておいたひもを柄に結んで固定してしまう。

完成したブッテは、扇形をしていて、胴がややふくらみ、後方が高くなって、すぼまっている。一見、扇形の塵《ちり》取り風だが、細い割竹で編んであるので造形的にも美しい。弾力性のある、しなやかな竹ならではの優美さがある。

ブッテが威力を発揮するのは水嵩《みずかさ》浅く、流れの速い川である。ブッテの口を上流に向け、底を川底に軽く押しつけるようにして、前方の石を剝がす。石の下に潜んでいた魚は流れに呑まれてブッテの中に入る。持ち上げると水は簀の間をすり抜け、獲物はブッテの奥にとり残される。川虫や川蟹などは水流に押されて容易に捕えることができるが、魚は俊敏に流れに逆らって逃げ出してしまうので、素早くブッテを立てるようにして上げる。

浅瀬の石の下に潜っている鰍にはもっとも効果的で、面白いように捕れる。鰍は地方によってゴリとも呼ばれて、塩焼きや佃煮、卵とじにすると旨い。また、素焼きにして熱燗に入れると鰍酒になる。鰍酒は、ダシが出て香ばしく、岩魚のような脂が少ないので生臭くならない。酒飲みにはこたえられない味である。

ブッテは大きさが手頃で、軽くて扱いやすい。四つ手や叉手網のように両手で支える必要がない。片手で柄を持って操作し、あいている手で大きい岩を動かせる利点がある。とくに上流の淵に潜っている岩魚や山女をおびき出すときには有効で、一人で漁ができる強みがある。漁が終わったらバラして、柄を芯にして簀を巻きつけ、たたんだ番傘のようにして持ち帰ることができる。

ブッテを手に川を遡っていくと、時のたつのを忘れる。子どもの頃の無辜《むこ》な川遊びを彷彿とさせて楽しい。

引っ掛け漁

ブッテより、一層攻撃的な漁法に「引っ掛け」と呼ばれるものがある。これも秩父地方に伝わる漁で、主に厳寒の冬に行なわれてきた。引っ掛け漁は、文字通り、竿の先につけた鉤針《かぎばり》で魚を引っ掛けて捕る。粗暴、野蛮な漁といわれて非難を浴び、休漁期間が定められている現在では〝密漁〟扱いされているが、古くは盛んに行なわれてきた。

だが本来、狩猟に残酷性、野蛮的という観念をあてはめようとするのは単なる感情論に陥りやすく意味がない。漁期を定めるのは、都市型の趣味の釣りや漁にのみ適応されるべき性質のものであろう。都市と地方、都会と山国の生活形態の違いが判然としなくなった現在はやむを得ない面もあるが、かつての、山村の暮らしが大きく自然に依存していた時代には、一律に規則や法で縛ることはできるはずがない。そして、山村には山村の日々の暮らしに根ざした因習や戒律が歴然と存在し、機能していた。

引っ掛け漁にしても、他地方との流通がしばしば途絶え、もっとも食料の不足する厳

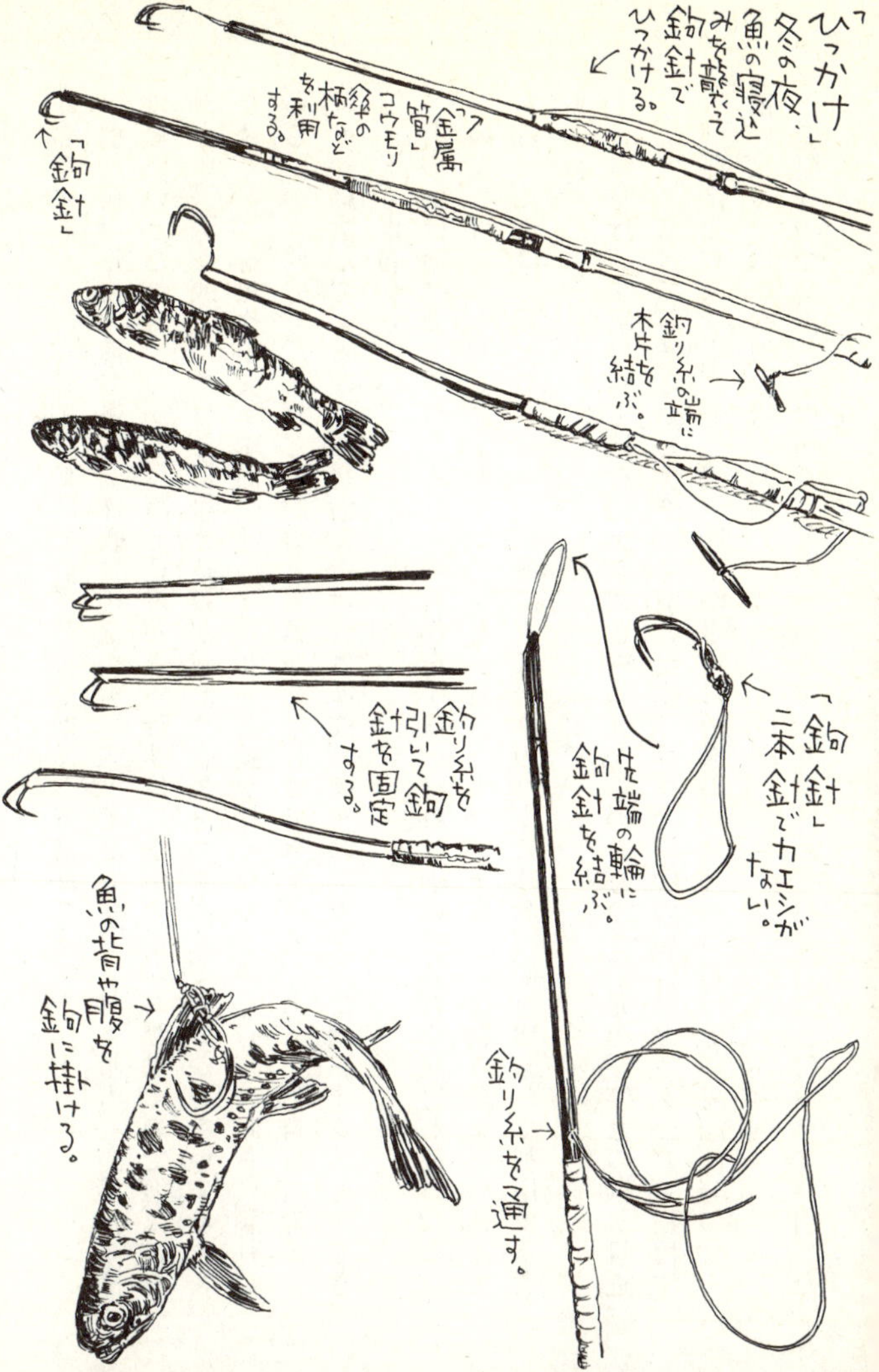
「ひっかけ」冬の夜、魚の寝込みを襲って鈎針でひっかける。
「金属管」コウモリ傘の柄などを利用する。
「鈎針」
釣り糸の端に木片を結ぶ。
釣り糸を引いて鈎針を固定する。
「鈎針」二本鈎針でカエシがない。
先端の輪に鈎針を結ぶ。
魚の背や腹を鈎に掛ける。
釣り糸を通す。

寒の冬にあっては、必要な範囲で許されてしかるべき漁法であった。

引っ掛けは夜の漁である。深夜に山深い沢に入って漁をする。月も星もない漆黒の闇ほどいいとされる。しかも、冷え込みが緩い時期は、水中の魚がまだ動くので漁にはむかない。沢が凍りつくほどに冷え込みが厳しく、鼻をつままれても分からないような夜が続くと、岩魚や山女が水面に浮いて、じっと動かなくなる。いくら夜の暗さに馴れている山の人間でも、よほどの胆力と勇気がなければできない漁である。私自身、過去に何度か経験しているが、同行者がなければ深夜、闇夜の沢を登って漁をすることができるかどうか自信がない。

引っ掛け漁に使う竿は、それぞれ自作をする。材料は細い布袋竹か篠竹が使われる。竿の長さは一・六、七メートルで、先端に長さ三十センチ程度の金属の筒をはめ込んである。これは、銅管でもいいし、捨てるばかりのコウモリ傘の柄を切断して利用する者もある。

金属管は、先端に鉤を結んだテグスを中に通すためのもので、元の、竿との継ぎ目近くに穴をあけて、そこからテグスを引き出す。コウモリ傘の場合はフックの穴を利用する。要はテグスを中に通して、途中から外に引き出せればいいわけで、先端部分の竹の節が抜ければ、金属管はいらない。

金属管の筒先は斜めに切り落とし、縁をヤスリがけしておく。これはテグスを引いたとき、鉤の先の位置が常に一定しているようにするためで、一回ごとに鉤の方向を確認することが困難な闇の中で、非常に便利で有効である。管の途中から引き出したテグスは、五十から六十センチに切り、木片を結んでおき、竿の途中に取り付けた竹へらの間に挟むようにして固定し、テグスを張った状態にする。魚が掛かると木片がはずれ、管の穴に引っ掛かって止まるようにする。つまり釣り糸の「遊び」である。因みにこの遊びがないと、かえしのない鉤針では魚がはずれてしまう。

夜の沢は漆黒の闇が重い。岩を洗う激しい水音が異様に大きく、聴覚を麻痺させる。カーバイドの明かりを水面に照らすと、凍りかけて粘るような水面が浮かび上がる。清冽な沢の底まではっきりと見透かせる。

淵近くの水面に黒い物体が浮いていて、その影が川底の白砂に映っている。闇に馴れた目に、くっきりと岩魚の姿が見てとれる。岩魚は半冬眠状態で、明かりを当てられても動かない。静かに竿先を水中に差し入れ、呼吸を計って素早く引いて鉤に掛ける。岩魚は突然の衝撃に驚いて暴れるが、そのまま緩めないで一気に引き上げる。岩魚は背を、山女は腹に鉤を掛けるのがコツだというが、熟練を要する技ではある。

過去に私が同行した折には、一晩の漁で岩魚と山女合わせて五匹捕った。危険が伴う厳しい漁のわりに収穫は少ないが、それでも家族の空腹を満たすに足りた時代があったのである。

過酷な自然環境の中で暮らす人々は、生き継ぐために厳寒の真冬にも川へ入って漁をした。岩魚や山女はもとより、クソンボと呼ばれるハエの子や、ハヤ、アカモト、チチコなど、普段は見向きもされない雑魚まで捕った。捕った魚は刺身や塩焼き、煮物や佃煮、干物などにして食べた。新鮮な魚の入手が困難な冬には、うれしいご馳走だった。

石がち漁

長く厳しい冬の間の漁はまた、娯楽の少ない山国の遊び、道楽でもあった。山国の人間には過酷な生活環境や境遇を笑い飛ばす芯の強さと明るさがある。それは決して諦めではない。他地の人々の暮らしを嫉《ねた》み、強いられた境遇を呪う陰湿な暗さは微塵もない。寡黙だが、底抜けに陽気である。彼らには屈折した被害者意識はない。何事も他人のせいにしない。小さい頃から雪にいじめられて育っているから忍耐力がある。厳しい山国では冬の寒さにへこたれたら生きていけない。囲炉裏や炬燵《こたつ》やストーブにしがみついている軟弱な人間では暮らしてはいけないのだ。

山の元気者は、足が凍りつくような厳寒の真冬の川に入ってハメをはずして遊ぶ。魚を手摑みにし、手作りの漁具を仕掛け、手近にある道具は何でも利用して魚を捕る。その方法が原始的で、単純素朴であればあるほど人間味があって楽しい。稚気溢《あふ》れる童遊びのように、大らかな知恵と工夫が見えてうれしくさえなる。

「石がち漁」
厳寒の冬、
川に入り、
大ハンマーで
石を打つ。
石の見方、
ハンマーの
扱い方に
年季がいる。

石の下に群がり、
半冬眠状態に
いる魚がショック
で失神して
浮いてくる。
クチボソ、ウグイ、
チチコ、上流
ではイワナや
ヤマメが捕れる。

いまでは、すっかり見ることができなくなった山の漁法に「石がち漁」というのがある。かつては全国各地の山間の村で行なわれていたが、いまでは限られた地方の、ごく少数の愛好家が伝え残しているにすぎない。この漁については十数年前から、九州の球磨《くま》川や栃木の那珂《なか》川、岐阜の長良《ながら》川流域に追ったことがあるが、現在では長良川上流の雪深い山村や四国の安芸市に見るにとどまる。

石がち漁も、川が凍りつく酷寒の冬にだけ行なわれる漁である。この時期、川に棲む魚は餌を捕食することもなく、瀬の澱《よど》みの石の下に群がり、半冬眠状態でじっとしている。漁師は川に入ってそっと近づき、大ハンマーで渾身の力をこめて石を叩《たた》く。その衝撃と振動は水中で増幅され、魚はショックで一瞬失神状態に陥って白い腹を見せて浮いてくる。

石がち漁に使われる大ハンマーは約十キロの重さがある。以前は川石の切り出し作業に使われた。ハンマーを使う以前は、河原の大石を持ち上げて投げつけた時代もあった、原始的で粗暴な漁法である。

長良川上流では石がち漁は十二月から二月頃までの冷え込みの厳しい日を選んで行なう。朝からカラッと晴れて、シンシンと底冷えのする日がいい。上流が凍って、水嵩が少ないとさらにいい。曇っていたり、雪が降っているときは逆に温かく、魚が動く。

石がち漁はまた、石の見方が大きくモノを言う。石は、流れの緩やかな瀬の、比較的平らなものがいい。尖《とが》った、ゴツゴツした石は底の方がバラス（砂利）で埋まっていて、魚が潜り込む隙間がないことが多い。また、一度叩いた石には、なぜかその年、ほかの魚がつかないといい、表面がところどころ白く欠けたりして、石がちが行なわれた痕跡のある石は避ける。柔らかくて簡単に割れる石もはずす。石のかけらが飛んできたり、激しい水しぶきを浴びる原因になる。

石の叩き方にもコツがある。石の芯を読んで、その一点にハンマーを打ちおろす。芯をはずすと、ハンマーが思いがけない方向にはじき飛ばされたり、柄が折れたりして事故につながる危険がある。

ハンマーの柄は、手に振動がこないカブラギの木ですげてある。カブラギは細くても丈夫で、粘りがあって折れにくい。それでも振り方が悪いと折れることがあるので、替えの柄を二、三本持っていく。以前にはハンマーに柄をつけず、縄で結わえて振り回して石を打つ者もあった。

ハンマーを打つときは、川底にしっかりと両足をふんばり、腰を決めて神経を集中してハンマーを構える。斧《おの》で薪《まき》を割る容量でハンマーを頭上高く振り上げて、一気に打ちおろす。正確に芯を打つと、キーンという鋭い金属音を発し、ハンマーが真上にはじき上げられる。石の周囲にパッと水しぶきが飛び、波紋が流れを乱す。二、三度続けて打つこともある。

そのあと、石の下にカナテコを突っ込んで揺すると、暗い水底から黒く変色した枯葉や藻屑に混じって魚が浮いてくる。なかにはショック死している魚もいるが、大部分は一時的な失神状態にあり、すぐに正気に戻って逃げてしまう魚もいる。素早くタモ網を差し入れて掬い捕る。

長良川上流の村では昭和三十年代頃までは石がち漁を生業とする漁師が何人かいた。石がちで捕った魚は、網で捕った魚のように押し潰されていないので身が傷んでいない。動物でも一撃で仕留めないと血が肉に回って味が落ちるといわれるが、魚でも同じことがいえる。その点、一瞬の衝撃で脳震盪《のうしんとう》を起こさせて捕る石がちの魚は味がよく、いい値がついた。

石がち漁は多いときには一つの石で三十から四十匹の魚が捕れることがあった。一日の漁で四キロ入る魚籠に二十杯も漁があるときもあったという。捕った魚を町に売りに行ったこともあったが、いまでは昔ほど魚が捕れなくなったし、雑魚が売れる時代でもなくなった。体力と根気、そして旺盛なる好奇心と遊び心に満ち満ちた原始漁法は、いまや懐かしい昔語りになりつつある。

ザイボリ漁

もうひとつ、雪深い山国の冬の漁法に「ザイボリ漁」がある。ザイボリ漁もまた豪快

「ザイボリ漁」→
凍った川の氷や雪を掘って魚を岸辺に追い込む。
魚は雪の中に閉じ込められ、仮死状態になる。それを手掴みで捕る。
山女《やまめ》
鮠《はや》
鰍《かじか》
多いときには一日に30キロ以上も捕れた。

無比な原始漁法。凍結した川の氷を割っていって、魚を岸辺に追い込んで手摑みで捕るというもので、越後、東北地方第一の高山、飯豊《いいで》連峰の山懐に抱かれた山村に古くから伝わってきた漁である。

かつては、豪雪によって交通が遮断され、しばしば陸の孤島と化した山間の村では、ザイボリ漁は食料、蛋白源の確保の道であり、また、気の滅入りかねない長い冬の娯楽でもあった。そこには、引っ掛け漁や石がち漁と共通して、厳しい自然や生活環境を逆手に取って、遊びに取り込んでしまう逞《たくま》しさ、したたかさがある。

ザイボリ漁に適した条件は、豪雪が降り、冷え込みが厳しくなり、川が凍りつく時期。だが、川一面に分厚い氷が張ってしまうと氷が割れず、漁が困難になる。一番いいのは、川のはぎあげ（澱み）に氷が張り、その上に一メートルくらい雪が積もった状態。そこに上流から雪塊が流れてくるようになると、さらに条件が整う。

川に氷が張ると、安全な暗がりを好む魚はその下に入ろうとする。そして、上流から雪塊が流れてくると、魚がその影におびえて、淵の暗い氷の下に逃げ込む。そこに強い冷え込みがくれば、魚は氷に閉じ込められ、半冬眠状態で動けなくなる。そうなれば、氷を割って捕るのに苦はないが、完璧に条件が整うことは少ない。自然は千変万化に表情を変え、常に人間ばかりに味方はしてくれない。しかし、だからこそ、そこに経験に根ざした知恵と工夫を凝らす要素があり、つきない遊びの楽しさがあるともいえる。

ザイボリ漁は単独では難しい。気の合った仲間、隣組同士数人が集まって共同で漁をする。

漁は冷え込みの厳しい朝に行なわれることが多い。川に舟を出し、岸から沖に張り出した氷を囲むようにして砕いていく。舟に乗り込んだ男たちは手に持ったシャベルや櫓《ろ》で氷を叩き割り、それでも割れないと舟を乗り上げ、ゆすって割る。

割った氷の塊が悠然と流れていく。氷が割れると、そこから水中に日が射す。魚は光を嫌い、暗い所に逃げ込む。氷が割られるたびにどんどん岸辺に追い込まれていく。浅瀬にくると舟から降り、腰まで川に浸かりながら、さらに氷を割っていく。岸辺に氷が挟まってくる。

この辺で川底の石を見る。魚の棲息状況は石を調べることで分かる。魚がたくさんいれば石につく水垢を尾びれで掃除をするのできれいだが、魚がいなければ石は水垢でヌルヌルしているし、水も濁っている。川底の石を調べて、魚がいる気配がなければ、いままでの悪戦苦闘の氷を割った作業が徒労に帰す。場所を変えて一から出直すことになる。

石の表面を刷毛《はけ》でなぞったような痕があれば歓喜しながら氷を割り続ける。浅瀬は岸辺の雪が雪屁《せっぴ》のようにせり出していて、かなり奥が深い。それをシャベルで掘り進む。魚がたくさんいれば、一列に並んで岸辺の雪に頭を突っ込んでいる光景を見ることができる。

尾が見えると、足元に雪を放り込み、シャベルや靴で攪拌《かくはん》する。雪しぐれ、シャーベット状になる。そうしておいて掘り出す。氷に混じって仮死状態の魚が浮いてくる。難なく手摑みで捕れる。岩魚、山女、鮠、鰍など雑多な魚が捕れる。多いときには一日に三十キロ、四十キロも漁がある。あまり捕れすぎて、拾うのに飽きてしまい、雪で囲っておいて翌日残りを掘りにいったことも、かつてはあったという。

失われゆく山村の漁法

男たちは厳寒の川に半身を浸しながらも大汗を流し、腰上まで埋まる河原の雪の中で景気づけの一升瓶の酒を呷《あお》って気勢をあげ、ややもすると暗く埋没しそうになる長い冬のうさを晴らす。だが、かつては三メートル以上の雪に埋まった山間辺地の村も、いまでは道路が整備され、交通が遮断されることはなくなり、同時に冬の川で遊ぶおとなや子どもの姿も見ることが少なくなった。川が変わり、魚もめっきり少なくなった。何よりも、そこに暮らす人々の心の有りようが変わった。

かつて、山間の自然が豊かで、川に魚類が豊富に棲息していた時代には、それに付随したさまざまな漁法が生きていた。それらの原始漁法のひとつひとつに、自然と同化し、共存の道を探ってきた人々の精神や生き様が投影され、たゆみない知恵と工夫がこめられていた。ひとつの伝統漁法が衰退し、河原から人の影や歓声が消えていくことは、そのまま山村の崩壊をも意味する。真の豊かさとは何かを無言のうちに問いかけているような気がする。

第四章

山の食事

魚

山の弁当、メンパ飯

「山で何が楽しみかって、体いじめて働いて食う飯の旨さ。これが一番だんべ」

山で働く男たちは口を揃えていう。急峻な山を登り、木の伐採や搬出作業などの力仕事に従事する山の労働者たちは、汗で冷える体を焚き火で暖めながら食べる食事を何よりの楽しみにしている。

山仕事には弁当を持っていく。以前はメンパやアルミの弁当箱に飯を詰めて持っていった。

メンパは、檜《ひのき》や杉の柾目《まさめ》板を楕円形に曲げて作った容器で、軽くて通気性に優れている。メンパに詰めた飯は、汗をふいてふやけることがないし、寒いときでも飯が凍ったり、干上がることもない。

メンパは容器と蓋《ふた》がすっぽり重なり合うようにできている。ご飯はその両方に詰める。

箸を突き刺して、そのまま持ち上がるほどギュウギュウ詰めにした。その家の女衆が、上に乗って詰めることもある。蓋と容器の重なりがほんのわずかしかない。それを〝毛抜き合わせ〟といった。メンパには、ちょうど一升の飯が入ることから、俗に〝一升メンパ〟ともいった。山の男たちは、一升の飯を弁当でペロリと平らげる。山仕事はそれほどきつい労働だった。

山へ行く日は、深夜の二時に起きて竈突《くど》で飯を炊き、メンパに詰めると、まだ夜も明けきらない四時には山に入った。山の登り口には、きまって山の神さまの碑や祠《ほこら》があり、必ず手を合わせていく。コップ酒や果物、小銭などを置いていくこともある。わずかに草が刈られ、人が踏みしめただけの急斜面の道を一気に登り、現場に着くと休む間もなく作業にかかる。早朝の山の静寂を破って、斧《おの》やチェーン・ソーの音が山峡に響き渡る。木が裂け、バリバリと枝を折りながら巨木が倒れ、大地が身震いをする。

早朝から働く山の男たちは、弁当を二回に分けて食べる。まず、朝のひと仕事を終えた十時に、メンパの蓋側の飯をかき込み、午後の二時に容器側の飯を食べる。一回目の食事は飯の中に詰めてきた梅干や漬け物をおかずにして食べる。年季の入った山師は、弁当を食べるときに、まずメンパの蓋の裏を見る。乾いていれば天気が持つが、湿って水滴がついていると崩れる兆しで、早々に仕事を切り上げて山を下る。

二度目の食事のときには、メンパの蓋があいているので、それで汁を作る。具は山で採取した岩菜（イワタバコ）やフキノトウ、セリ、ミツバ、タラの芽、アサツキなどの季節の山菜。ときに沢で捕った岩魚や山女を入れることもある。魚は、近くに沢があれば、作業の合間の半時ほどの休み時間に降りていって、手摑みで捕ってくる。魚は腹を裂いて内臓を抜き、串に刺して焼く。塩は使わず、素焼きにする。強火の遠火で、じっくり焼いて水分を抜く。生焼けで汁に入れると生臭みが残る。

山は冷気が強い。休んでいる間に急激に汗が冷えて、体温が奪われる。仕事の手を休めるときは必ず焚き火を燃やして暖をとる。

彼らが山で火を燃やすときは、決して炎を立たせることをしない。周囲《めぐり》の草をはらい、一旦燃やしたあと、くすぶる枝を除いて、おき火にして暖まる。最初に火をつける際には、細い枯れ枝を一定方向に幾重にも折って、隙間なくびっしり束ね、地面に置いて火をつける。こうすると一気に火力が上がる。一度燃え上がった炎はすぐに治まり、赤々と燃えたねれ火が長持ちする。ねれ火は、火がねれて体の芯から温まるし、煙も立たず、匂いもない。火花が飛ぶこともない。動物に感づかれることがないので、猟師がやむを得ず、山で火を燃やすときには、こうした方法をとる。

食事のとき、火に石をくべて焼いておく。石は沢で拾ってくる。火で砕けたり、はぜるような石は避ける。石は、丸みをおび、肌がすべすべした黒っぽい石がいい。一番いいのは石焼き芋にも使われるアブラメ石。硬くて、焼くと油が滲《にじ》み出て、味を引き立て

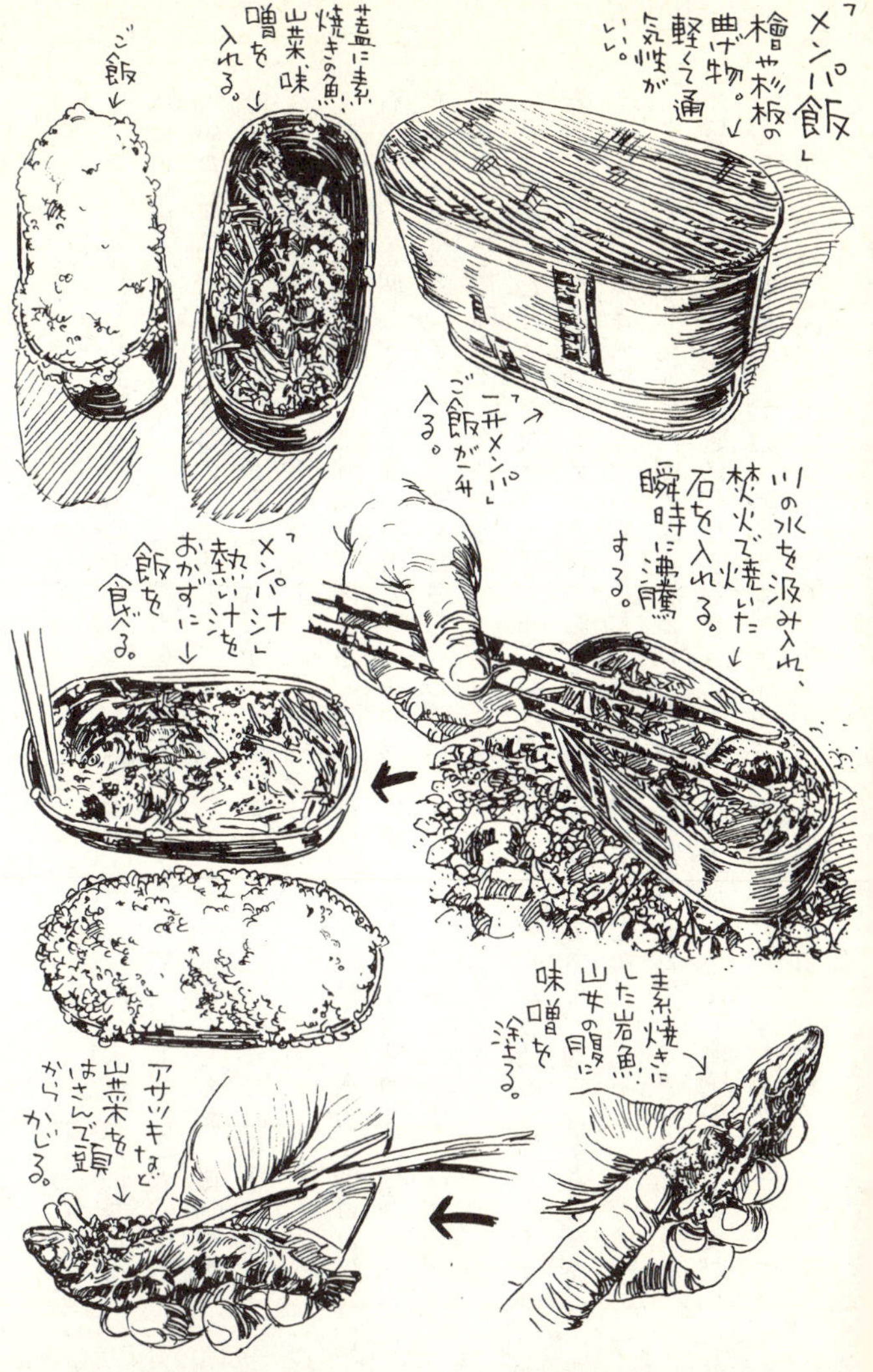

「メンパ飯」
檜や桜板の曲げ物。軽くて通気性がいい。
蓋に素焼きの魚、山菜、味噌を入れる。
ご飯
「一升メンパ」ご飯が一升入る。
川の水を汲み入れ、焚火で焼いた石を入れる。瞬時に沸騰する。
「メンパ汁」熱い汁をおかずに飯を食べる。
素焼きにした岩魚、山女の腹に味噌を塗る。
アサツキなど山菜をはさんで頭からかじる。

る。

メンパの蓋にありあわせの山菜をちぎって入れ、素焼きにした魚を入れる。持参した味噌と乾燥ワカメを加え、沢で汲んだ水を注ぎ入れる。そうしておいて、焚き火の中で焼いた石をつまみ出して器の中に落とす。山では、石を素早く水にくぐらせ、汚れや煤《すす》を洗い落とすような手のかかることはしない。そのまま放り込む。焼けた石を水にちょっと浸けると一瞬のうちに汚れが飛ぶ。

器の中の水は瞬時にして沸騰し、間欠泉のような熱湯を噴き上げる。火力が弱ければ石を二個、三個と入れる。強い火力で、一瞬のうちに煮えたぎらせた味噌汁は格別にうまい。味噌は煮つまらず、山菜も青さを失わずにシャキッとしている。岩魚や山女のダシが出て、一層味に深みを加える。

煮えたぎった汁が喉《のど》を焼き、五臓六腑に染み渡る。冷えた飯をかき込み、汁をすすり、岩魚に頭からかぶりつく。体の内側からポカポカとぬくまってきて、額に汗が浮く。冷える山では、焚き火の火と白い飯、そして熱い汁が何よりのご馳走である。

こうした焼き石を使った山の調理法は、岩魚酒にも応用できる。山の男たちはメンパや竹筒に酒を注ぎ、素焼きにした岩魚を入れ、焼いた石を放り込んで沸騰させて飲んだりもする。岩魚酒は、岩魚を時間をかけて素焼きにし、完全に水分を抜いておくのがコツ。水分が残っていると酒に脂が浮き、生臭くなる。冷めてくると飲めなくなる。酒も

「岩《いわ》魚《な》酒」
岩魚を素焼きにする。
焚火→
日本酒
岩魚→
鰍《かじか》
焦がさず、カリカリに素焼きにした魚を器に入れる。(器も温ためておく)
熱燗。↓
沸かした酒を注ぎ入れる。
(一匹の岩魚で三升飲める)
岩魚酒→
鰍酒

熱燗にする。アルコール分が飛んで悪酔いしない。一匹の岩魚で三升の酒が飲め、風味もそこなわない。岩魚以外に山女や鰍でもやる。鰍の骨酒は脂があっさりして、ダシが出て、とくに旨い。

また、素焼きにした岩魚や山女は、腹に味噌を塗り、アサツキなどを挟んで食べると、ことさら美味である。

焼いた石を器に入れて煮る以外に、石を鍋代わりに利用する料理法がある。この場合は、河原で、比較的平らで表面に窪《くぼ》みがある大きな石を探してくる。この石を焚き火の中に入れて焼き、真っ赤になったら水をかけて汚れを落とし、魚をのせて焼く。そのまま葉っぱでもかぶせて蒸し焼きにしてもいいし、石が乾いたら水を足しながら味噌を入れて、味噌焼きにして食べてもいい。大井川上流域では、山に魚捕りに行った折などは、その場で料理して食べる。

石でカマドを作るときに一番火が当たる奥側の面に薄めで平らな石を置いておき、充分に焼けたら、後ろに倒してその上で調理する。石が焼けたかどうかは、石の表面についた煤の状態で判断する。焼き始めは石に黒い煤が付く。触ると黒くなる。そのあと、火力が上がって石に熱が入ってくると黒い煤がかさぶたのようにペラペラと剝《は》がれてくる。剝がれて石が白くなると完全に石が焼けている。暗くすると石が真っ赤になっていることもある。こういう石を倒すと上で料理ができる。石がなかなか冷めず、長時間利用できる。パンを焼いたり、サルナシやクワの実と砂糖を焼き石の上で素早く混ぜて即席のジャムを作ると旨い。

味噌は万能の調味料

石がない場合は、魚に薄く味噌を塗り、蕗《ふき》や笹などで包み、焚き火の下を掘って埋めて蒸し焼きにする。また、身を三枚におろして味噌を加えて叩き、平たく丸めて葉で挟み、火で焙《あぶ》ると、また違った風味ができる。調理道具は一切不要。味噌さえ持っていけばできる。味噌は、まさに万能の調味料である。

かつて、山仕事に出る人たちは弁当のほかに必ず味噌を持っていった。弁当は飯だけがぎっしり詰め込まれ、おかずは梅干しと、せいぜいが漬け物程度だったが、それでも白い飯を腹いっぱい食えるだけで満足した。里の家族が稗《ひえ》や粟《あわ》を食っても、山で働く男だけは白い飯が食べられた時代があった。

おかずが欲しいときは、持っていった味噌で味噌汁を作ったり、何もないときは、焚き火の中に入れた石の上で味噌を焼いておかずにした。焼き味噌は香ばしくて美味で、食が進む。味噌を焼くだけでもよかったし、タラの芽やミツバでもあれば、それを刻んで混ぜて焼いた。また、出始めの竹の子があれば、生のまま味噌をつけたり、焼いて味噌をつけて食べた。

因みに、山の男は「山で水がないところでは山椒《さんしょう》は食うな」といった。山椒は食べすぎると猛烈に喉が渇く。喉の皮がひっつき、ひどいときには息を吸うだけで、吐くことができない。近くにイタドリでもあれば折って水を吸うが、最後には小便でも飲ますしかない。

沢の水を飲む

また、近くに流水があっても、山の男は経験的に飲料に適した水かどうかを判断する。一般に花崗岩や礫岩《れきがん》層を通ってきた水は澄んで、喉に引っかかる感じがなく旨い。一番まずいのは岩の表面を流れてくる水で、上流で動物の死骸が腐敗して水に混じっている場合もあるので要注意。また日陰の水は旨いが、日なたの水は匂ってまずい。粘土質を通ってきた水も濁って、泥臭くてまずい。口にふくんで粘っこく、キレの悪い水は平地で草や柴が腐っている表面からしみ出していることが多い。

石灰層を通ってきた水は青味が強く、喉に引っかからないが、同じ青でもインクを溶かし込んだような青い水がある。一見きれいに見えるが、微生物が多く、腹を壊す原因になる。沢の石が全体に赤味を帯び、黄色っぽく見える水は鉄分の多い水で、少し渋い。沢や川の不安な水を生で飲む必要がある場合は、流れから少し離れた場所を掘り、そこにしみ出した水が澄むまで待って汲む。あるいは小砂利や砂、焚き火でできた炭などを利用して簡単な濾過器を作って濾過して飲む。一旦、沸騰させて飲むのが一番安全である。

山の炭焼き小屋や、杓子《しゃくし》などの出作り小屋で煮炊きをして生活しているときなどに、岩魚飯、山女飯を作って食べることがあった。家族と離れて暮らす山の男所帯では、昆布でダシ汁をとったり、細かな味つけをしたりといった、食事に余計な手間はかけない。岩魚や山女を一、二匹生のまま米と一緒に入れて炊き、炊き上がったら頭と骨を抜いて、身をほぐして混ぜ合わせ、軽く蒸す。これで充分、岩魚や山女のダシと香りがしみておいしい。また、一旦素焼きにした魚の身をほぐして、炊き上がったご飯に混ぜるやり方もある。

どんぶり飯に小ぶりの岩魚や山女を塩焼き、あるいは素焼きにしたものをのせ、その上からお茶や湯をかけて茶漬けにして食べることもある。これも垂涎《すいぜん》の味わいがある。一般に、山で働く人たちは、汁かけ飯を忌む風習があるが、その禁を犯しても食べたくなる。また、そうした山の因習にこだわる人間は、飯に汁をかけてはいけないが、汁の中に飯を入れて食うのはさしさわりがないといい、そのようにして食べた。

山では魚は、手摑みや釣り、あるいはドウ（筌《うけ》）を仕掛けて捕った。たくさん捕ったときには、囲炉裏の火棚やベンケイ（藁《わら》づと）に刺し、燻製にして保存した。また、捕ったばかりの魚の腹を裂いてわたを抜き、イタドリの葉を詰め、包んでおくと、夏場でも数日は持った。イタドリには腐敗を防ぐ効果があった。

三面《みおもて》川最上流の山村では、モリなどで捕った鱒《ます》を栃《とち》の葉で包み、荒縄で巻いて、アラマキにして保存した。アラマキは冷たい沢の水につけておき、冬になると上げてきて、風の通る軒下や、囲炉裏に吊るしておく。カチカチに凍《し》み、あるいは囲炉裏の火と煙で燻《いぶ》された鱒は、冬の間の保存食になった。寒風に晒《さら》した鱒は、食べるときに湯で戻し、煮《に》〆《しめ》や味噌煮、鍋物などにする。乾燥した魚を、菓子代わりにそのまましゃぶりつくこともある。始めは固くて歯が立たないが、そのうちに口の中でふやけて柔らかくなり、味が滲み出てくる。また、干し魚を薄く削《そ》ぎ切《き》りにすると、いい酒の肴になった。

長いこと雨が降らず、川が干上がったときなどに、小さな淵に鱒や鮠《はや》、鮎《あゆ》などの稚魚が群がっていることがある。子どもでも網で掬《すく》って捕ることができる。大量に捕って、勇んで家に持ち帰ると、母親が茹《ゆ》でて干し、保存しておいて、煮干し代わりに煮付や味噌汁のダシに使った。

また、里の家では、岩魚や山女、鱒や鮎を酢でしめ、腹に酢めしを抱かせて姿鮨を作ったり、粟粥などを詰めて桶に漬け込んで、熟《な》れ鮨《ずし》を作る。こうした料理は、かつては村の祭事などのハレの日に作られる特別なご馳走だった。

山獣

山国では、食肉といえば山獣の肉に限られていた。豚や牛、鶏肉などの市販されている家畜肉が、普通に食べられるようになったのは昭和三十年に入ってからだ。

熊や鹿、猪などの大型の山獣は、本職の猟師ででもなければ滅多に獲《と》ることはできないが、鉄砲を所持している者が暇をみて猟に出て、野兎《のうさぎ》や狸《たぬき》、狐、貂《てん》、貉《むじな》、バンドリ(ムササビ)などの小動物や、雉子《きじ》や山鳥などを獲ることはできた。稀《まれ》に鹿も獲った。鉄砲がなくても、わらだや罠《わな》を掛けて捕獲することもできた。

鹿肉は、猪とちがってジストマなどの寄生虫がいないので、生の刺身で食える。赤身で獣特有の臭みがなく、柔らかくておいしい。上等の肉である。とくに、背身肉は繊維が少なくて柔らかくておいしい。また腿《もも》から脛《すね》のエダの部分は、多少筋があって固さはあるが、充分刺身で食える。刺身のほかに炭火や鉄板で焼いたり、野菜と一緒に鍋で煮て食う。煮ると肉質が固くなるが、なかなか美味で、体が暖まる。マルトウ(心臓)やほかの内臓も煮て食う。一頭で数人の家族が一カ月も食べられる。

熊はバラしても捨てるところがない。肉はおいしい。とくに橅《ぶな》の実が多い年の熊の肉は脂が多くておいしいといわれる。脳味噌も食べる。好きな者は生のまま塩をかけて食う。臭みがなく、鱒《ます》の白子のようだという。胃袋や肝は鍋にする。よく煮ると柔らかくなる。血も捨てない。ソレソレは血の腸詰のことで、小腸に詰めて作る。熊の小腸は長くて百尋《ひろ》もある。解体したときに小腸を引き出し、中のものをこき出して裏返す。棒切れなどを裂き、腸を挟んで端から手前にこそぐ。

中身を出したら裏返して水できれいに洗う。雪の中でなら、雪で洗い、腸の袋の中に血を入れる。昔は手で掬《すく》って入れた。長いまま入れて、ところどころを結わえてもいいし、一尺ぐらいずつ切って両端を縛ってもいい。血は半分くらいの量を詰める。血は煮ると膨張してふえるので、入れすぎると破裂することがある。腸詰ソーセージと同じで、茹でてから輪切りにして塩をつけて食べる。血が凝固して、クセのある濃い味がするが、食べ慣れるとやみつきになる。猟に参加した者だけが味わえる珍味である。

兎の一匹食い

山国で、もっとも一般的に食べられた獣肉は野兎である。比較的集落に近い山地に数多く棲息している野兎は、頻繁に捕獲され、入手しやすかった。一匹丸ごと店先に吊るし売りされ、猟をしない者でも手軽に買い求めることができた。

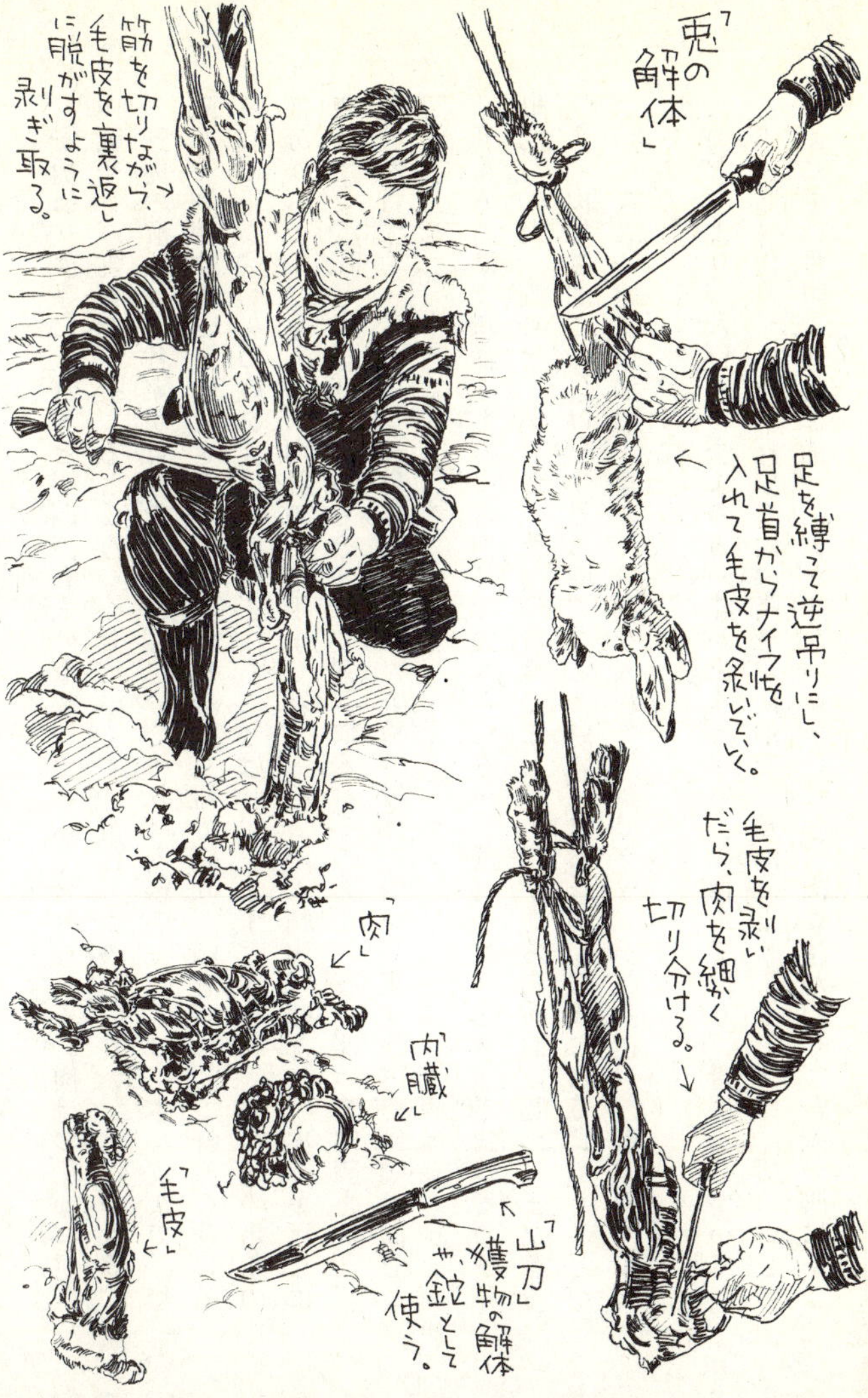
「兎の解体」

筋を切りながら、毛皮を裏返しに脱がすように剥ぎ取る。→

足を縛って逆吊りにし、足首からナイフを入れて毛皮を剥いでいく。

毛皮を剥いだら、肉を細かく切り分ける。

「肉」

「内臓」

「毛皮」

「山刀」獲物の解体や、鉈として使う。

野兎は一匹手に入れると、四、五人の家族がたらふく食べられる。肉は多くないが、内臓や骨、皮まで、捨てるところなく食べ尽くす。俗に〝兎の一匹食い〟といわれる。

野兎の解体は、各家が自分でやった。自分でやれば内臓の一片、骨一本、皮まで、無駄なく利用することができる。解体は後足一本を紐《ひも》で縛り、頭を下にして軒先などに吊るして行なう。先に腹を裂いて内臓を抜くことはせず、まず毛皮を剝《は》ぐ。後足の足首の部分からナイフを入れ、内股の付け根まで剝ぎ、そこから胴体、頭部と、皮を裏返しに脱がすようにして、耳の先までそっくり剝ぎ取る。そのあと、腹を開いて内臓を抜き、四肢をはずし、骨と肉を分ける。こうした野兎の解体作業を、東北地方では鶏と同じく「つぶす」という言い方をする。

野兎の肉は、新鮮なものなら刺身で食べられるが、煮たり焼いたりして食べるのが一般的だった。刺身は、柔らかい背肉や腎臓のまわりの脂がある肉がおいしい。また煮る場合、肉は醬油で味付けをすると固くなるといい、味噌を使って鍋にして食べることが多い。肉と一緒に季節の山菜やキノコを入れて、鍋でグツグツと煮込み、家族や仲間同士でフーフーいいながら食べる。

肉だけより、骨付きのままの方が味が出るといい、手摑みで取り、骨にくっついている肉にしゃぶりついた。野兎の肉は脂身が淡泊で、鶏肉のようにクセがなくておいしい。とくに旧正月頃の春先に捕った兎が味がいいとされる。肉に脂がのり、野兎が餌にかじった木の香がかすかに移り、〝山椒兎〟などといって珍重した。また、野兎が一番捕れる時期でもあった。

肉は鍋で煮る以外に、スマシの兎汁にしたり、蒸したり焼いたりして食べる。蒸す場合は、骨ごとブツ切りにした肉を蒸し器に入れ、蒸し上がったら塩や味噌、あるいはソースなどで食べる。蒸すと肉が柔らかく、骨をはずしやすい。骨ごとしゃぶるようにして食べる。肉を串に刺したり、金網の上で焼いても食べる。

野兎は体のわりに骨が多く、肉は少ない。そのため、骨は捨てず、無駄なく加工して食用にされた。野兎の骨は、鶏など鳥類の骨と同じで砕きやすい。固くて筋のある大腿骨以外の骨を、平たい石や伐《き》り株の上で、鉈《なた》の頭やハンマーで叩いて、細かく砕き潰《つぶ》す。さらに板の上で骨の感じがなくなるまで、丹念に叩く。骨についた肉片や、髄が一緒に叩かれ、粘りがでてくる。多少、骨の粒が舌に触るくらいは気にしないが、丁寧に擂《す》り鉢であたる家もある。

擂り潰した骨を団子状に丸めるが、つなぎとして、豆腐、あるいは打ち豆、大豆、麦粉などを混ぜ合わせて団子にする。骨の団子は味噌汁の具にしたり、油で揚げて食べる。カルシウム満点で栄養豊富、髄の旨味が出て、美味な逸品である。山の子たちは質素で、しっかりした食べ物を食べて丈夫に育った。

〝兎の一匹食い〟。皮も内臓も食べる。皮は毛を火で炙《あぶ》って燃やし、細かく切ってゼンマイなどの山菜と一緒に味噌煮にする。よく煮るとシコシコとした歯ごたえがあっておいしい。

内臓は、腸の肛門に近い部分に詰まっている糞を絞り出し、あとはすべて料理して食べる。腸の中の新しい糞はまだ充分に消化されていないので木の芽の風味がして旨い。捨てずに一緒に料理して食べる。脳味噌も一緒に料理する。味噌煮以外に、ゼンマイやワラビ、ゴボウ、豆腐カスなど、ありあわせの具と一緒に炒《いた》め、酒粕や味噌で煎《い》るようにして味を整えて食べる。かつて、猟師たちは山で猟をしながら、獲った野兎の内臓を抜き、焚き火の中に放り込んで、焼けたそばから歯でむしるようにして食った。

野兎は、内臓を抜いて、寒風の通る軒下などに吊るしておけば二、三週間は持った。また、あるいは皮を剥いだものを何匹も吊るしておき、ナイフで切りながら料理をした。また、内臓を摘出した毛皮つきのものを雪の中に埋めておいたり、味噌漬けや塩漬けにして保存し、日々の食料にした。

妊婦が野兎の肉を食べると、兎口の子が産まれるという俗信が古くからある。おそらく、兎の口の形からの連想で、もちろん根拠はない。しかし、五体満足の子を願う親は、災いの種を避け、野兎を食べることはしなかった。

そうした俗信が生きている一方で、野兎の胎児を食べるとお産が軽くなると言い伝える地方があり、胎児を囲炉裏の煙で燻《いぶ》した燻製は腎臓病に薬効があるともいわれている。

また、野兎の目玉を生のまま飲むと雪目にならないともいわれる。野兎が、山村の暮らしに深く関わり合ってきた証しでもある。

羚羊《かもしか》、狸、貂の獲り方

熊、猪、鹿、野兎などのほかに、羚羊《かもしか》や狸、貂、バンドリ、さらに雉子や山鳥、烏《からす》や雀などの小鳥まで捕って食料にし、毛皮を売って現金収入の手だてにした。

羚羊は俗にクラシシなどと呼ばれ、主に雪深い二月時分に獲った。羚羊は山の七、八合目の見晴らしのきく険しい岩場に棲息し、山に馴れた猟師でも近づくのが容易ではなかったが、ドカ雪が降り積もった年には、猟がやりやすくなる。普段は敏捷な羚羊も深い雪にはばまれて動きが鈍くなってうまく走れない。雪の中を泳ぐようにして歩くうちに毛に雪がつき、次第に大きな玉になって身動きがとれなくなる。猟師は半身が埋まるほどの雪を漕ぐようにして、一日も二日も執拗に追い、鉄砲で撃ったり、鉄砲を持たない者は棒でなぐり殺して獲った。

羚羊の肉は臭味がなくて旨かったし、毛皮はいい値で売れた。毛皮は防寒具として優れていた。角も売れた。角も鰹《かつお》釣りのツノ（擬餌《ぎじ》）の材料になった。とくに角の先が白いものが高く売れた。猟師は自分でも羚羊の毛皮で防寒着を作ったり、脛皮を利用して手袋や靴、火薬入れなどを作った。毛皮を着ていれば、雪の中で野宿をしていてもこごえることはなかったし、毛皮の袋なら火薬が湿《し》けることもなかった。

狸や狐、貂などはトラバサミを仕掛けて獲った。鼬《いたち》はモグラ罠に似たポンプラと呼ばれる竹の仕掛けを川近くにおいて獲った。貂は黄《き》テン、黒《すす》テンがあり、毛皮が高く売れた。

貉《むじな》は、姿は狸にそっくりだが、足が熊に似ていて、マメダヌキ、穴熊などとも呼ばれる。毛皮は利用価値が薄いが、肉が赤身で旨い。味噌仕立ての鍋にして食べる。貉は柿が好物らしく、柿の実が熟して落ちる頃にノソノソと這い出してくる。牙が強く、まともにやりあうと犬がやられることがある。

罠を仕掛けて獲ることもあるが、冬眠中の貉は、穴を掘りかえして獲る。山の傾斜面に穴を掘り、奥の方に潜って寝ているが、穴の回りにポツポツと糞があるので分かる。細い竹でも静かに穴に突っ込むと、感触でいるかどうか分かる。いれば穴をどんどん掘っていく。

長い棒を突っ込んで回し、毛をからませて引き出したりもする。穴の奥は思ったより広く、五、六頭が身を寄せ合っている。〝同じ穴の貉〟のことわざはここから出た。冬眠中の貉は一頭獲られても、逃げたり暴れたりせずにジッとしているので、残らず捕獲できる。

バンドリ（ムササビ）の価値は米一俵に匹敵

バンドリというのはムササビのことで、暗くなった晩に出没して、ギャーギャー、キッキッと鳥のような鳴き声を発することから俗にそう呼ばれる。ほかにバットリなどともいう。

バンドリは秋から冬、夜の山に入って猟をする。この時期には太って肉が多く、脂がのってもっとも旨い。餌はイタヤや楢《なら》、橅の実や木の芽を食べる。昼は、高い木の洞《うろ》の中などで寝て、夜になると外へ出て活動する。夜、山を歩いていて、異様な鳴き声に驚いて懐中電灯を向けると、木の枝の丸い黒い影の中に目玉が真っ赤に光っている。ときに火の玉のように空中を飛翔して馴れない者の度肝を抜くことがある。

猟師は月の出た夜に雪の山を歩き回ってバンドリを獲った。闇夜では高い木の上にいるバンドリに狙いをつけるのが難しい。月夜で空が明るく、薄く白い雲がかかっていると、はっきりと輪郭がとらえられ、当たる確率も高い。大正時代には毛皮が高く売れ、一匹で米一俵になったこともあったという。脳味噌や胆も薬になるといって、いい値がついた。肉はもちろん食用にした。

山鳥は、秋から冬、ヤドリギの実に群がってくる。ヤドリギは欅《けやき》や榎《えのき》、栗、コナラ、ミズナラなどの樹上に寄生する常緑低木で、宿主の木が葉を落とし、裸になる秋から冬に、鳥の巣のように枝に残ってすぐに判別できる。

実は一センチたらずで、秋から冬に半透明の黄色や橙色に熟す。山鳥はこの実が好物で、無数の鳥が群がってくる。猟師は、この時期、夜明け前の暗いときに、木の近くに細枝などを切って身を隠すトヤを作って待機する。山鳥は、まず一羽が偵察にくる。枝に止まり、周囲の様子をうかがい、異常がないと二声、三声鳴き声を発する。すると、それを合図に、どこに潜んでいたのかと思うほどの数の群れが一勢に飛び上がって空を埋め、樹上に鈴なりになって実をついばみ始める。

猟師は、鉄砲で狙いをつけ一羽ずつ撃ち落としていく。一羽撃ち落とされ、鉄砲の音がしても、ほかの鳥は逃げずに餌を食い続けるが、撃った鳥が暴れたり、弾がほかの鳥をかすめたりして、一羽でも驚いて飛び立つと、群れの全部が一斉に飛び立ってしまう。離れている鳥から確実に仕留めていくのが猟師の腕だった。山鳥の肉はおいしい。焼いたり、水炊きなどして食べた。

野鳥は、ほかに霞網や、叉子網《さで》、あるいはヒップバシやブッチメなどと呼ばれる籠やはね罠などで獲った。そうした小鳥でも、山国では貴重な食料になった。稗や粟を主食として食べていた時代には、小鳥の肉でさえご馳走だった。

信州の山地の村では鳥も獲った。その方法が独得で他地方では見られないものだった。鳥を獲るにはフクロウを囮《おとり》に使う。鳥とフクロウは天敵同士。夜にフクロウが鳥を襲えば、昼間は烏が、目の見えないフクロウの巣を襲撃する。

夜、フクロウが活動して鳴き、夜がシラジラと明ける頃に、早起きの烏が飛んできて同じ木にとまって鳴く。この瞬間が夜と朝の境目ということになる。

烏を獲る際には、フクロウを捕えてきて、見通しのきく田や広場に杭を立てて縛っておく。烏は無防備なフクロウに対して、群れを作って一斉に襲いかかろうとして、網にかかる。信州の一地方では烏の肉は叩いて肉団子にして食べた。これも、いまは遠い昔の語り草になった。

蜂の子

山国では山獣や魚、野鳥以外に、山に実る山菜や木の実、キノコなどを採取して糧にしたが、蜂の子やイモムシ、カミキリの幼虫なども捕って食べた。とくに蜂の子は滋養満点で、〝天下の珍味〟といわれて珍重されてきた。

蜂の子は信州ではスガレと呼び、伊那地方の山間の村々で古くから盛んに行なわれてきたが、愛知県の奥三河あたりでも蜂の子を捕って食す習慣がある。蜂の子捕りは、作物が少なく、他の土地との交流もままならなかった山国の貴重な栄養源であり、また、人々の娯楽でもあった。

蜂の子捕りは、旧暦のお盆が過ぎ、そろそろ秋の気配が濃くなってくる頃に行なわれる。この時期になると、大人も子どもも夢中になって蜂を追って山を駆け回る。

一般にスガレと呼ばれる蜂の子は、地蜂、つまり黒スズメ蜂の幼虫のことで、別種の蜂の子も食べられないことはないが、「こそっぽくて（ゴソゴソして）まずい」という。

地蜂は肉食で、土の中に巣を作る習性がある。巣を見つけるのが難しい。そのため、当の蜂に案内してもらうのが最良の策ということで、まず蜂をおびき寄せる工夫が凝らされることになる。

蜂をおびき寄せる餌は、ヒキタと呼ばれる食用蛙の皮をひんむいた脚の肉や、ブリやマグロの魚肉や腹わた、コオロギなどが使われる。人々は蜂の子の子捕りをする朝に、田の畔《あぜ》や堆肥の中から蛙やコオロギを見つけて捕えて下準備をする。蛙は脚をひきちぎって皮を剝《は》ぎ、コオロギは七、八匹針金に串刺しにし、指で潰《つぶ》す。これを蜂がきそうな場所に立てておく。

地蜂は餌に誘われて飛んでくる。鋭い口器で肉を嚙み切って巣へ運ぶ。このときに巣の方向の見当をつける。また、再び餌に戻ってくるまでの時間で、おおよその距離が測れる。巣が近い場合は蜂は低く飛び、遠いと高く飛ぶともいう。

それを二、三度繰り返すうちに、蜂に人間への警戒心が薄れる。それを待って、真綿を薄く取って、一方の端を舌で糸状にし、蛙やコオロギの肉片を結びつけ、蜂に抱かせる。蜂は白い真綿をユラユラと揺らしながら巣に向かって飛んでいく。真綿をつける技巧に熟練を要し、綿が大きすぎたり、重すぎると風の抵抗が強く蜂が思うように飛べないし、軽すぎると速く飛び去ってしまい、追いかけるのに骨を折る。

綿を抱いた蜂が飛び立つと、それを目印に追跡が始まる。蜂はフラフラしながらも一直線に巣に向かって飛んでいく。追う方も見失わないように一直線に追う。田んぼを突っきり、坂を滑り降り、崖をよじ登り、藪《やぶ》をかき分けて追う。一瞬でも目をはなせば見失う。土手下に転落したり、野バラのトゲで傷だらけになるのは当たり前で、鋭く尖《とが》った切り株のある桑畑などで転倒すると大怪我をする恐れがある。

首尾よく巣までたどり着くと、巣穴の中に煙幕花火やセルロイドを燃やしたりして煙を吹き込む。蜂は煙に弱い。極端に活動が弱まり、失神状態になる。それでも巣を奪おうとする人間を襲撃してくる蜂がいる。刺されれば骨の髄まで激痛が走るほどで、手は二倍に腫《は》れ上がる。ショック死する場合もある。それにもかかまわず巣を掘る。八段から九段もある大きな巣に当たれば、痛みに喜びが勝つ。

捕った蜂の子は軽く下から火で焙《あぶ》ると、熱がって頭を出してくる。それを一匹一匹つまみ出す。食べるときは砂糖と醤油で煮つめたり、煎《い》って食べるのが一般的。酒の肴、ご飯に混ぜて食べてもおいしい。好きな人は生でも食べる。歯でプチッと潰すと、バターに似た風味が口中に広がって旨い。形は蛆《うじ》と同じく白くブヨブヨして気味悪がる者があるが、味はよく、忘れ得ぬ山の味である。

カミキリの幼虫は姿は蜂の子に似ているが五センチくらいの大きさがある。炭焼き用に切った樫《かし》や楢《なら》の木に入っていることがあるし、山で根腐れをしている倒木などがあると、カミキリにやられていることがある。その腐った根を見ると大きな穴がいくつかあいてカミキリが潜り込んでいる。春先には成長する前の幼虫がいる。それを抜き出し、

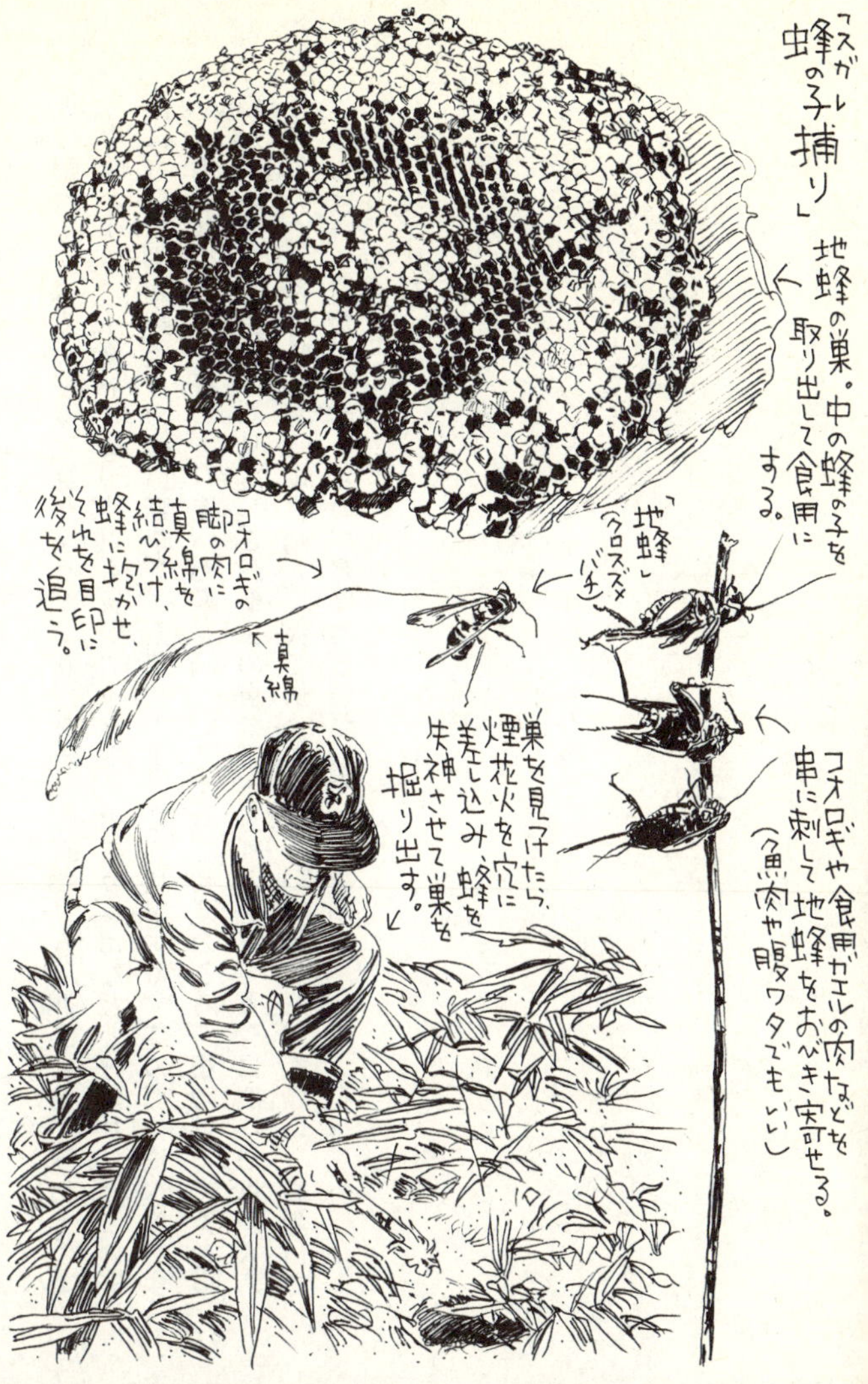
「スガレ
蜂の子捕り」
地蜂の巣。中の蜂の子を取り出して食用にする。
「地蜂」(クロスズメバチ)
コオロギや食用ガエルの肉などを串に刺して地蜂をおびき寄せる。(魚肉や腹ワタでもいい)
巣を見つけたら、煙花火を穴に差し込み、蜂を失神させて巣を掘り出す。
コオロギの脚の肉に真綿を結びつけ、蜂に抱かせ、それを目印に後を追う。
真綿

火で焙って食べる。焼くと身が反りかえり、ブチッと破裂する。香ばしく、バターのような味がする。イタドリにつく虫も旨い。イタドリはスカンポなどと呼ばれ、どこの野山にも自生する馴染みの深い野草で、薬草や山菜として利用する。茎の部分に水分が多く、山歩きの途中で折って、渇いた喉を潤したりする。初夏のころ、根の近くに茶色い瘤《こぶ》がついているのをよく見る。これが虫の糞で、茎を割るとイモムシに似た幼虫が入っている。たくさん集めたら串に刺し、火で焙って食べる。空煎りしてもいい。高蛋白で、しかも旨い。山の子どもたちの、ちょっとしたおやつになった。

山菜とキノコ

自然環境が厳しい山国では、日常の暮らしは大きく制限され、ときには人々を諦めに似た心境に陥らせたが、同時にありあまる自然の恩恵をもたらした。かつての山国の暮らしは、自然の生態系やサイクルに組み入れられていた。人間の暮らしが大きく自然に依存し、あらゆることが人力によってなされていた時代には、自然と人間との間に犯すべからざる不文律が確立していた。

人間は、自然の本来の姿を守り継ぐ見返りとして、生存と日々の生活を保証された。逆に、必要以上に自然を荒らせば、しっぺ返しを覚悟しなければならなかった。山国の人々は、長年の経験によって、自然の許容範囲を知りつくしている。そうした自然に対するギリギリの折り合いのつけ方は、自分たちの生活を維持していくための、したたかな打算であり、共生のための知恵でもあった。

人々は、自然との間の暗黙の約束事を守っている限り、豊かな恵みを手に入れることができた。山獣の肉や川魚、季節ごとの山菜や木の実、キノコなどは日々の食卓を飾り、保存食にもなった。とくに豊富な山菜は、耕地の少ない山国では、野菜に代わる貴重な食料として利用されてきた。

山国では山菜採りを俗に「アオモリトリ」といった。とくに長い冬が明けて、野山に芽吹く春先の山菜は、青々として目に眩《まぶ》しい。冬の間、保存食に頼り、みずみずしい緑に飢えた人々の心を躍らせる。これから山が紅葉に彩られ、霜の降りる晩秋まで、季節折々の新鮮な山菜の味が楽しめる。

冬の長い山国に春の訪れをまっさきに教えてくれる山菜がフキノトウだ。フキノトウは降り積もった根雪が解け出し、水辺や日当たりのいい土手や田の畦《あぜ》の土が見えはじめるころに、雪を割って顔を出す。綿菓子のような白い雪に淡緑色の可憐な蕾《つぼみ》が愛らしく、子どもたちは手を真っ赤にして摘んでくる。春を待ち望む気持ちはおとなも子どもも同じだ。

フキノトウは天ぷらやフキ味噌、味噌漬け、葉を味噌汁に浮かしたり、茎を油炒めにして食べる。たくさん採れると塩漬けにして保存し、食べるときにぬるま湯で塩抜きして料理する。因《ちな》みにフキ味噌は、いったん茹《ゆ》でて水にさらしてアク抜きをし、水気を切って包丁で細かく刻んで味噌と一緒に炒める。調味料には酒、ミリン、砂糖。温かいご飯にのせて食べると旨い。独得の苦みと風味が、一箸ごとに春来《しゅんらい》の味わいにひたらせる。

早春の山に、いち早く若芽を芽吹かせる木にニワトコがある。ニワトコは地方によってタズノキとも呼ばれる。春一番に芽吹く新芽は天ぷらやおひたしにして食べ、初夏に赤く熟す実は果実酒にする。ニワトコの芽は特有の臭みと苦味があり、食用に嫌う者もあるが、茹でたあと水にさらすなどのアク抜きをしたり、天ぷらにすると、臭みも苦味もなくなる。山の貴重な山菜のひとつである。また、枝葉を干し、煎じて飲むと利尿、むくみ、腎臓炎、脚気《かっけ》などに効くといわれ、煎じつめ、黒焼きにしたものは、打ち身や接骨治療の外用薬として用いられてきた。因みにニワトコの漢名は接骨木と書く。

ニワトコは生長が早い雑木で、山峡の開けた沢沿いや林道近くによく見かける。また伐採跡の荒れた土地にいち早く根をつけ、枝をのばす。しかし、群生し、林を形成することはない。むき出しの荒地をまず雑草が覆い、ニワトコやタラノキなどの生長の早い陽木が生えてくる。そのあと、森林を形成する楢《なら》や橅《ぶな》などの陰樹が生長し、森林ができあがると、役目を終えたニワトコやタラノキは枯れる。そして、最後に枯れ、朽ち果てようとするニワトコの古木にキクラゲ類が大量につき、新たな山の幸と味覚を提供してくれる。

「山菜の中の山菜」タラの芽

ニワトコと同様にタラノキも典型的な陽樹で、山地から丘陵地の日当たりのいい場所に自生する。森林が伐採され、新道ができ数年するとのびた幹からタラの芽が芽吹く。

逆に、森が再生し、日陰になると枯れてなくなってしまう。タラノキは幹や枝に長さ二センチほどの硬く鋭いトゲがびっしり生え、不用意に触ると怪我をする。しかし、それでも採りたいほどタラの芽は美味で、山菜の中の山菜として珍重される。四、五月頃、枝先にのびた新芽を摘み、生のまま天ぷらにしたり、茹でてあえものにして食べる。木灰や重曹を入れて茹でてアク抜きをする場合もあるが、アクを抜きすぎるとタラの芽特有の香りと風味がなくなってしまう。新芽を摘めるのは二番芽まで。根こそぎ採ってしまうと花も咲かず、樹勢が衰え、枯れてしまう。山に暮らす人たちは、貴重な山菜を長く楽しむために、必要以上に採ることをしない。

一般にタラノキの新芽をタラの芽というが、これを、わざわざ〝本ダラ〟あるいは〝アカダラ〟と呼んで区別する地方がある。〝アカダラ〟はタラノキの新芽が赤紫色をしているところからきている。これに対して、〝ニセダラ〟〝アオダラ〟がある。カラスザンショウや同じウコギ科のハリギリ、コシアブラがそれである。

カラスザンショウやハリギリは大木になる木で、幹や枝にタラノキ同様に鋭いトゲがある。葉は枝の先につき、生長するとカエデに似た七〜九裂した大きな葉を広げるが、新芽のときはタラの芽によく似ている。しかし、色は淡緑色をして見分けがつく。〝アオダラ〟は色の特徴を表わしている。タラの芽より香りとアクが強く、ホンダラよりも好んで食べる者もある。一本の木で大量に採取できる利点もある。

また、コシアブラは、葉柄が長く、五枚ほどの小葉を傘のように広げる。大木になるが、若い木に鉤棒《かぎぼう》やロープをかけてたぐり寄せて、元の部分からもぎ採る。香りと苦味が強いが食べると病みつきになる。タラの芽同様、天ぷらやおひたし、あえもの、煮物、汁の実にする。炊き込みご飯にするとおいしい。また、大量に採れたときはたっぷりの塩を使って漬け込んで保存する。アクの強い山菜を塩漬けにするとアクが抜ける。使う分だけ塩抜きをして使う。

保存食としても重用されたミヤマイラクサ

トゲがあって、採取に気を使う山菜にミヤマイラクサがある。別名アイコ、アイタケといい、代表的な山菜のひとつで、山国の人たちが好んで食べる。山の薄暗い林や大木に覆われた沢近くに群落を作り、大量に採取することができるが、山歩きの際にうっかり素手で触って痛い思いをすることがある。

ミヤマイラクサの若芽は茎も葉もいかにも柔らかそうに見えるが、茎から葉全体に細かい毛がびっしり生えていて、触ると虫に刺されたような激痛がある。トゲに蟻酸が含まれていて、痛みとかゆみが数時間抜けない。軍手を通すこともあるので、皮手袋が必需品である。しかし、特有の香りがあり、淡泊な味で、食べると旨い。茎ごと煮物、炒め物、天ぷら、おひたし、味噌汁の実にする。トゲは火を通せばまったく気にならない。

保存する場合は、茎は生のまま塩漬けにし、葉はサッとゆがいて天日で干して乾燥する。塩漬けを利用するときには、そのまま茹でてから流水にさらして塩を抜いて炒め物にする。干した葉は水で戻してから調理する。山国ではミヤマイラクサを冬の保存食として利用した。

同じイラクサ科の山菜にミズナがある。地方によっては単にミズと呼ばれるが、正式にはウワバミソウという。主に山の清水のへりや、滝の近く、常に水がしたたり落ちる湿けた崖などに群生する。茎は三センチほど長くのび、葉は互生して、へりが鋸歯のような荒いギザギザになっている。葉は柔らかそうだが食べない。茎と根茎を食用にする。採取するときは葉をむしり取り、できるだけ長く、太い茎を選ぶ。茹でておひたし、あえもの、汁の実などにして食べる。香りもなく、アクとクセもないが歯触りを楽しむ。また根茎は叩くと粘りが出て、トロロのようにして食べると旨い。根の赤いところを薄く刻んで、茹で豆やミョウガ、キュウリ、タマネギ、シソなどをみじん切りにして混ぜ、醤油で味つけをして食べたり、たくあんやネギなどを刻み、鰹節と醤油で食べたりする。根部分を細かく叩《たた》いて潰《つぶ》し、酢ミソや、鰹節と醤油で味つけした「ミズトロロ」が旨い。消化のよい山菜として知られる。旬は夏場だが、新芽が出る春先から、茎が倒れる秋まで食べられる。

山菜を絶やさないための知恵

ウドは半日陰になった山の斜面に多く出る。木洩《こも》れ陽《び》を浴びて、いかにも柔らかそうな淡緑色に萌えて大地から顔を出すウドは、山菜に馴れ親しんだ山国の人たちの顔を思わずほころばす。山に自生するウドは栽培物のもやしウドと違い、香りも味もいい。

ウドを見つけると、まわりの土を崩して埋もれた株を掘り出す。太くて柔らかいウドが採れる。しかし、根は抜かない。根を残せば、また翌年、同じ場所で新鮮なウドが採取できる。熟練した山人は手近な竹や枝の先を斜めに鋭く切り、ウドの根に当てて突くようにして切って残すことをする。そうして、山菜やキノコの採取場所を増やしていく。山の地形を熟知し、山菜の生育場所をいかに多く把握しているかが山に暮らす知恵であり、財産でもある。

若いウドは皮をむかなくても食べられる。そのまま、あるいは短冊に切って味噌をつけて食べたり、酢味噌や酢のもの、味噌汁にする。天ぷら、油炒め、ニシンと一緒に煮付けた「ゴロ煮」にしたり、油味噌で煮たりして食べる。また、若芽や茎だけでなく、少しのびた葉も生のまま天ぷらにして食べる。野趣に富んだ香りと、ほのかな苦味を味わいながら、春の訪れを喜び、また一瞬に過ぎ去っていく旬をおしみながら、はやくも来年の春を心待ちにする。

暮らしの細部に生かされてきた山菜

山菜はほかにもゼンマイ、ワラビ、フキ、ヨモギ、セリ、コゴミ、サンショウ、ウルイ、シドケ、タケノコ、イワタバコ、ノビル、アサツキ、ギョウジャニンク等々、地方によって特色があり、数えあげたらきりなくある。山国の人々が、つつましやかな暮らしの中で、いかに身近な草々や木の実に心を寄せ、利用してきたかが分かる。

それらは食用や薬効に目が向けられるだけでなく、日常の暮らしの細部に生かされてきた。ゼンマイの綿は、子どもが遊ぶ手毬《てまり》の芯にすると弾力があったし、何年もかかって集めておいて座蒲団や綿入れの綿に利用した。また、ヨモギは、一日干したあとつちんぼで丹念に叩き、繊維を取り除いた綿をお灸のもぐさにしたほか、古くは携帯用の筆記用具である矢立《やたて》の墨壺に入れて墨を含ませて使った。同様に直線を引く墨壺の綿にも使われた。ヨモギの綿は、墨の吸収がよく、小指につけた水を一、二滴垂らしただけで墨が戻って溶ける。

ゼンマイやヨモギのほかにガマの穂からも綿を採取した。ガマは休廃耕田や、荒れた池沼、湿地などに群生する。通常、茶色のアイスキャンディのような穂をつける。そして、秋から冬に枯れ、穂が弾けて綿毛をふくらませる。ヨモギやゼンマイに比べて、大量に綿が採取できる。綿は蒲団や座蒲団に使った。因みに、ガマの穂は「因幡《いなば》の白兎」

伝説の、皮をはがれた白兎が大国主命《おおくにぬしのみこと》に止血薬のガマを教えてもらい、全身に綿毛をつける話が有名だが、そもそも「蒲団《ふとん》」の字は木綿《もめん》綿《わた》以前に、ガマの綿毛を利用したことに由来する。

ゼンマイ採りで活気づく五月

年間を通して、山菜採りで山里が一番活気づくのが五月に入ってから始まるゼンマイ採りである。ゼンマイは、水田や耕地が少なく、山仕事や、狩猟など、限られた生業で生計を立てる以外になかった山国にとって、貴重な現金収入になった。

五月はじめ、人々は早々と田植えをすませ、あるいは田仕事を放り出して山へゼンマイ採りに出かける。以前には、山中にゼンマイ小屋をかけ、一家全員がそこで寝泊りをしてゼンマイを採った。村の小中学校もゼンマイ休みという特別休暇があり、子どもたちも労働力の一翼を担った。

ゼンマイ小屋は、ゼンマイの自生地に近く、干すために日当たりがよく、生活をするための飲料水を得やすい場所を選んで建てる。

ゼンマイの採集地である〝ゼンマイ山〟や、ゼンマイ小屋を建てる場所は村人の話し合いで決めた。お互いの領域を決め、侵し合わない。

会津地方では五日間続けて同じ場所でゼンマイを採り続ければ権利が生じ、ほかの者は周囲では採らないという暗黙の約束が守られてきた。また、小屋をかければ、半永続的に利用権が認められた。小屋を放棄した場合、三年間は他の者が入らない取り決めがあった。

毎年、ゼンマイ採りが近くなると、山中のゼンマイ小屋の傷んだ藁《わら》屋根や室内を修理し、蒲団や鍋釜、そのほかの生活道具を運び込んでおく。そして当日は、朝早くから小屋へ出かけ、忙しいゼンマイ採りの生活が始まる。一カ所に固まって生えるゼンマイは根こそぎ採ることはしない。必ず何本か残す。ゼンマイは胞子で増えるので、何本か残しておけば翌年も同じ場所に生えてくる。家族で身体がきく者は全員で山に入り、一人で五十から六十キロもゼンマイを背負って帰ってくる。

採ってきたゼンマイは、すぐに綿をとり、大釜で沸かした湯で茹で、ゴザの上に広げて干す。少し乾いて色が変わってくると、かき集めて手で揉《も》み、また広げて干す。それを何度も繰り返すことで水分が抜け、柔らかく干し上がる。天気がいいと二、三日で干し上がる。

子どもたちは年齢に応じて作業を手伝い、その合間に川で魚を捕ったり、木の実や山菜採りをして過ごす。子どもたちの捕った岩魚《いわな》や山女《やまめ》もその日の食卓にのった。ゼンマイ小屋での生活は十日間ほど続き、その間に採ったゼンマイの束をかついで家族そろって山を降りてくる。ゼンマイ採りが終わり、山里が落ち着きを取り戻すころ、ゆるやかに山がはしゃぐ夏に向かう。

命がけのキノコ採り

山々に囲まれた里では、山菜のほかにキノコにも恵まれている。ホンシメジ、ムラサキシメジ、センボンシメジ、サクラシメジなどのシメジ類から、マイタケ、マツタケ、ナメコ、シイタケ、ムキタケ、キクラゲ、アミタケやベニハナイグチ、チチアワタケ、ヌメリイグチのイグチ類、カノカ、ヨシタケなどの豊富なキノコは、日々の食卓を飾り、現金収入にもなった。とくに台風が早く来たり、夏に雨が多い年はキノコに恵まれるといい、大量に採ったキノコは保存され、翌年まで充分に食べられた。

因みに、気象とキノコの発生には因果関係がある。山の古老の話によると、春の気候が案外とよかったのに、初夏から中秋のころまで冷雨が続き、凶作を予感させる年には、キノコが異常発生するという。季節はずれの夏の最中にシメジやマツタケ、コウタケなどが大量に発生して驚かされることがあり、過去にキノコが凶作の飢えをしのいだこともあったようだ。

キノコ採りには竹で編んだ籠を持っていく。採ったキノコを籠に入れると、折れたり崩れたりしないだけでなく、籠目から胞子がこぼれ、地面に菌が残る。これもキノコを絶やさないための心構えである。

採ってきたキノコは虫出しをしてから調理する。虫出しは、ナンバン水に浸けたり、燻《いぶ》しにかける。燻しは、囲炉裏がある家では、炉におき火をし、自在鉤にキノコをまとめて吊るして、そのまわりを新聞紙などで囲う。熱と煙でキノコの中に入っている虫を出す。

キノコの多い年は、一カ月以上も汁の実はキノコで間に合うというが、ほかにご飯に炊き込んだり、油炒め、煮付けやおろしあえなど、さまざまに調理して食べた。また、保存する場合は乾燥させるか、茹でてから塩漬けにした。調理するには水に戻し、あるいは塩出しして使う。

キノコ採取も現金収入になったが、険しい山奥にしかない岩茸《いわたけ》もいい稼ぎになった。岩茸は地衣《ちい》類に属する苔の一種で、標高八百メートルくらいの切り立った岩肌につく。日当たりのいい東側から南側の岩場につき、日の当たらない北側にはない。また、霧が深く、水分があって乾かない場所が生育に適している。そして、石英など非石灰岩性の岩にはつくが、御影石や蛇紋岩にはつかない。

岩茸は外側が褐色で、岩に固着している側が黒色をして、乾燥するとめくれて黒っぽい色だけが見える。遠望すると、岩肌に付着した垢や苔がはがれているように見え、岩茸に気付く人は少ない。

岩茸は、山霧のかすかな養分を吸って、一年間に数ミリしか生育しない。そのため、

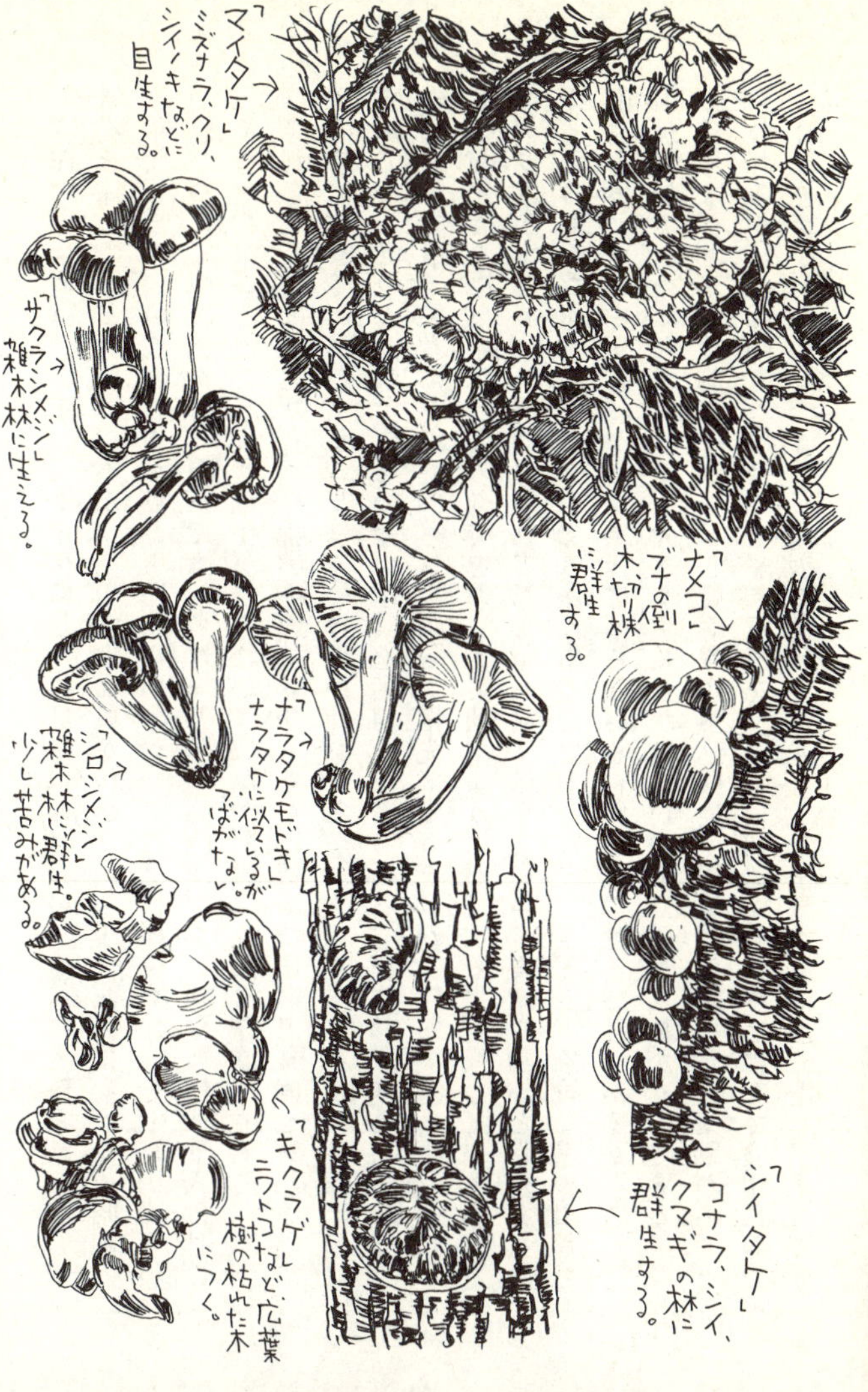
「マイタケ」

ミズナラ、クリ、シイノキなどに自生する。

「サクラシメジ」

雑木林に生える。

「ナメコ」

ブナの倒木切り株に群生する。

「ナラタケモドキ」

ナラタケに似ているがつばがない。

「シロシメジ」

雑木林に群生。少し苦みがある。

「キクラゲ」

ニワトコなど広葉樹の枯れた木につく。

「シイタケ」

コナラ、シイ、クヌギの林に群生する。

一度採った場所は二十年、三十年後にしか再び採取できない。次第に人跡未踏の険しい岩場を探していくことになるが、そのぶん高値がつき、いい現金収入になった。昭和三十年代、当時の職人の日当が百五十円くらいのころに岩茸は四キロで二千七百円くらいの値がついていた。また、現在では、キロ一万円の高値がつく。腕のいい採取人は日に八キロ余も採ることがあるというが、それだけ採取が困難で危険な作業でもある。

岩茸を採るには、切り立った断崖絶壁に登り、立木に結んだ命綱で身体を縛りつけて宙吊りになって作業をする。昔はシュロ縄が使われたがいまはロープを使い、鍛冶屋に特注で作らせたカラビナなどの登山用具を利用する者もある。横に移動するときには、岩壁を足で蹴って右に左に跳び移りながら、指先で岩茸をはがし採る。乾燥している岩茸をはがすときにはイシヅキの部分をおさえて回すようにして採る。無理にはがすと、バラバラに崩れてしまい商品にはならない。俊敏な動作と判断力を必要とする危険な作業で、誰もができる仕事ではなかった。ときどき、急峻な崖っぷちの山道を歩いていて、思いがけず足元に落ちている岩茸を見つけることがあるが、これは山が険しいために人が入らず、大きく生長した岩茸が強風ではがされたものである。

岩茸は、古くから煎じて飲むと心臓病や中風、腰痛、下痢、潰瘍などに薬効があるといわれるが、山間の人々は酢味噌や、豆腐を使った白和《しらあ》え、煮物などにして食用にした。

岩茸を調理するときには、一晩水に浸しておき、手で根気よく揉んで洗う。水に浸す

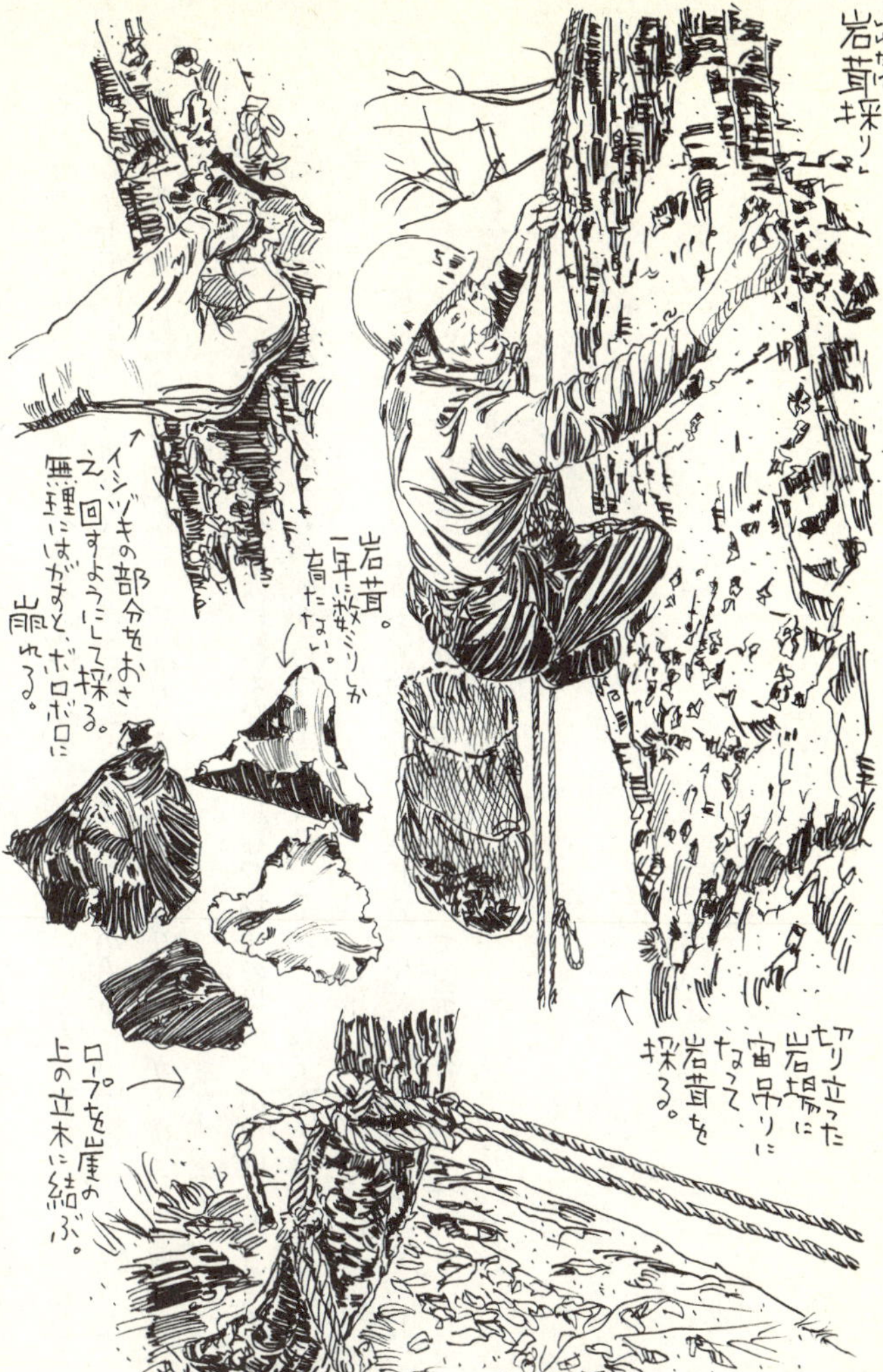
「岩茸《いわたけ》採り」

切り立った岩場に宙吊りになって岩茸を採る。

岩茸。一年に数ミリしか育たない。

イシヅキの部分をおさえ、回すようにして採る。無理にはがすと、ボロボロに崩れる。

ロープを崖の上の立木に結ぶ。

と褐色の肌が緑色に変わるが、丹念に洗ううちに緑色が抜け、澄んだ青色になる。緑色が残ると下痢になり、青色になった岩茸を食べると、下痢が治るといった。よく洗った岩茸の肌の青さは空の青さに似ていて、昔の人は〝岩茸は空を見ながら洗え〟と言い伝えた。

岩茸採りは、その在り場所を他人に教えない。単独で秘密の場所へ出かけて採る。そのため、崖から転落するなどの事故があっても、救助の手がおくれて命を落とす人も多かった。

山に暮らすには、命を張って生きる覚悟がいる。同時に、山に対する知識を磨き、自分の技量を真摯に見極める謙虚さと冷静さが要求される。その折り合いのつけ方が、自然と付き合っていく知恵である。

終章　山の禁忌

口伝《くでん》

山は不可思議な領域だ。人間には計り知れない神秘的な奥行きを秘めている。山は、そこに棲息するあらゆる生物の本能を許容し、無償の恵みを与えてくれたかと思うと、突然豹変して拒絶する。ときには情け容赦のない犠牲を強要する。自然界そのものが内包する過飽和状態に陥っている秩序や歪《ゆが》み、あるいは人為的な影響など、それらを一切チャラにして、再び混沌《カオス》に引き戻す破壊力。その可逆能力、自浄の力こそが自然の底知れぬエネルギーだ。そこに何か得体の知れない存在を感知させる。

山に暮らす人間は、山の本当の怖さを身をもって知っている。誰でも一度や二度、肝っ玉が縮み上がるような怖さを経験している。危険は常に隣り合わせにあり、自然を侮《あなど》り、自分の力を過信したり、油断をすると事故を誘発し、生命を危険にさらす。実際に、悲惨な事故がたびたびあり、常識では判断できないような出来事が起きている。彼らはそこから、どうやら山には、到底人間の勝手な都合や思惑どおりにはいかない力が働いているらしいことを直感すると同時に、人間がしばしば同じ過ちを犯しやすいことを学んだ。そして、さまざまな体験を通して山に対する戒めや、危険を回避する知識を培《つちか》い、次世代へと語り継いできた。

彼らの言い伝えは、山の天気の見方から、山の安全な歩き方、動物の習性、樹木や植物の特質、森林を維持するための方法、山の怪異やそれから逃れる方法など多岐にわたり、日常の細々とした習慣や作法の中に鏤《ちりば》められている。

言い伝えに秘められた真理

私は以前から山村の暮らしに強い興味があり、各地を訪ねて山の労働や生活習慣を取材してきたが、そこで耳にした土地の言い伝えや禁忌などが、ノートの端や隙間に書き込んである。あらためて抜き出してみると、かなりの数になった。

だが、仕事の合間や、数人の人と酒を飲んでいる最中に聞きかじった話が多く、字が乱雑すぎて読めないものや、意味不明のものもある。会話が飛んだり、話の接ぎ穂を失って、根拠がはっきりしないものも多い。また、話してくれた当人が又聞きで意味をよく理解していなかったり、個人的な経験による思い込みやジンクス、迷信俗信のたぐいもある。古い口伝が長い間に変形し、形骸化して、本来の意味と別のものになっている場合があるかもしれない。

しかし、それでも何かしらそこに、自然と人間の関わりについての真理と示唆が含まれている。我々がいま、そうした先人たちの遺産にあらためて陽《ひ》を当て、考察と推理を働かせてみるのも無駄ではない。何故なら、人間が平地に住み、山を単なるレクリエーションの場にしてしまっている今日でも、山は潜在的な力を失ってはいないからだ。我々がどんなに安全で機能的な装備を揃えても、山は常に破壊的な力を溜めて危険に満ちている領域なのだ。

天気予測にまつわる口伝

かつて、山で鳥や獣を獲《と》る猟師や、森林の植林や下草刈り、枝打ちや伐採、搬出などの山仕事に従事する人たちは、山の天気にもっとも気を使った。山で天気が崩れると、地滑りや崖崩れ、川の増水や鉄砲水などの危険があり、霧に視界を奪われて迷ったり、遭難することもある。そのため、山の動物の行動や自然のさまざまな現象から、天気の変化を予測する。

「山で猿が騒ぐと明日は雨降りになる」

これは猿が多い地方で共通していて、まずはずれることがない。山でときどき猿の群れが木に登ってギャーギャーと大騒ぎしながら木の実を貪《むさぼ》っていることがある。大きい猿が小猿を襲って、口の中から食べ物を吐き出させて食べたりする。猿がこういう異常な騒ぎ方をすると、翌日は必ず雨になる。

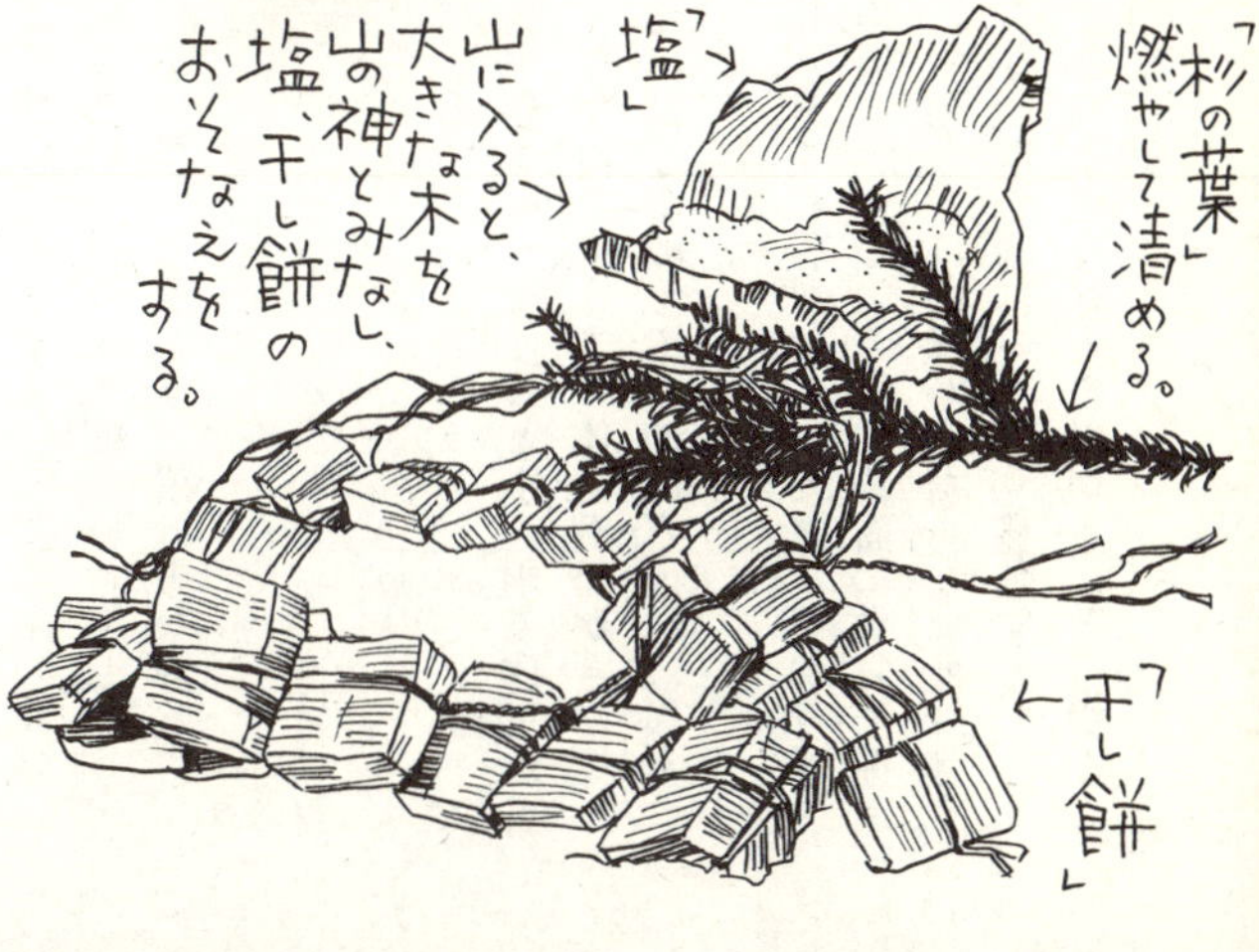
「杉の葉」燃やして清める。
「塩」
山に入ると、大きな木を山の神とみなし、塩、干し餅のおそなえをする。
「干し餅」

猿は雨に濡《ぬ》れるのを極端に嫌う動物で、雨に備えて食いだめをする。そして雨の間は岩巣にこもってじっとしている。雨が何日も降り続くと餌が採れずに痩《や》せ細ってしまう。だから猟師は「猿撃ちは雨降り前、雨上がりの猿は撃つな」とも言う。猿は雪が降る二、三日前にも同じ行動をする。

「野兎《のうさぎ》を昼間見ると天気が崩れる」

「熊が道を横切ると天気が悪くなる」

「雉子《きじ》がかわく（餌を食い漁《あさ》る）と明日は雪降りになる」

動物は一般に雨を嫌がる。雨が降ると自慢の嗅覚がきかなくなることや、雨で体臭が洗われることを本能的に嫌う習性がある。濡れると体が冷えてうまく体温調整がきかないこともあるかもしれない。そのため、天候の変化に対して敏感で、崩れる前に〝異常行動〟をとる。

とくに野兎や鼬《いたち》、貂《てん》などの、本来は夜行性の動物が日中に行動していると、天気が悪くなる前兆だ。野兎は普段、外敵から身を守るために、眺めのよい山の斜面に巣穴を掘って棲んでいる。だが、天気の崩れを察知すると、岩場などの雨風が当たらない所へ逃げ込む。鼬は浅い穴から深い穴へ、貂は雨の当たらない木の洞《うろ》にいち早く移動する。また、熊は普段、一番恐れている人間の匂いがする登山道や林道を横切ることは少ないが、天気が崩れるのを察知すると、道を越えて避難する。

鳥も獣も、川の魚も総じて雨の前には餌を食い漁る。なかでも、鳥の中でもっとも警戒心が強いといわれるヤマドリや雉子が餌を夢中で食っていると、間違いなく天気が崩れるという。とくに、信州の伊那地方では冬の一、二月頃に、栗や楢《なら》などの古木に寄生するホヤ（寄生木）の実を、ヤマドリや雉子が食い漁ると大雪が降るという。

「クマゲラのドラミングがはっきり聞こえると雨が降る」

雲が低く垂れこめていると、音が拡散せず、雲に反射してよく聞こえる。町中でも雲が低いと遠くの踏み切りの音がよく聞こえるのと同じ理屈で分かりやすい。

「木の葉の白い裏が見えると、じきに嵐がくる」

山峡の道を歩いていて、周りの木々の葉が白っぽい裏をめくり上げながらザワザワと揺れていることがある。蝶が枝先に群がって一斉に羽を動かしているように見える。これは天気が急変し、峡谷に強い乱気流が吹き込んでいるためで、急いで避難する必要がある。実際に、福島県只見の山中で、この前ぶれの直後、突然の激しい雷雨に見舞われたことがある。険しい山道がたちまち川のようになり、雷が近づいてきて怖い思いをした。

「山が近く見えると雨になる」

天気が下り坂になると湿度が高くなり、雲や霧が湧いて風景が霞《かす》んで近く見える。逆に山が遠く見えると晴れる。

「山鳴りがすると天気が崩れる」

青空が出て晴れていても、近くの山でゴーッという山鳴りが聞こえたら、じきに雨や雪がくる。山鳴りは岩盤が振動して、蓄えられていた弾性エネルギーが急激に放出され、破裂したり崩れたりする現象で、トンネルの掘削工事中や、気温や湿度の変化でも発生することがある。

「山の岩肌が白く見えると天気がよくなる」

とくに石灰岩は、どんなに雨が降っていても天気が変わる前に白さを増す。秩父中津川では川向こうの尖《とが》った石灰岩のロウソク岩を天気の目印にする。

「凍った岩が泣くと晴れる」

春先に岩壁に張っていた氷が溶け始めると気温が上がり、天気がよくなる。だが、山の人間は岩が崩れるといって用心する。

「メンパの裏に汗をかくと雨が近い」

かつて、秩父の山師は山仕事にメンパの弁当を持っていった。メンパは檜《ひのき》や杉の薄い柾目《まさめ》板を楕円形に曲げた弁当箱で、蓋《ふた》も底も深く容器と二重に重なるようになっている。山で重労働する山師は、容器と蓋の両方に飯をギュウギュウに詰めて持っていく。飯が一升入る。箸を突き刺すと持ち上がった。

早朝の暗いうちに山に入り、一仕事してから十時に蓋の飯を食べる。そして昼に空いた蓋で焼き石を使って味噌汁を作り、容器の飯を食べる。このとき、蓋の裏に汗（水滴）がついていると雨が降る前兆で、彼らは急いで道具を片付けて山を下る。確率が高く、いまでもメンパを愛用している山師がいる。

そのほか、「焚火の煙の流れが変わると雨」「風がピタリとやんだら雨」などともいう。「山は一に天候、二に食料、三が服装」という人があるように、観天望気の知識の差が安全の成否を分ける。

身の危険を回避する

山では天候以外にも思いがけない危険がいたる所にある。常に周囲の状況に細心の注意をはらっていないと、とりかえしのつかない事故に繋《つな》がってしまう。そのため、普段から地形や、自然の様子を観察し、微妙な変化を見逃さないことが身を守る助けになる。またトラブルやアクシデントに対して、沈着冷静な判断と対応ができるかどうかが、最悪の事態を回避する決め手になる。山の言い伝えの中にも、安全に行動するためのヒントがある。

「山で迷ったら、尾根から尾根へ降りろ」

山で悪天候に見舞われたり、道をはずれて奥へ迷い込んでしまったとき、いたずらに歩き回ると遭難の危険がある。こういう場合、焦りから冷静な思考力を欠き、人間は往々にして谷に降りようとする。本能的に低い所の方が麓に近いと思うのが原因だ。豊富な知識を持つベテランの登山家でさえ、里山のような所で同じ過ちを犯して遭難することがある。

川が高い所から低い所に流れるのは誰でも知っているが、地形が入り組んだ峡谷では、麓の里へ真っすぐ下っているとは限らない。自然の地形に沿って大きく蛇行したり、別の川と合流しながら、まったく違う方向に流れていく場合がある。峡谷が深くて身動きがとれなくなり、体力を使い果たしてしまう。

迷ったら「尾根から尾根へ降りろ」というのは、高い尾根に出る方が見通しがきいて地形が把握でき、目標物を定めて自分の位置を確認しながら行動できるからだ。「山は、できるだけ遠くを見ながら歩け」というのが鉄則だ。

「ツガ、モミ、ヒノキを切ってみると方角がわかる」

いわゆるクロキの類の樹木は細くても年輪が育っているので、切ると年輪の育ち方で方角が分かる。年輪の幅が狭いのが北、広いのが日当たりがいい南になる。

また、一般に山の地形は、谷が深く切り立っていると尾根が広く、逆に谷が広いと尾根が狭い。「下がいいと上が悪い。上がいいと下が悪い」という言い方をする人もいる。しかし、山の尾根も安全ではない。とくに雨上がりは危ない。

「雨上がりのツルネ（稜線）に出るものではない」

「山のツルネはグリン様（狗賓《ぐひん》＝天狗）が太鼓を鳴らして賑《にぎ》やかに通る」

信州の遠山谷では「夜更けに馬の鳴り輪が音をたてて通る」という。雨上がりの曇って霧が深いときに起きる怪現象に対する昔の人の畏《おそ》れを表わしているが、気流が乱れ、磁場が安定しない山の稜線に沿って雷が走ることがあることへの戒《いまし》めが含まれている。

「尾さき（尾根先）、谷に家を建てるな」というのも同じ意味で、尾根先同様、谷口（谷の入口）も沢の突然の増水や鉄砲水、土石流、雪崩の危険がある。とくに沢の流れが岸に当たって対岸に押し出すぶっかけが一番危険で、そこが高い土手になっていても雪崩がのし上げてくることがある。「安全なのは尾根の出鼻の陰」だという。テントを設営するときにも役立つ知識だ。

「岩登りは年とった木はつかむな」

古い木は太くても折れやすい。根が枯れていて抜ける危険もある。細くても若い木や、根の張った笹や草をまとめてつかむようにする。柴をつかむときに生木か、枯れた木かをよく調べる用心が大切で、「手が使えないときは歯でかじってみろ」という。とくに、岩場を下るときが要注意。登るときはつかむものが目の前にあるが、下るときは足の方に気をとられて、つかむものがおろそかになりがちで、滑ったときにあわてて枯れ木でも何でもつかんでしまう。

また、大きな石や岩、倒木も危ない。小さな石で止まっている場合があり、ちょっと触ったただけで転がり落ちてくる危険がある。比較的「苔のついた岩が安全」だという。

「ヤマドリを追うと山に迷う」

ヤマドリは鶏に似た鳥で、翼が短くて長い距離を飛べない。そのため地上を歩いていることが多い。警戒心が強いわりに人間が近づいても逃げようとしない。つかまえられそうな距離になると、チョコチョコと四、五歩歩いて距離を開ける。つい深追いするうちに山に迷ってしまう。

雪山は雪崩に注意が必要だ。とくに春先が危ない。気温が上がり、一度ゆるんだ雪が急に冷えこんで固くなり、その上に一メートルも雪が降り積もると雪崩を起こしやすい。

「春先の雪はボボ（表層雪崩）に気をつけろ」と、秋山郷の人たちはいう。また、降った雪は不思議に吸いつかず、表層雪崩になる。

降って三日くらいが一番危険で、

「新雪から三日たって山へ入れ」ともいう。

「雪崩は雪玉の転がりで逃げろ」

「雪崩はフッカケ（雪屁《せっぴ》）のヒビで見ろ」

雪崩が起きる前には小さな雪の玉が転がり落ちてくる。その雪玉の転がり方を見て、逆の方向に逃げる。また風下の崖の上に張った雪屁に乗ると危険。雪屁が欠け落ちる前には必ず一本か二本ヒビが走るので、それで見分ける。

「チシマザサが起きたらミズナダレに気をつけろ」

秋田のマタギは、春先に雪がゆるんで、埋まっていたチシマザサなどの灌木が起き上がってくると雪崩の危険があるという。ミズナダレというのは春先の水分をたっぷり含んだ雪崩のことで、とくに破壊力が強い。

また、秋山郷では豪雪で埋まっていた木が跳ねて怪我をすることがあるので、「のべって（寝て）いる木は叩いて歩け」といい、春山には必ず杖やコネリ（木の箆《へら》）を持っていく。叩いても跳ねない木は跨《また》いでも安全だ。

「雪山は兎の跡を歩け」

山の動物の中で、野兎と熊は雪崩の起きやすい場所や雪庇を避けて通るので、足跡のあとを歩く。だが、「クラシシ（羚羊《かもしか》）や狸《たぬき》は馬鹿だから、よく雪崩に巻き込まれて死んでいる」という。

「雪崩に呑まれたら泳げ」

雪崩に遭ったら、ジッとしていると深く埋まってしまうので、泳ぐようにすると、表面に出られる。また身体を動かすと、埋まっても身体の回りに空間ができるので、呼吸ができ、雪を崩して脱出できる。雪崩ではないが、「山から滑り落ちたら手を広げろ！」という。人間は恐いと身体がすくんで縮める習性があるが、手を広げるようにすると木や草をつかんで助かる。

天候以外にも、山の動物に関する言い伝えが数多くある。

「猪の糞は触るな」

猪は雑食性で、蛇やカニ、昆虫など何でも食う。糞の中にマムシの歯などが消化されずに残っている場合がある。うっかりマムシの歯に刺されると死ぬことはないが、毒がある。ジストマ菌がうつる危険もある。とくに夏場は要注意。よく、猿はどこで死ぬか分からないというが、一説では猿の死骸を猪が食うという。

こういうさまざまな体験は、家の炉端や仲間内の寄り合いなどで語られながら、受け継がれていく。それはやがて、個人の安全や利害の範囲を超えて、共同体の決まり事や、掟としての力を持ってくる場合もある。個人の過ちから地域全体に影響がおよぶことがあるからだ。

山に入る作法としての口伝

山の人間は、猟や伐採作業をするとき以外でも、無作為に自然を荒らすことがない。普段細い雑木を一本伐るときにも、それが許容される範囲かどうかを考えてから伐る。彼らは山のものは一草一木にいたるまで、山の神の所有物だと考えてきた。人間はそれを一時的に拝借して生きている。だから常に自然を同じ状態で維持していく責任と義務が課せられていて、破ると山の神の怒りに触れて、よくない事が起こると信じてきた。その背景には、自然環境の変化が直接自分たちの生存そのものに関わっているという強い危機意識がある。

「最初にモミジを伐ってはならない」

秩父中津川では、年の初めに暦を見て、歳徳神の方角の山から小木を伐ってくる。主に伐るのは生長の早いオッカドの木で、モミジを伐ることは〝山師の御法度〟になっている。伐る真似事だけをしたり、鋤《すき》で土だけ掘ってくることもある。これは、今年の仕事始めを山の神に報告し、許可を得るための儀礼だ。

また、「毎月七日は山の神の日」で、杣《そま》や木挽《こび》きは山仕事を休んで、木を一切伐らない。「この日に山に入ると帰れない」といって、出かけることもつつしむ。地方によっては、「日帰りならいいが、泊り山は凶日」ともいう。伐採を忌む日は他にもある。信州の遠山谷では、

「旧暦十二月八日は木が身籠《みごも》る日」

として山での伐採を禁じる。この日身籠った木は翌年の二月八日に〝木産み〟をするといって木を伐らない。また、南信地方では、十月七日の秋祭りの日は山の神がその年に生長した樹木を数える日で、山に入ると人間も木の数に数え込まれるといって入山を忌む。ここでは二月七日が〝木産みの日〟で、やはり樹木を数える日とされ、山に入ると怪我をするという。

こうした特別の日ばかりでなく、山の神は樹木がみだりに伐られることを嫌う。森林

の伐採は、人間が生きるために許された、やむにやまれぬ行為で、どこまで手をつけてよく、どこから先は駄目なのかという見極めが難しい。

「木の切り株にトゲを残すと、山の神がおべっちょを怪我する」

木を伐採するとき、切り株にトゲを残すのは、山師の技量が問われると同時に、そのままにしておくと怪我の危険がある。また、山の神の所有物である木をぞんざいに扱ってはならないという戒めも含まれている。

「伐採山にお天狗様の木を一本残せ」

「二股の木、めがね木は山の神様の木、伐ると祟《たた》りがある」

「枝ぶりが平らな木はお天狗様の座り木、伐るとのぼせる（気が狂う）」

山の神が宿る木は、樹齢百年以上の古い巨木や、奇形の木が多い。古木は超越した生命力を、奇形の木は怨念めいた凄《すご》みを感じさせる。こういう木を伐ったために、倒れた木の下敷きになったり、不可解な事故に遭った例が数多く語り継がれている。

しかし、その一方で、故意に山の神の宿り木を伐り残すのは、森の核（中心）になる木があることで伐採した山の再生が早いという側面と、日照りなどの影響でさらに生長して、木材としての価値が上がるという、林業家の打算が隠されている場合もある。だが、これには個人の利益というより、何代にもわたって山を守っていかなければならない、林業の辛《つら》い宿命がある。子孫の代で、どうしても林業が維持できない状態に陥ったときに、この木を売って窮地を脱する、救済の方策でもある。

山で暮らす人間は、山で猟をしたり、木を伐ったりすることは、〝やむにやまれぬ行為〟として許容されている。だが、山は神聖な場所で、里の穢《けが》れを持ち込むことを強く戒めてきた。また、いい加減な気持ちで山に入れば、突発的な事故に遭う可能性が大きい、危険に満ちた場所だった。

「エンコ（猿）の夢を見るとよくない事が起きる」

「山で夢の話をしてはならない」

「下駄や櫛《くし》の歯が欠ける夢は不吉」

山では夢の話を極端に嫌う。夢は潜在意識を映すと同時に、半睡眠状態のときに神の予告が告げられる。また夢には正夢と逆夢がある。エンコは山の神の眷属《けんぞく》、下駄や櫛の歯は〝身を欠く〟凶兆でよくない。

「山で女の夢、汚いものの夢を見ると吉兆」

猟師は、泊り山のときに女の夢や、肥溜めに落ちた夢などを見ると、翌日必ず豊猟に恵まれるという。そして、不猟が続くときは不思議に何の夢も見ないという。だが、どんな場合でも山では他人に夢の話はしない。誰かが不用意に夢の話をすると、災いが起きるのを避けて、その場で道具をたたんで山を下りる。

「山で口笛を吹いてはいけない」

「山で歌を唄うと悪いことが起きる」

「山で鋸を鳴らすな」

山は人智のおよばない領域で、魑魅魍魎《ちみもうりよう》がバッコする魔界でもある。口笛は悪霊を呼び込むといって戒める。常に危険が背中合わせにある山師たちは、一瞬も気が抜けない。集中力を欠いた手抜き仕事は事故に繋がり、全体に影響を与える。また、山で鋸を叩いてシャンシャン鳴らすとオコジョが出てくるといい、いじめると三代祟るという。オコジョは山の神の化身であると同時に、道具の扱い方に対する戒めも含まれている。

「白イタチ（オコジョ）を見ると山が荒れる」

「バンドリ（ムササビ）をいじめると道具が駄目になる」

「オーサキをいじめると祟りがある」

こうした山の動物に悪さをすると、木を伐っているときに鋸が折れたり、思わぬ怪我をするという。実際にオーサキが冬ごもりをしている木を伐ったら、伐り終わらないうちに木が折れて、顔を七針縫う怪我をした者がいる。オーサキを捕まえて犬に食わしたら腰を折る大怪我をしたという者もいる。

オコジョはイタチを小さくした感じで、頭から尾まで入れて十センチくらい。山にいるものは体が真っ白の毛で覆われている。ムササビをバンドリと呼ぶのは、夜に奇っ怪な鳴き声を発して鳥のように飛ぶからで、俗に大きいものを「大バン」、小さいものを

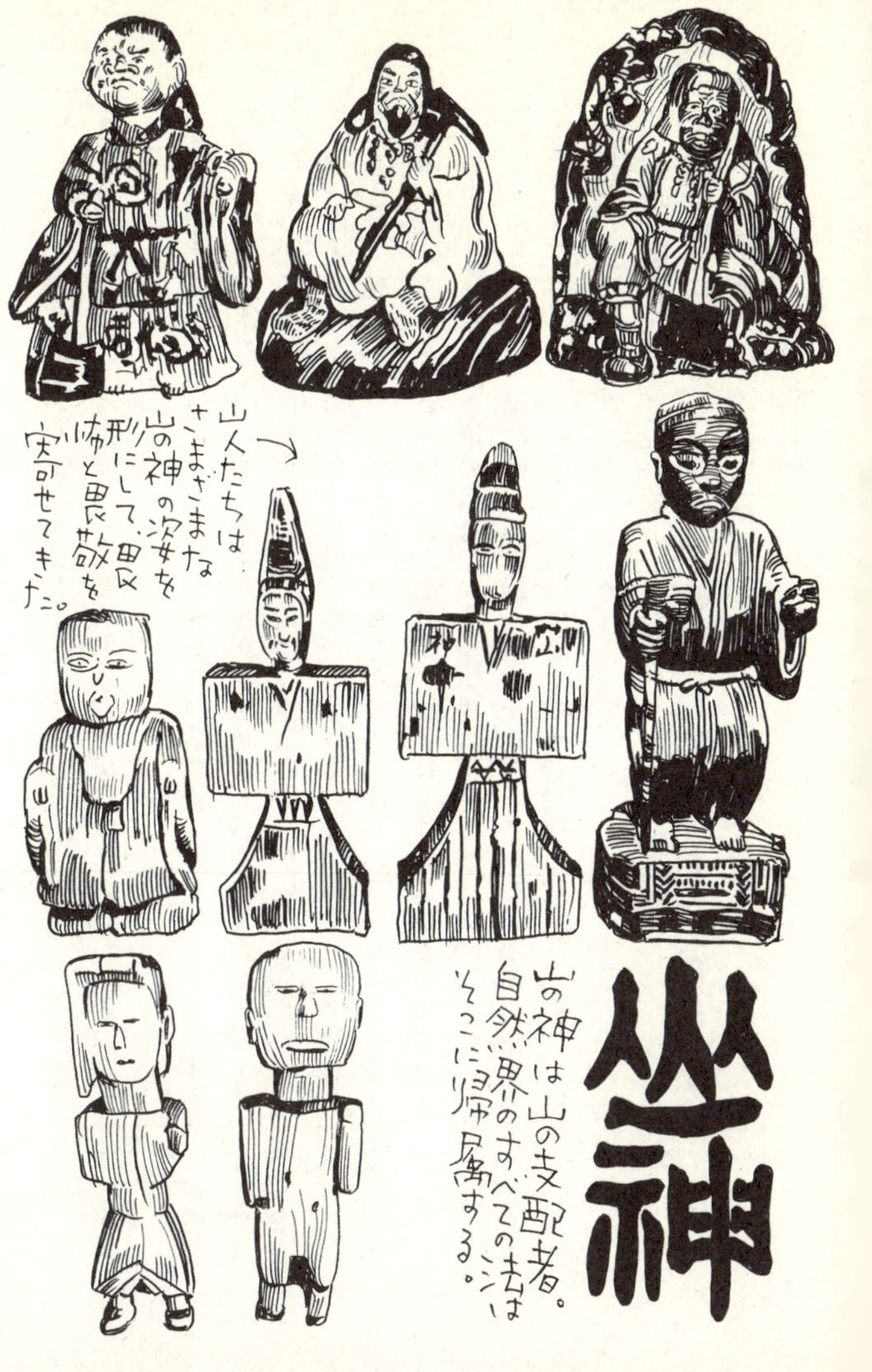
山人たちはさまざまな山の神の姿を形にして、畏怖と畏敬を寄せてきた。
山神
山の神は山の支配者。自然界のすべての法はそこに帰属する。

「小バン」といったりする。また、オーサキはモグラくらいの大きさでイタチに似ている。鼻筋から尾まで黒い筋があり、尾は平らで先が二つに裂けている。オーサキの名もそこからきている。

山間の村では、古くから「オーサキ憑《つ》き」の話が語り継がれていて、オーサキが憑いている家は三代栄えるという。オーサキが富を運び、ほかの家の畑の養分までオーサキがその家の畑に運んでしまうので、そこだけ作物の出来がいいとさえいう。ただ、栄えるのは三代までで、そのあとは衰退するという。その家の嫁がオーサキに舐《な》められて、頭や体毛が一本もなくなったという噂話も陰で語られている。たぶんに栄える家に対する妬《ねた》み、嫉《そね》みも感じられるが、山の動物の神秘性に対する畏怖がうかがえる。

「山の中のきれいに掃き清められたような広場は天狗さま（山の神）の遊び場」

山に入ると、その一画だけ、不思議と落葉一枚落ちていない場所に出くわすことがある。こういう場所は山の神がよりつく神聖な場所で、糞や小便などをして穢すと、事故や怪我など災いが起きるという。

「女が道具を跨ぐとよくない」

「男が山仕事に出かけるとき、一谷通りすぎるまで、家を掃いてはならない」

「血ブク（仏供）、死ブクは山に入るな」

「村ブク三日、家ブク百日」

女は月の障《さわ》りがあって不浄。山師は女房が山仕事の道具を触ることも嫌う。掃除は福、運を掃き出して不吉。女房の血の穢れ、家の不幸は喪に服して山仕事を休む。こうした禁忌は過去の個人的な体験が元になっているものも含まれているが、たとえ根拠が希薄なジンクスであっても、不安や心配事を山に持ち込んで、心のスキが生まれることに対する戒めが含まれている。

「汁のぶっかけ飯はかかり木になる」

山師は普段、家で飯に汁をかけて食わない。だが、汁椀に飯を入れて食うのはいいという。同じことに思えても、行為の慎重さが違う。山師は、普段から気を散らさず、落ち着いた行動を心がける。

山で長く暮らしてきた人たちは、山の自然が秘めている力に比べて、人間の力があまりにも小さく、無力であることを骨身に染みて知っている。そうした山に対する畏怖や畏敬から、さまざまな言い伝えが生まれ、受け継がれてきた。その数は、全国の一地方、一山村、一家系、一家族、一個人にまで及ぶかもしれず、膨大でとても全ての調査収集は不可能だ。しかも、山村そのものが変容していく過程で、消えていくものも多い。

だが、我々の文明社会が自然の領域に大きく踏み込んで、生態系を破壊したことの反省に立って、自然との関係を再構築しようとするとき、あらためていま、埋もれ、忘れ去ろうとしている先人たちの知恵に学ぶ必要がある。

あとがき

「生命ある木を伐《き》ることは罪深いことだ。それを忘れちゃいけねえが、山を守るために木を伐ることもある。それが山師の分際というもんだ」

秩父の山師が私に言ったことがある。自分の生業に対する真摯な姿勢と同時に、〝分際〟という黴《かび》の生えた言葉が、逆に妙な新鮮味を帯びて、強く印象に残った。それは、山に棲む人間が、過酷な自然環境の中で、自然とどう折り合いをつけ、労働と生き継いでいく手だてを見出していくかという、大きな命題を示唆している。そして、それは限られた範囲の自然観を超えて、広く、地球や宇宙観を予見させる。

一切、人為的な手が入っていない原始の山の木は、三百年、四百年を周期として、崩壊と再生を繰り返す。その壮大な自然の、輪廻転生の営みに、人間が割り込む隙は本来ない。それが自然のあるべき姿だというのも正論だろう。だが、それでは山に暮らす人間は生きていくことができない。しかし、一方では、人間が経験に裏打ちされた英知を駆使して、手を加え、必要な面積の木を伐っていくことで、山の崩壊を防ぐことも可能である。そして、山を人為的に五十年、六十年という周期におくことによって、人間が自然の恩恵に浴しながら、生きていく素地が生まれる。それが彼のいう〝山師の分際〟である。

山は、常に山として在る。そこに在る自然は、何千年、何万年という遠大な歳月を積み重ね、巨大な生命と意志を秘めて立ちはだかってきた。また、山の自然を形成する大地や、一草一木、動物や昆虫、魚、そして菌類にいたるあらゆる種の生命が、複雑な相関関係を持って共生しあい、絶妙な生態系を維持してきた。それぞれの種が、他の種の領域を侵食することはない。

山の広葉樹林は、そこに棲む野生動物の棲息を助け、あらゆる動物が適度な種を維持し、菌類によって地味豊かな大地に戻され、新たな再生をもたらす。また、木々や大地が生み出す豊潤な水は沢や川を形成し、そこで水棲動物の荘厳な食物連鎖がくり広げられる。すべてが自然の摂理という大枠の中に取り込まれ、均衡を保ちながら、一つの巨大な生命体のように存在している。一つの種がその均衡を崩して他を淘汰することになれば、結局は自分の棲息をもおびやかされることを、彼らは本能的に察知している。それもまた、自然界の動植物の〝分際〟であろう。

当然、人間だけが例外であるはずがない。山の暮らしは、そのすべてが自然に大きく依存している。人々は、自然がもたらす恩恵を享受する権利とひきかえに、厳格な〝法〟である自然界の摂理にしたがう義務を負わされることになる。とくに選択の余地なく、過酷な自然環境にへばりつくようにして生きるしかなかった山間辺地の人々は、自然の可逆性と許容力の範囲で労働や生活の手だてを見つけ出してきた。

山国の男たちの多くは身体を酷使して、森林の伐採や木挽《こび》き、原木の運搬作業にあたる日傭《ひよう》や日曳き、木馬《きんま》などの山仕事に従事し、木鉢や木杓子作りなどの木地仕事や炭焼きをして暮らしを立ててきた。また、ある者は槍や鉄砲、あるいは罠を作って、熊や猪、鹿、野兎などの山獣と対峙した。さまざまな知恵を駆使して川の魚を捕り、山菜や木の実、キノコを採取して、食料として利用する方法を編み出してきた。その一方で彼らは、必要以上に木を伐らず、動物を狩らず、山菜やキノコを根絶やしにせず、魚が遡らない沢に魚を放すことをしてきた。そこには自然に対する信仰に似た畏怖と畏敬、そして感謝としたたかさがある。

「今年限りでいいっていうなら、山の木を根こそぎ伐って一儲けすることもできるし、動物でも魚でも捕りつくす方法はある。だけんがオレらは明日も来年もここで生きていかなければならない。孫子の代まで残してやらなきゃならない。ここを捨ててどこへ行くわけにはいかないんだ。そこが都会モンと違うところだ」

信州の猟師の言葉が耳に残る。

彼らはしかし、下界から隔離された厳しい生活環境を恨まない。誰のせいにもしない。逆境を逆手に取って境遇を遊ぶしたたかな強さがある。

山に暮らすには覚悟が必要だ。厳しい自然環境に思想も体質も順応させ、自らの知恵と体力のみを頼りに生き、一般社会からの疎外感に耐える強い精神力と、腹の据え方ができる人間だけが山で暮らせる。

そして、かつて経験の積み重ねによって培われ、累々と受け継がれてきた労働や、細々とした生活習俗は、人間が自然との関わりを思考していく上で大きな意味がある。我々、現代人がいま、山の人々に学ぶことは多い。しかし、残念ながら山の暮らしも変わりつつある。山の暮らしの崩壊は自然の崩壊を意味する。

我々はいまこそ、己の〝分際〟を見つめ直し、真に何が必要で、何が不必要なのかを真摯に見極める努力をしなければならないときにきている。

一九九二年十二月　房総大崩の山中にて

遠藤ケイ

文庫版あとがき

山はとてつもなく深遠な奥行きを秘めて、自然が豊かである。多種多様な樹木や植物がその起伏激しい大地に群生し、そこに多種多様な動物や魚、昆虫、苔、菌類までが同居して棲み暮らしている。近くが隆起した岩盤の山があり、地層が捩《ねじ》れた山があり、暗い森があり、明るい谷があり、清冽な水を吐き出す沢や、川がある。そのいたるところに命が宿っている。山はそれ自体がひとつの宇宙であり、一個の生命体を構成する一員として組み入れられてきた。人は山に生き、山に生かされてきた。

山は原始の力をとどめて、豊饒である。だが、その豊かさは意外に脆《もろ》い側面がある。多岐にわたる動植物がギリギリの本能を謳歌しながら、あるいはギリギリのところで抑制し合いながら絶妙のバランスで維持している山の自然は、ちょっとの変化や狂いで均衡が崩れてしまうことがある。変化や狂いは棲息している生物に直接に影響を及ぼす。それは人為的な操作でも起こりうる。

しかし自然は自らが持つ復元力、可逆性によって崩壊から再生に立ちあがる。だが、それには長い時間がかかる。人間の一生にとらわれた時間の概念をはるかに超えた悠久の時の流れが必要になる。山の動植物は種の単位で耐えて再生を待ち、自らも元の繁栄を取り戻していくが、人間はその時間を待てない。自然の圧倒的な破壊力の前にただうろたえ、成す術もなく立ち尽くすしかない。

あるいはまた、これを渡りに舟と、さらなる開発の手を伸ばしていく愚行を繰り返す。文明都市の思想は自然を蹂躙《じゅうりん》して、物質的な繁栄や豊かさ、機能性と合理性の人間中心の社会を手に入れようとする。それは、さらに人間社会を自然から隔絶させ、自然から学ぶことを忘れさせる。そして、人工的な社会の時間の強迫観念に追いたてられて、身も心も病んでいく。

かつて、山と共に生きる人の暮らしがあった。山の自然の豊かな営みと時間のうつろいに逆らうことなく、過酷な生活に素朴な喜びと感謝を捧げて生きる人たちがいた。境遇を恨まず、強く、たくましく生きる人たちがいた。山への思いを信仰までに高めて、自らを厳しく戒めて子から孫へと語り継ぎ、豊かな自然を守ってきた人たちがいた。そこには自らを律し、自然の恵みを享受するための研ぎ澄まされた知恵と技術がちりばめられている。自然を生かし、自分を生かすための英知の集積がある。そこにわれわれが学ぶことは多い。

だが、現実にはそうした山の暮らしは時代と共に失われていく一方だ。「失われゆく山の民俗」。それは単に自然の中で生きるための知恵や技術が失われるだけにとどまらず、たえず揺るぎない真理を指し示す自然の啓示を切り捨てる行為でもある。

「熊を殺すと雨が降る」

秋田マタギの間で語り継がれてきた言い伝えである。「山の神の血洗い」と古老はいう。雨は、山の神の怒りと悲しみの涙。山の動物を殺戮する人間の所業を嘆き、大地を穢《けが》した不浄の地を涙の雨で洗い流しているのだという。だがそうした現象は一方で、熊などの動物が本能的に雨を嫌い、雨が降る前に食いだめをしようとして外に出て、猟師に撃たれることが多いと説明されている。

本当は、この世には物理的なもの以外はないのかもしれない。だが、山の動物たちがそうであるように、人間もまた、自らの力で生存を勝ち取っていく権利があるとはいえ、他の生物を殺戮しなければならない。その宿命的な所業に対して深い罪の意識と戒めを課すことは、大きな意味を持っている。人間だけができる行為でもある。

山人の生き方や暮らしの中には、人間が自然と上手に折り合いをつけて、その恵みを享受していく知恵や技術が無数にある。「失われゆく山の民俗」。だが、失ってはならないものだ。そういう意味でこの本が単なる昔語りの郷愁や記録ではなく、あらためて彼らの生き方を学ぶきっかけになれば稚拙ながらも労力の甲斐がある。

ここで、埋もれていたこの本に再び陽《ひ》を当ててくれた関係者の方々にお礼を申し添えたい。また今回、文庫化に尽力していただいた筑摩書房の永田士郎氏に感謝の意を表したい。

文庫化によって、現代の都市社会と無縁な、特殊な世界だと思われがちな山の民俗が一般の暮らしと密接に関わってきたことを広く知っていただくことを、切に願っている。

遠藤ケイ

二〇〇六年十月　新潟県下田《しただ》山塊の栖《すみか》にて

この作品は、一九九二年に岩波書店より『山に暮らす』として刊行され、
二〇〇二年に山と溪谷社より『熊を殺すと雨が降る』として刊行された。

ハーメルンの笛吹き男　阿部謹也

「笛吹き男」伝説の裏に隠れた謎はなにか？　十三世紀ヨーロッパの小さな村で起きた事件を手がかりに中世における「差別」を解明。（石牟礼道子）

逃走論　浅田彰

パラノ人間からスキゾ人間へ、住む文明から逃げる文明への大転換の中で、軽やかに〈知〉と戯れるためのマニュアル。

敗戦後論　加藤典洋

「戦後」とは何か？　敗戦国が背負わなければならなかった「ねじれ」を、われわれはどうもちこたえるのか？　ラディカルな議論が文庫で蘇る。（内田樹）

考現学入門　今和次郎　藤森照信編

震災復興後の東京で、都市や風俗への観察・採集からはじまった〈考現学〉。その雑学の楽しさを満載し、新編集でここに再現。（藤森照信）

建築探偵の冒険・東京篇　藤森照信

街を歩きまわり、古い建物、変った建物を発見し調査する〝東京建築探偵団〟の主唱者による、建築をめぐる不思議で面白い話の数々。（山下洋輔）

アール・デコの館　増田彰久写真　藤森照信

白金迎賓館（旧朝香宮邸）は、アール・デコの造形にあふれている！　それに魅せられた二人が案内する、稀代のアール・デコの館。（赤瀬川隼）

日本異界絵巻　小松和彦／宮田登／鎌田東二／南伸坊

役小角、安倍晴明、酒呑童子、後醍醐天皇ら、妖怪変化、異界人たちの列伝。魑魅魍魎が跳梁跋扈する闇の世界へようこそ。挿画、異界用語集付き。

日本人をやめる方法　杉本良夫

日本って、そんなにイイ国なのだろうか？　海外生活20年の著者が、いろいろな社会の間に宙づりになるスリルをアナタだけに語る。（森毅）

「自分」を生きるための思想入門　竹田青嗣

なぜ「私」は生きづらいのか。「他人」や「社会」をどう考えたらいいのか。誰もがぶつかる問題を平易な言葉で哲学し、よく生きるための〝技術〟を説く。

ハラノムシ、笑う　田中聡

疳のムシから蛔虫まで腹中に潜むムシたちの怖い言い伝えや笑えるエピソード。ニッポン人の健康観をたどる。（井上章一）

ちくま文庫

熊《くま》を殺《ころ》すと雨《あめ》が降《ふ》る
——失《うしな》われゆく山《やま》の民俗《みんぞく》

二〇〇六年十一月十日　第一刷発行

著者　遠藤ケイ（えんどう・けい）
発行者　菊池明郎
発行所　株式会社　筑摩書房
東京都台東区蔵前二―五―三　〒一一一―八七五五
振替〇〇一六〇―八―四一二三
装幀者　安野光雅
印刷所　明和印刷株式会社
製本所　株式会社鈴木製本所

乱丁・落丁本の場合は、左記宛に御送付下さい。
送料小社負担でお取り替えいたします。
ご注文・お問い合わせも左記へお願いします。
筑摩書房サービスセンター
埼玉県さいたま市北区櫛引町二―六〇四　〒三三一―八五〇七
電話番号　〇四八―六五一―〇〇五三

ISBN4-480-42288-9 C0139